会计学专业系列教材

成本管理会计（第二版）

主审 ◎ 杨世忠
主编 ◎ 许江波　王　伟

首都经济贸易大学出版社
Capital University of Economics and Business Press
·北京·

图书在版编目(CIP)数据

成本管理会计/许江波,王伟主编. -- 2版. -- 北京:首都经济贸易大学出版社,2023.3
ISBN 978-7-5638-3482-2

Ⅰ.①成… Ⅱ.①许… ②王… Ⅲ.①成本会计-高等学校-教材 Ⅳ.①F234.2

中国国家版本馆 CIP 数据核字(2023)第 028750 号

成本管理会计(第二版)
主　审　　杨世忠
主　编　　许江波　王　伟

责任编辑	陈雪莲
封面设计	砚祥志远·激光照排　TEL:010-65976003
出版发行	首都经济贸易大学出版社
地　　址	北京市朝阳区红庙(邮编 100026)
电　　话	(010)65976483　65065761　65071505(传真)
网　　址	http://www.sjmcb.cueb.edu.cn
经　　销	全国新华书店
照　　排	北京砚祥志远激光照排技术有限公司
印　　刷	北京九州迅驰传媒文化有限公司
成品尺寸	185 毫米×235 毫米　1/16
字　　数	444 千字
印　　张	19.75
版　　次	2019 年 11 月第 1 版　2023 年 3 月第 2 版
印　　次	2025 年 3 月总第 3 次印刷
书　　号	ISBN 978-7-5638-3482-2
定　　价	48.00 元

图书印装若有质量问题,本社负责调换
版权所有　侵权必究

会计学专业系列教材
编审委员会

主　任　崔也光

副主任　顾奋玲　李百兴

委　员　(按姓氏笔画排序)

马元驹　王国生　王海林

付　磊　刘文辉　闫华红

许江波　汪　平　杨世忠

赵天燕　袁小勇　栾甫贵

蔡立新

总 序

本套书是首都经济贸易大学会计学院会计学专业系列教材的第五次编写发行。首都经济贸易大学会计学专业系列教材1989年首次编写出版,1995年第二次编写,2001年第三次编写,2007年第四次编写。多年来,为了培养更多更好的会计人才,我们编写的会计学专业系列教材紧密结合我国社会主义市场经济和资本市场的特征及运行规律,适应我国会计改革的新形势、新变化,不断地对教材加以修订,力争为学生和社会读者提供满意的学习用书。我们的努力得到了广大读者的充分肯定,在同类教材中,本系列教材保持着较高的发行总量,不仅几十所院校将本系列教材选作教学用书,更有大量在职人员将本套教材作为系统学习会计知识的良好读物。同时,本系列教材还获得了诸多荣誉,例如:1989年版的《企业财务管理》被教育部评为全国优秀教材;1995年版的《现代企业财务管理》被教育部确定为全国高等财经院校推荐用书;2001年版的《审计学》被评为北京市高等教育精品教材;2001年版全套教材获北京市教育教学(高等教育)一等奖;2007年版的《审计学》和《会计学》被评为北京市高等教育精品教材。

在继承前四次编写成就的基础上,新版本的系列教材有了进一步的完善,具备两个突出的特点:

1. 在内容上,本套教材借鉴和吸收了最新的会计、财务管理和审计领域理论与实践成果,充分反映了近年来财政部颁布及修订的企业会计准则、中国注册会计师执业准则、管理会计基本指引的精髓,体现了财政部、审计署等五部委颁布的企业内部控制基本规范的精神,同时着力阐明各种会计、财务管理及审计的基本理论和实务做法,并适当介绍一些经济发达国家和地区财务会计活动与审计工作的规范和做法,以开阔读者的视野,深化对会计、财务管理和审计的认识和理解。

2. 在编写体例上,为与最新的教育教学方法(如慕课、微课、翻转课堂等)相适应,增加了较大篇幅的教学辅导资料,其内容包括教师参考资料(教学目标、教学内容),学生学习资料(专业术语、思考题、练习题)等部分。这样安排,是为了更好地体现本系列教材一贯遵循的"方便教师教学,方便学生自学"的原则。

虽然我们尽了最大的努力,但疏漏在所难免,本套教材还会存在很多不足,恳请专家和广大读者不吝指教,以便我们进一步修订和完善。

会计学专业系列教材编委会

2017 年 7 月

第二版前言

　　成本管理会计是将现代化管理与会计融为一体的综合性交叉学科,它的形成与发展是会计发展史上的一个重要里程碑。作为会计的一个重要分支和会计工作的重要组成部分,成本管理会计主要服务于单位(包括企业和行政事业单位)内部管理需要,是通过利用相关信息,有机融合财务与业务活动,在单位规划、决策、控制和评价等方面发挥重要作用的管理活动。随着经济全球化和知识经济的发展,世界各国经济联系和依赖程度日益增强,企业之间的竞争日趋激烈,分工合作也日趋频繁。在此背景下,成本管理会计越来越容易受到外部信息以及非财务信息对决策相关性的冲击的影响,企业内部组织结构的变化也迫使成本管理会计在管理控制方面要有新的突破。成本管理会计需要进一步强调单位的价值创造,并从战略、经营决策、商业运营等各个层面掌握并有效利用所需的管理信息。

　　本书站在战略管理和价值创造的角度,按照成本信息生成与应用系统、管理决策系统和管理控制系统的主线,分三个篇章系统地阐述了成本管理会计的基本理论和方法。本书注重成本管理会计理论与方法的基础性、实践性、规范性、系统性和前瞻性,充分吸收了近年来财政部颁布的管理会计基本指引和应用指引的相关内容与要求,注重理论联系实际与应用价值。本书每章均附有同步练习题和案例,有助于提高读者对成本管理会计理论知识和数量分析方法的理解,便于课堂教学和自学,同时也有助于提高读者分析和解决成本管理会计实际问题的能力。此外,本书加强了与财务管理教材内容的协调,重点对成本核算与管理、成本分析、经营决策与利润规划、管理控制系统进行了讲解,而对资本投资决策只做一些简单的介绍。本书既可作为财经院校、管理学院(系)会计学专业本科生的专业教材,也可以作为从事管理工作的广大实际工作者系统学习成本管理会计理论与方法的参考用书。

　　本书是首都经济贸易大学会计学院编写的会计学专业系列教材《成本管理会计》的修订版。本修订版由杨世忠主审,许江波和王伟主编。全书的编写与修订分工如下:许江波负责第一章,卿小权和李刚负责第二章,张瑶和梁淑美负责第三章,赵懿清负责第四章,张守文和李慧丽负责第五章,李天时和李春燕负责第六章,王伟负责第七章和第九章,李天时和许江波负责第八章,卿小权负责第十章。最后由许江波和卿小权总纂定稿。此次修订工作主要体现在以下方面:一是在每一章的最后都增加了"拓展与感悟"。这主要是为了体现新时代课程思政的要求,在帮助教材使用者拓展对章节核心内容的理解与应用的基础上,有机融入社会主义核心价值观和做人做事的基本道理,提高教材育人的效果。二是充分吸收了近年来财政部颁布的管理会计基本指引和应用指引的相关内容与要求,对教材中的相关内容与案例进行了修订与补充,体现了教材与时俱进的要求。

尽管我们本着精益求精的态度对教材进行了认真的修订,但由于视野与水平的局限,书中难免存在不尽如人意之处,敬请专家、读者和同行们批评指正。

目 录

1　第一章　总论
2　　第一节　成本管理会计的发展
5　　第二节　成本管理会计的特征
9　　第三节　成本管理会计的职能与方法

第一篇　成本信息生成与应用系统

17　第二章　生产经营费用的归集和分配
18　　第一节　成本、费用核算的基本要求
23　　第二节　成本、费用核算的一般程序
26　　第三节　各项要素费用的归集和分配
36　　第四节　辅助生产费用的归集和分配
42　　第五节　基本生产车间制造费用的归集和分配
44　　第六节　废品损失、停工损失的归集和分配
49　　第七节　生产费用在完工产品与在产品之间的归集和分配
58　　第八节　期间费用的归集和结转
63　第三章　产品成本计算的主要方法
64　　第一节　产品成本计算方法概述
66　　第二节　产品成本计算的品种法
74　　第三节　产品成本计算的分批法
79　　第四节　产品成本计算的分步法
94　　第五节　产品成本计算的分类法

I

目 录

106	第四章 作业成本法
107	第一节 作业成本法的产生与发展
108	第二节 作业成本法的基本原理
116	第三节 作业成本法的作用

第二篇 管理决策系统

125	第五章 成本性态分析与变动成本法
126	第一节 成本分类与成本性态分析
136	第二节 混合成本的分解
140	第三节 变动成本法
157	第六章 本量利分析及利润规划
158	第一节 边际贡献与盈亏临界点
167	第二节 目标利润的分析
170	第三节 利润预测中的敏感分析
179	第七章 经营决策
180	第一节 决策的程序和分类
183	第二节 经营决策相关的成本概念
187	第三节 短期经营决策的分析评价

第三篇 管理控制系统

207	第八章 全面预算管理

目 录

208	第一节 预算管理概述
212	第二节 全面预算管理的特点与模式
215	第三节 全面预算的编制与控制
229	第四节 全面预算编制的主要方法
243	**第九章 标准成本系统**
244	第一节 标准成本及其分类
247	第二节 标准成本的制定
250	第三节 成本差异的计算与分析
258	第四节 成本差异的账务处理
267	**第十章 责任会计**
268	第一节 责任会计概述
272	第二节 责任中心及其考核指标
278	第三节 内部转移定价
283	第四节 经济增加值与高管业绩评价
290	第五节 平衡计分卡与企业业绩评价

第一章

总 论

导 读

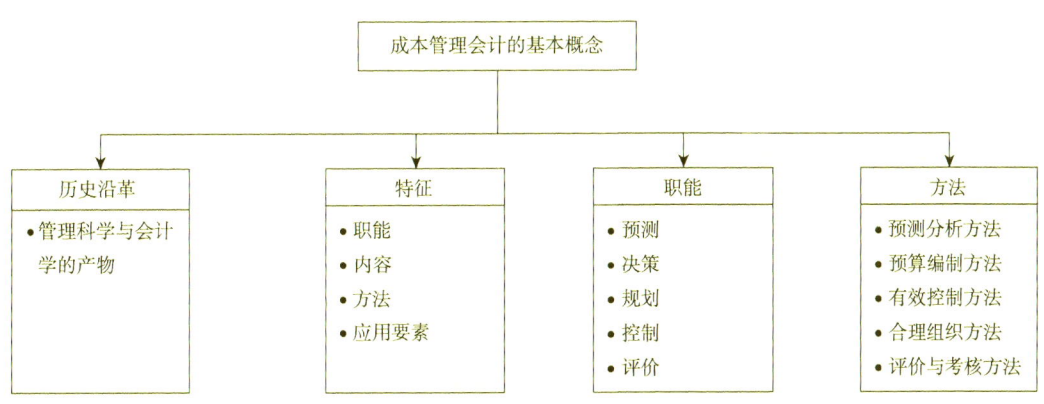

说明：

成本管理会计作为管理科学和会计科学相结合的产物，它的形成与发展是会计发展史上的一个重要里程碑。成本管理会计的目标是通过运用管理会计工具方法，参与单位规划、决策、控制、评价活动并为之提供有用信息，推动单位实现战略规划。较之财务会计和财务管理，成本管理会计在职能、内容、方法和应用等方面都有其显著的特点。

第一节 成本管理会计的发展

成本管理会计是一门相对独立又具有比较完整的理论体系与方法体系的会计学科。它从传统的、单一的会计系统中分离出来,与财务会计并存,成为现代会计的重要组成部分。从成本管理会计的产生与发展过程来看,它不仅是商品经济发展的产物,同时也是管理科学与会计实践发展相结合的必然结果。

一、影响现代成本管理会计形成和发展的环境要素

始于20世纪30年代至40年代的新技术革命,在20世纪50年代至90年代间发挥了越来越重要的作用。在此期间,世界范围内已经形成了现代科学、高新技术与大企业发展的基本格局,其中大企业的发展使一个经济单元的生产经营规模与水平达到前所未有的高度。尤其是20世纪90年代以来,信息技术的广泛应用、电子商务平台的兴起、智能制造系统以及机器人作业系统的投入应用,不仅极大地推动了企业的生产经营与管理发生变革,而且也在现代成本管理会计发展方面产生了强有力的推动作用。

同时,20世纪三四十年代以来,科学理论和管理理论的发展极其深刻地影响到会计领域。起初是行为科学与系统论、信息论、控制论(即所谓"老三论")的影响,随后是耗散结构论、协同论、突变论(即所谓"新三论")以及决策论、增长极限论等理论的影响,这些理论中的许多内容被引入并应用到现代成本管理会计中,最终成为现代成本管理会计的理论支柱。

从发展趋势方面考察,资本市场的全球化乃至整个经济的全球化,以及所谓数字化时代、知识经济时代、环境经济时代的新情况,都将对未来成本管理会计的发展产生持续性影响。

二、成本管理会计的形成

管理会计最初产生于20世纪初,亦即从传统的近代会计向现代会计过渡的会计发展阶段。

近代会计的主要特征是:以复式记账为基础,按照严格的会计程序反映企业经营成果和财务状况。它与以经验和直觉为核心的传统管理方式相适应,对资本主义社会的早期经济发展起到了一定的积极作用。

但随着社会生产力水平的提高,企业本身及其所处的外部环境都发生了巨大的变化,传统的管理方式无法克服在竞争加剧、通货膨胀率上升环境下的粗放经营而导致的生产效率低下、资本利润率下降等弊端。正是在这种情况下,用先进的科学管理方式取代落后的传统管理方式,集中体现科学管理理论和方法的"泰罗制"应运而生。

"泰罗制"的核心在于：企业内部如何通过实现各项生产和工作的标准化来提高生产和工作效率，尽可能减少一切可能避免的浪费，从而达到提高企业效益的目的。与此相适应，新的会计观念与技术方法，如标准成本计算制度、预算控制、差异分析等相继出现，并在企业实践中得到不断的充实和完善。标准成本计算制度和预算控制的着眼点是规划和控制企业内部的经济活动，以控制会计为核心内容。正是它们的出现，使会计工作将单纯的事后计算和分析同事前的预算、过程控制结合起来，使传统的成本会计向管理会计逐步过渡。

随着以"标准成本计算制度""预算控制""差异分析"为标志的管理会计的雏形逐渐形成，相关的著作也相继问世。1922年，美国会计学者奎因坦斯和麦金西分别出版了《管理会计：财务管理入门》和《预算控制》两本著作。1924年，麦金西又出版了《管理会计》专著，主张会计工作的重心，应该从对外提供信息转移到对内强化经营管理方面。布利斯同期也出版了名为《通过会计进行管理》的著作。这些书在西方会计发展史上被誉为早期管理会计学的代表作。

三、现代成本管理会计的发展

20世纪50年代初，责任会计概念的明确提出及内容定位是现代成本管理会计演进的一个重要标志。1950年，艾尔曼在《与责任会计相关联的基本企业计划》中明确指出：责任会计是"把管理会计的控制系统同管理组织或部门管理人员的责任结合在一起"。学者希金斯除基本上赞同这一观点外，在他1952年出版的《责任会计》一书中表述了新的见解，他认为责任会计是根据成本管理目标而设置的会计系统。

1952年，世界会计学会年会正式通过并确立了"管理会计"这个专有名词。

另外，在20世纪50年代，现代管理会计在基本体系构建方面也取得了进展。从管理会计目标研究方面看，20世纪50年代初，学者戈茨便明确指出：管理会计"提供基础信息，以便让经营人员拟订关于企业各项活动的计划，并进行控制"，其见解在当时具有先导性作用。更为重要的是，美国会计学会1955年度及1958年度的报告书对管理会计的目标进一步做出了明确表述。如1958年的美国会计学会报告指出，管理会计工作在于协助经营管理人员拟定达到合理经营的计划，并依此做出明智的决策。这是现代管理会计思想方面的一个明显进步。

1965年5月，英国成本和工厂会计师协会将1931年创办的《成本会计师》杂志更名为《管理会计》杂志。显然，这是一种迎合时代潮流的举动。当时在杂志更名声明中指出："成本会计工作是管理会计中的很重要的组成部分。"这一结论对于其后管理会计的发展具有很重要的作用。

进入20世纪70年代后，经济发达的国家及地区不仅对管理会计理论的研究工作有了进一步的发展，而且对于管理会计的推广应用也进入实质性工作阶段。1972年，管理会计与财务会计的区分形成制度化，美国的全国会计人员联合会建立了单独的管理会计协会。同年，该管理会计协会举行了第一次注册管理会计师考试。从此，在西方国家，不仅有注册会计师,还出现了注册管理会计师。1980年4月24日至26日,各国会计人员联合会在巴黎举行第一次会议,把管理会计的应用作为研究主题,这次国际会议的举办表明管理会计的影响已开始扩大到世界范围。

在20世纪70年代,管理会计的发展进一步受到行为科学、管理科学、数学、计算机科学以及相关数量科学的影响,出现了许多新成就。

从行为科学的影响方面讲,1971年出版的柯普兰的《管理会计和行为科学》及1973年出版的霍普伍德的《会计系统与管理行为》堪称代表之作。

从数量科学影响方面讲,20世纪60年代管理会计将"回归分析法""学习曲线"等引进应用,20世纪70年代又将概率论引入决策模型的建立等方面。在1976美国的《会计研究》杂志第一期、第二期所刊载的21篇论文中,有12篇采用了上述方法。

20世纪70年代至80年代,会计界又对现代成本管理会计体系展开了深入研究,出现了百花齐放的局面。

20世纪70年代至今,有关成本管理会计方面的创新研究一直处于持续进行之中,新的成果不断出现。同时,在高科技支持之下的适时制生产系统以及与适时制应用相关联的全面质量管理制度的推行,也直接冲击着成本控制领域,促使管理会计中有关成本控制理论、制度与方法的创新。从20世纪70年代初著名学者斯托伯斯教授在《作业成本计算和投入产出会计》一书中提出作业会计、作业成本等概念与作业成本处理方法,到1988年卡普兰和库珀等教授正式提出"作业量基准成本计算(ABC)"方法,及随后又提出"作业成本制度",此后不少学者与实践工作者继续进行研究,初步建立了"作业量基准成本体系(ABCS)""作业成本管理(ABM)""作业量基准成本管理(ABMS)"等概念、理论及基本方法,最终改变了现代管理会计的基本体系。同时,在此期间,质量成本会计、人力资源管理会计、资本成本管理会计、增值会计以及环境管理会计等新领域的产生,也推动了现代管理会计的发展。

进入20世纪80年代后,围绕企业战略管理的确定,所谓"市场战略""制造战略""收购战略""销售战略""全球化战略"等纷纷被提出,这些对于"战略管理会计"思想产生的影响更为直接。尽管目前有关战略管理会计的研究尚处于初期阶段,在理论与实践之间也还存在相当大的差距,但它却显示着现代成本管理会计发展对新领域的开辟,体现着现代成本管理会计在新世纪的发展方向。

总之,在上述环境下,成本管理会计的传统理论与方法面临新的挑战,具体体现在以下几个方面:

第一,如何适应适时生产系统的需要,在存货控制制度上树立"零存货"的管理理念,以降低库存水平和储存成本。"及时适量生产和存货控制制度"依靠最先进的信息技术,合理规划并大大简化生产和销售过程,使原材料进厂到成品出厂进入市场的每个环节紧密衔接,减少库存,最大程度消除"停工待料"或"有料待工"的现象,提高企业的生产效率。

第二,为了强化全面质量管理,应该改变原有的"可接受的质量水平"管理思想,树立"零瑕疵、高质量"的管理理念和方法,以产品的高质量来赢得竞争激烈的市场。

第三,改变传统的成本计算方法(主要是传统的间接费用分摊方法),推行与作业管理相适应的作业成本计算(ABC)方法,以适应当前的技术密集型企业对成本信息的需要,同时在企业成本预测、决策和绩效评价方面发挥重要的作用。

第四,经济全球化的趋势带来了大量组织规模越来越大的企业,在这些企业里,如何进行有效的资源分配、设计合理的责任体制并进行有效的业绩考核,以保证企业整体目标的顺利实现,成为管理会计研究的一个比较重要的问题。平衡计分卡的出现使得传统的以财务指标为主体的评价体系发生了变化,理想的评价体系不仅包括传统的财务指标,还应该包括企业无形资产和智力资产的综合价值,并广泛运用非财务指标,如高质量的产品和服务、雇员的技术和积极性、灵敏的可以预测的内部过程、客户的满意和忠诚等。

第五,为了适应企业从战略的高度取得竞争优势的主要目标,运用各种方法收集、加工、整理与企业战略管理相关的各种信息,帮助全球战略管理者进行战略决策,"战略管理会计"应运而生。它的出现,使得传统的成本管理会计扩大了范围,并得到新的发展。

综上所述,成本管理会计的产生与发展既是社会经济发展和企业管理升级的要求,也是管理科学化、现代化的产物。随着社会生产力和科学技术的不断进步,成本管理会计的基本理论与方法将日趋成熟和完善,在现代企业管理中的地位和作用也将进一步加强。

第二节 成本管理会计的特征

一、成本管理会计与现代管理科学的关系

成本管理会计是为企业的领导者和管理者提供管理信息的会计,是管理信息系统的一个子系统,是决策支持系统的重要组成部分。

现代管理科学把决策提高到前所未有的地位。管理首先是决策,而决策离不开信息。从一定意义上也可以说:管理就是正确地收集、加工和利用信息并做出决策。它简单地表明了管理、决策和信息之间的内在联系。

现代管理科学从决策是管理的首要职能这一基本认识出发,把一个完整的管理系统区分为三个层次:一是决策系统,二是决策支持系统,三是执行与控制系统。与此相适应,管理人员也可区分为三种不同类型:一是决策人员,二是参谋人员,三是执行人员。会计人员作为信息专家,属于决策支持系统中的参谋人员。只有对会计机构(人员)的地位、作用进行恰如其分的认识,才有利于它沿着正确的方向健康地向前发展。

二、管理会计与成本会计的关系

从本源上讲,管理会计是在早期成本会计的基础上演变而来的,成本会计是管理会计建立的根基,发展到今天,两者在理论与方法上不断地融合,但管理会计创造性地发展了成本会计,把成本会计研究与实践中由注重核算的方面引向注重控制的方面,并最终从管理控制的角度将成本会计方面的一些内容纳入管理会计的体系之中,使现代成本管理会计的理论与方法体系得以不断完善。

现代成本管理会计改变了传统成本会计侧重于从过去到现在为止的产品每单位的"平均成本"信息的提供,转而侧重于联系过去、着眼现在、面向未来的"差别成本",为企业未来的经营决策提供成本数据。

从成本的分类看,成本会计除按成本的内容区分为料、工、费以外,着重把成本区分为直接成本和间接成本,借以为成本计算服务。现代成本管理会计则对成本进行多样化的分类,如边际成本、机会成本、可控成本与非可控成本、责任成本与非责任成本等,使企业能利用"不同成本服务于不同目的",为企业在不同方面提高生产经营的经济效益服务。

从成本发生的空间范围看,成本会计中所说的成本,只涉及微观成本,而管理会计的视野不局限于微观领域,还扩展到宏观视野。例如,产品全生命周期成本的计算,既包括产品生产者的成本(如产品的研究与开发成本、规划与设计成本、制造成本、营销成本),也包括产品使用者的成本(如产品的使用成本、维修成本和处置成本等);再如,环境管理会计中的环境成本更具明显的宏观性。

三、管理会计与财务管理的关系

(一)管理会计和财务管理的联系

首先,从最早的管理会计专著之———奎因斯坦的《管理会计:财务管理入门》一书的书名我们不难看出,奎因斯坦所指的管理会计是财务管理的组成部分,而不是另外一门学科。

其次,从管理会计与财务管理的研究对象来看,财务管理的研究对象是企业再生产过程中的资金运动。管理会计的研究对象,虽然学术界有各种表述,但都不可避免地与财务管理对象重合,即管理会计的活动目标也离不开资金或价值。

(二)管理会计和财务管理的区别

财务管理和管理会计的研究对象都是资金,但却是资金运动的不同方面。财务管理区别于管理会计的显著特征在于其主要是一种实体管理,财务管理内容应涉及财务制度制定、财务机构设置、财务人员安排、外部财务环境的适应和资金筹集、运用、分配等内部财务活动的开展及协调,并要具体组织财务预测、决策和财务控制等财务方法的实施,而成本管理会计只是为财务活动的组织及财务关系的处理提供相应的信息。例如在投资、筹资活动中,企业高层财务管理者根据企业内外部理财环境,确定企业长远发展目标,据以提出投资战略,围绕投资战略,成本管理会计应广泛搜集资料,进行预测、决策分析,为高层财务管理者提供决策依据。当投资方案确定后,高层财务管理人员应按照决策方案制定筹资战略,提出各种可能的筹资方案,管理会计人员则围绕这些方案广泛搜集资料,进行预测、决策分析,为筹资决策提供信息依据,据以编制财务预算。财务管理人员负责安排预算的执行、协调、控制。

四、从管理会计与财务会计的联系看管理会计的特点

管理会计与财务会计作为现代会计的两个分支,两者既存在密切的联系,又各自具有明显的特征。因此,为了更全面地把握管理会计的特点,首先需要了解两者的联系,然后在此基础上对二者进行比较。

(一)管理会计与财务会计的联系

1. 两者目标一致。一般认为,财务会计是通过记账、算账和编制财务报告,向企业以外的投资者、债权人、银行、税务机关等报告企业财务状况和经营成果,并为决策者提供所需的信息。管理会计是通过运用一系列的专门方法,收集、计算、分析数据,为企业管理当局提供决策所需的信息,并用来满足企业预测决策和计划控制的需要。这表明管理会计与财务会计两者服务对象的侧重点有所不同,但并不意味着两者在这个问题上是完全割裂的。实际上,财务会计提供的许多重要财务信息,对企业管理当局来说也同样需要。同样地,管理会计提供的许多重要经济管理信息,以及根据这些信息所确定的目标、方针、计划等,企业外部的投资者、债权人等也需要有所了解。尤其是有关企业如何有效地实现其资源配置、保持良好的财务状况、取得最大的经济效益等问题,均与投资人、债权人有着密切的联系。从这个意义上讲,管理会计与财务会计尽管服务对象上有所侧重,但它们的最终目标是一致的,都是为决策提供有用的信息。

2. 基本信息来源相同。管理会计要有效地实现其预测决策、规划控制、业绩考核评价职能,就要从不同的渠道取得多种形式的资料,其中最基本、最重要的就是会计核算资料。管理会计要对财务会计提供的有关数据进行必要的加工、分析,使之成为企业管理当局预测决策、规划控制的科学依据。

(二)成本管理会计的特点

同财务会计相比较,成本管理会计具有如下特点。

1. 管理会计侧重于为企业内部管理提供服务。管理会计运用一系列特定的理论与专门的方法,对企业的各种信息资料进行加工,向企业管理当局提供有关经营决策等方面的信息,以利于他们确定企业经营目标,制订经营决策方案,进行经营规划,控制经营活动,使企业的资源得以最优配置,取得最佳经济效益。财务会计则主要是为企业外部有经济利害关系的投资者、债权人、银行、税务机关等服务的,使他们能够及时、准确地了解企业的财务状况和经营成果,以保障他们各自的经济利益。正是由于管理会计与财务会计工作的侧重点不同,管理会计又称为"内部会计",财务会计又称为"外部会计"。

2. 管理会计不受公认的会计原则或《企业会计准则》的严格限制和约束。财务会计为了真实和公允地反映一个企业的财务状况和经营成果,必须严格遵守公认的会计原则或《企业会计

准则》，并以此为准绳，严格按照有关会计程序处理日常经济业务，不得发生偏差。管理会计作为一门从传统财务会计中分离出来的新兴学科，是吸收行为科学、管理科学、系统论、运筹学等学科内容的交叉性学科，其工作的开展，完全取决于企业管理当局在预测决策、规划控制等方面工作的实际需要，而不受公认的会计原则或《企业会计准则》的严格限制和制约。

3. 管理会计侧重于预测决策、规划、控制及业绩考核评价。现代会计的职能分别由财务会计与成本管理会计来实现。财务会计侧重于对企业生产经营全过程的事后反映和监督，而且要求其职能的实现要体现全面性、系统性、连续性、真实性和准确性。成本管理会计则侧重于对企业生产经营活动的事前预测、决策、规划，对事中的控制和对经营全过程中各责任单位及个人业绩的考核评价，使会计职能渗透到企业经营和管理的各个方面，从而在总体上体现"现代会计是企业管理的重要组成部分，是企业价值管理的核心"这一管理理念。

4. 管理会计无固定的核算程序，计算方法较复杂。从核算程序与计算方法上看，成本管理会计与财务会计的区别主要体现在以下两点：

(1) 财务会计的核算程序固定，严格遵循凭证、账簿、报表的程序，对企业的经济活动进行记录、汇总和报告。管理会计没有固定的核算程序，而是由企业根据需要，采用多种管理会计工具与方法进行规划、决策、控制与评价。

(2) 财务会计所采用的计算方法简便，不涉及复杂的数学计算。成本管理会计则大量运用数学方法，有些涉及高等数学，计算方法较为复杂。

5. 成本管理会计的会计报告无固定的编报时间，内容不确定，可采用非货币计量单位。从对会计报告的要求上看，管理会计与财务会计的区别主要体现在以下三点：

(1) 财务会计要定期编制财务报表，主要是按月、季、年编制。管理会计在任何时期均可视管理需要编制会计报告，没有固定的编报时间。

(2) 财务会计的报告格式统一，内容确定，包括资产负债表、利润表、现金流量表和所有者权益变动表等。管理会计的报告无统一的格式，内容也不确定，而是针对管理上的需要，进行定量和定性两方面的分析。

(3) 财务会计报告采用统一的货币计量单位，而管理会计可以采用非货币计量单位。财务会计报告中的各项数据都要准确，管理会计可以在一些情况下采用近似的数值。

总之，管理会计与财务会计相比较具有许多显著的特点，它是有别于财务会计的另一会计理论和方法体系。但它毕竟同财务会计存在着许多密切联系，它们二者作为现代会计的两个主要分支，共同完成着现代会计的职能。因此，应该将成本管理会计与财务会计有机地结合起来，取长补短，相互促进，建立具有中国特色的成本管理会计，从而达到推动企业整体管理水平提高的目的。

(三) 成本管理会计的作用

成本管理会计是提供信息和运用信息的统一。通常认为，财务会计提供信息，成本管理会计运用信息。实际上，成本管理会计不仅运用信息，而且也提供信息。成本管理会计提供的信息对管理当局的决策、规划、控制和业绩评价，更具有相关性与可靠性。

1. 成本管理会计提供大量与经营管理决策相关的信息。例如,成本性态的划分有助于管理当局获得产品定价的相关信息,便于合理利用企业的生产经营能力;预期报酬率、贴现率等指标的生成和运用,便于企业进行筹资决策与投资决策。成本管理会计产生信息的过程也是一个运用信息的过程,两者很难具体分开,这使成本管理会计既不同于财务会计,又不同于财务管理,它是生成信息与运用信息的统一。

2. 成本管理会计提供的控制信息是达到既定目标、提高生产经营效率的重要保证,也为纠正生产经营活动中的偏差提供了客观依据。例如,企业通过规划与决策活动,确定了财务规划和年度预算,这些规划与预算的实施和完成有一个过程。管理者通过对实施过程中发生的成本标准进行确定和分解,可以对各管理层的经营活动进行控制。同时各管理层还可以通过差异分析来纠正工作中存在的问题,这些信息又是管理当局进一步进行管理与控制的依据。

3. 成本管理会计提供的责任会计信息是管理当局评价其下属业绩的基础。当企业各种生产经营活动结束时,管理当局可以根据每个责任中心各项任务的完成情况,比较其各自所控制的成本的发生额与标准值的差异,对各责任中心的业绩进行具体评价。同时,通过预算数与实际数的比较,还能发现目标的正确性、科学性,这些反馈信息对于优化企业目标、提高整个经营管理的效率以及提升评价的科学性,具有不可替代的作用。

第三节 成本管理会计的职能与方法

一、成本管理会计的定义

迄今为止,学术界对成本管理会计的描述尚未形成一个统一的定义。

美国会计学会于1958年和1966年先后两次为管理会计提出了如下定义:"管理会计是指在处理企业历史和未来的经济资料时,运用适当的技巧和概念来协助经营管理人员拟订能达到合理经营目的的计划,并做出能达到上述目的的明智的决策。"上述定义将管理会计的活动领域限定于微观,即企业环境。

从20世纪70年代起,许多人将成本管理会计描述为"现代企业会计信息系统中区别于财务会计的另一个信息子系统"。

1981年,美国全国会计师联合会的一个下属委员会在其颁布的公告中指出:"管理会计是为管理当局用于企业的计划、评价和控制,保证适当使用各项资源并承担经营责任,而进行确认、计量、累积、分析、解释和传递财务信息等的过程。"并指出管理会计同样适用于非营利的机关团体,指明管理会计的活动领域不应仅限于"微观",还应扩展到"宏观"。

1982年,美国成本与管理会计师协会给管理会计下了一个范围更为广泛的定义,认为除了外部审计以外的所有会计分支(包括簿记系统、资金筹措、编制财务计划与预算、实施财务控制、财务会计和成本会计等)均属于管理会计的范畴。

1988年4月,国际会计师联合会在其发表的《论管理会计概念(征求意见稿)》中明确表示,"管理会计可定义为:在一个组织中,管理部门用于计划、评价和控制的(财务和经营)信息的确认、计量、收集、分析、编报、解释和传输的过程,以确保其资源的合理使用并履行相应的经营责任"。

世界著名管理会计大师、哈佛大学教授卡普兰(Kaplan)在其所著的《高级管理会计》书中开门见山地指出:管理会计信息系统是为了提供有助于经理人员做出计划与控制决策信息的系统。它包括信息收集、信息分类、信息加工、信息分析以及信息传递等。

2016年财政部颁布了《管理会计基本指引》,文件明确规定:管理会计活动是单位利用管理会计信息,运用管理会计工具方法,在规划、决策、控制、评价等方面服务于单位管理需要的相关活动,其目标是推动单位实现战略规划。

上述有关管理会计的描述,基本观点可以总结为:管理会计是一门综合性交叉学科,侧重于会计与管理的融合,是一个服务于企业内部战略和经营管理的信息系统,是向企业管理当局提供所需信息以帮助其进行战略和经营管理的会计分支。

二、成本管理会计的职能

成本管理会计的职能是指管理会计本身固有的本质属性,是客观存在的内在功能。从成本管理会计产生和发展的过程来看,其职能随着社会经济的日益发展而逐步扩大,使现代会计由传统的财务会计的反映监督职能,扩大到了管理会计的预测、决策、规划、控制及评价等职能。

(一)预测职能

成本管理会计发挥其预测职能,就是利用财务会计提供的资料以及其他相关信息,采用科学的方法,按照企业未来的总目标和经营方针,对利润、销售、成本及资金等重要经济指标进行科学的预测分析,为企业战略规划和经营决策提供信息。

(二)决策职能

决策作为企业战略和经营管理的核心,贯穿于企业管理的各个方面和整个过程。会计工作作为管理的有机组成部分,一定会参与到企业的战略规划和经营决策过程中。成本管理会计发挥其决策职能,主要体现在:根据企业的决策目标,搜集、整理有关的信息资料,包括有关的历史信息和对未来的预测信息;采用科学的方法计算、评价决策方案的指标并做出正确的财务评价,以选出最优的行动方案。

(三)规划职能

成本管理会计是通过参与战略规划拟定和以战略规划为导向编制各种计划和预算来实现其规划职能的。它是以战略规划和经营决策作为基础,把通过决策程序选定的有关方案所确定的战略和经营目标分解落实到各有关的计划和预算中,从而有效地配置企业的各项资源,以期获得最大的经济利益,同时为控制和责任考核评价奠定基础。

(四) 控制职能

控制的目的是为了使实际经营活动按预期计划进行,以求最终达到或超过预期目标。成本管理会计控制职能的发挥,可以有效地将经济过程的事前控制和事中控制有机地结合起来,正确计量计划的执行情况,并对执行过程中实际与计划的偏差进行分析,促使有关方面及时采取相应的措施改进工作,保证企业经营活动的正常进行。

(五) 评价职能

成本管理会计是通过建立责任会计制度来实现其评价职能的。在责任会计制度下,企业内部将划分为不同层次的责任单位,它们均有各自的明确的责任、权限及所承担的义务,通过考核评价各有关方面的责任指标的执行情况,奖优罚劣,奖勤罚懒,以保证经济责任制的贯彻执行,推动单位实现战略规划和经营目标。

三、成本管理会计的内容

建立在成本管理会计职能基础上的内容,大致可分为预测决策会计、规划控制会计及责任会计三部分。

(一) 预测决策会计

预测决策会计以预测经济前景和实施经营决策为核心,主要包括预测分析和决策分析。

(二) 规划控制会计

规划控制会计是在决策目标和经营方针已明确的前提下,为实施决策方案而进行的有关规划和控制,以确保目标的实现,主要包括全面预算和成本控制。

(三) 责任会计

责任会计是为了保证目标的实现,将全面预算中确定的指标按各个内部管理层次(即责任中心)进行分解,以明确各个责任中心的责、权、利。通过考核评价各责任中心的业绩,调动企业全体职工的积极性。

成本管理会计中还有成本性态分析、变动成本法和本量利分析等重要内容。它们作为前述内容的基础,其基本理论和基本方法贯穿于预测、决策、规划、控制及评价的整个过程之中,渗透在企业内部管理的各个领域中。

上述是按照应用管理会计的过程中所涉及的管理环节进行分类的,而2016年财政部颁布的《管理会计基本指引》则按照管理会计工具与方法应用的领域进行了分类,规定管理会计工具与方法主要运用于七大领域:战略管理、预算管理、成本管理、营运管理、投融资管理、绩效管理、风险管理等。在这些领域应用管理会计时,都需要涵盖预测决策、规划控制和责任评价等管理会计内容。

四、成本管理会计的方法

(一) 预测分析的方法

预测分析的基本方法大体上可归纳为以下两种类型:

1. 定量分析法。按照具体方法的不同,定量分析又可分为:趋势预测分析法(如移动加权平均法、指数平滑法、回归分析法等)、因果预测分析法(如投入产出法、CVP 分析法等)。
2. 定性分析法,如调查分析法、判断分析法等。

(二)决策分析的方法

按决策的内容,决策分析的方法大体上可归纳为以下五种类型:
1. 战略规划决策的方法,如战略地图、价值链管理等。
2. 生产决策的方法,如差量分析法、本量利分析法、贡献毛益分析法、经济批量法、敏感性分析法、边际分析法、线性规划法、概率分析法、目标成本评审法等。
3. 定价决策的方法,如市场定价法、成本加成法、按贡献方式定价法等。
4. 存货决策的方法,如 ABC 分析法、经济订货量法、订货点法等。
5. 投融资决策的方法,如净现值法、现值指数法、内含报酬率法、回收期法、年均投资报酬率法、资本成本分析法等。

(三)预算编制的方法

预算编制的方法包括综合平衡法、静态(固定)预算法、弹性预算法、零基预算法、滚动预算法、作业预算法等。

(四)有效控制的方法

有效控制的方法是对企业经济活动进行全面控制的方法。按控制时期的不同,它可分为以下两类:
1. 事前控制的方法,如目标控制法、制度控制法、开展价值工程控制法等。
2. 日常控制的方法,如预算控制法、标准控制法、差异的计算和分析法等。

(五)合理组织的方法

合理组织的方法是把企业的各项资源和生产经营过程中的各个环节进行有效组织的方法,主要包括以下两类:
1. 拟订责、权、利紧密结合的责任会计制度。
2. 应用行为科学的基本原理,激励职工参与管理,充分发挥他们的生产积极性和主观能动性的各种方法。

(六)评价和考核的方法

评价和考核的方法是事后根据各责任单位的内部报告以及整个企业的证、账、表资料,对它们的业绩进行评价和考核,以便正确处理分配关系,并保证经济责任制的贯彻执行。它主要包括以下三类:
1. 评价和考核指标的设定方法,如关键绩效指标(KPI)法、经济增加值(EVA)法、平衡计分卡(BSC)法等。
2. 根据责任单位的业绩报告进行差异的计算和分析的方法,如价格差异的计算和分析、数量差异的计算和分析等。
3. 根据基本财务报表进行比较分析的方法,如横向分析法、纵向分析法等。

五、成本管理会计的应用要素

单位应用管理会计,应结合自身实际情况,根据管理特点和实践需要选择适用的管理会计工具方法,并加强管理会计工具方法的系统化、集成化和场景化应用。

我国《管理会计基本指引》中总结提炼了应用环境、管理会计活动、工具方法、信息与报告四项管理会计要素。这四项要素构成了单位应用管理会计的有机体系。

其中,管理会计应用环境是单位应用管理会计的基础。单位应用管理会计,首先应充分了解和分析其应用环境,包括内外部环境。内部环境主要包括与管理会计建设和实施相关的价值创造模式、组织架构、管理模式、资源、信息系统等;外部环境主要包括国内外经济、法律等环境。

管理会计活动是单位管理会计工作的具体开展。在了解和分析其应用环境的基础上,单位应将管理会计活动嵌入规划、决策、控制、评价等环节,形成完整的管理会计闭环。

管理会计工具方法是实现管理会计目标的具体手段,是单位应用管理会计时所采用的战略地图、滚动预算管理、作业成本管理、本量利分析、平衡计分卡等模型、技术、流程的统称。

管理会计信息是开展管理会计活动过程中所使用和生成的财务信息和非财务信息,是管理会计报告的基本元素。管理会计报告是管理会计活动成果的重要表现形式,旨在为报告使用者提供满足管理需要的信息,是管理会计活动开展情况和效果的具体呈现。

单位应在分析管理会计应用环境的基础上,合理运用管理会计工具方法,全面开展管理会计活动,并提供有用的信息,生成管理会计报告,支持单位决策,推动单位实现战略规划。

思考与练习题

1. 与财务会计相比,成本管理会计的特点主要体现在哪些方面?
2. 成本管理会计的主要职能有哪些?
3. 按照管理环节,成本管理会计的内容主要包括哪些?
4. 管理会计工具与方法主要在哪些领域中运用?
5. 成本管理会计在加强企业内部管理、提高经济效益方面的主要作用是什么?

拓展与感悟

中国特色的"4+1"管理会计建设体系

2014年,财政部发布了《财政部关于全面推进管理会计体系建设的指导意见》(以下简称《指导意见》),强调了现阶段大力发展管理会计的重要性,明确了发展目标和主要任务与措施。由此我国管理会计的发展进入了快车道,单位对管理会计的重视程度和对管理会计人才的需求日益提升,中国特色的管理会计发展体系正在建成和完善。

《指导意见》分阶段地提出了中国管理会计体系建设的宏伟目标,即:建立与我国社会主义市场经济体制相适应的管理会计体系。争取3~5年,在全国培养出一批管理会计人才;力争通过5~10年的努力,中国特色的管理会计理论体系基本形成,管理会计指引体系基本建成,管理会计人才队伍显著加强,管理会计信息化水平显著提高,管理会计咨询服务市场显著繁荣,我国管理会计接近或达到世界先进水平。

《指导意见》立足国情,借鉴国际经验,提出了理论、指引、人才、信息化加咨询服务的"4+1"的管理会计有机发展模式。管理会计"4+1"体系既有侧重、自成一体,又相辅相成、相互促进,共同构成有机整体,其中,理论建设是基础,指引体系是保障,人才培养是关键,信息化建设是支撑,咨询服务是外部支持。目前,我国管理会计指引体系已基本建成以管理会计基本指引为统领、以管理会计应用指引(已发布34项应用指引)为具体指导、以管理会计案例示范为补充的管理会计指引体系。同时,财政部也高度重视事业单位成本管理会计,目前已颁布了《事业单位成本核算基本指引》和《事业单位成本核算具体指引——公立医院》《事业单位成本核算具体指引——高等学校》《事业单位成本核算具体指引——科学事业单位》。

2021年11月,财政部印发《会计改革与发展"十四五"规划纲要》,明确"十四五"期间要进一步全面深化管理会计应用。深化应用的主要措施包括:出台进一步深化管理会计应用的指导意见;研究制定管理会计应用指南;加大管理会计人才培养力度,将管理会计纳入会计相关资格考试和会计人员后续教育体系;建立常态化案例库建设机制;全面提升管理会计信息化水平等。

参考资料:

[1]中华人民共和国财政部.财政部关于全面推进管理会计体系建设的指导意见[EB/OL].[2022-11-10].https://www.neac.gov.cn/seac/zcfg/201503/1074831.shtml.

[2]中华人民共和国财政部.会计改革与发展"十四五"规划纲要[EB/OL].[2022-11-10].http://www.gov.cn/zhengce/zhengceku/2021-11/30/content_5654912.htm.

第一篇

成本信息生成与应用系统

第一章

第二章

生产经营费用的归集和分配

导 读

```
生产经营费用的归集和分配
├── 成本、费用核算的要求
│   • 产品成本和期间费用
│   • 各种费用界限的划分
│   • 费用要素
│   • 产品成本项目
│   • 直接计入费用
│   • 间接计入费用及其分配
├── 成本费用核算的一般程序
│   • 各项要素费用的分配
│   • 辅助生产费用的归集和分配
│   • 制造费用的归集和分配
│   • 完工产品和月末在产品之间的费用分配
├── 成本、费用核算设置的主要账户介绍
│   • 总分类账户的设置
│   • 主要明细分类账户的设置
│   • 产品成本、期间费用核算的账务处理程序
└── 生产经营费用的归集和分配
    • 各项要素费用的归集和分配
    • 辅助生产费用的归集和分配
    • 基本生产车间制造费用的归集和分配
    • 废品损失、停工损失的归集和分配
    • 生产费用在完工产品和在产品之间的归集和分配
    • 期间费用的归集和结转
```

说明：

为正确计算产品成本，首要的任务是理解清楚产品成本和期间费用的区别。划清各项费用的界限，将应计入产品成本的费用采用适当的方法通过设置有关的账户进行费用的归集和分配。在费用的归集和分配中要结合企业的实际情况，选择恰当的方法，力求费用分配的结果合理，以保证成本计算的准确性。

第一节　成本、费用核算的基本要求

成本是指企业为生产产品、提供劳务而发生的各种耗费，它是对象化的费用。一般情况下，成本主要是指产品成本。企业在生产经营中所发生的全部开支形成企业的支出；这些支出中有生产经营性的费用支出，也有非生产经营性的费用支出。生产经营性的费用支出和产品生产相关，构成本期和以后各期的有关生产性费用，这些支出应该计入产品成本，由各期产品成本负担。根据现行《企业产品成本核算制度（试行）》的规定，产品成本是指企业在生产产品过程中所发生的材料费用、职工薪酬等，以及不能直接计入而按一定标准分配计入的各种间接费用。与之相对应，有些支出和本期经营管理活动有关，但与产品生产没有直接关系，这些支出则属于期间费用。

成本核算是根据成本计算对象，按照法规制度和企业管理的要求，利用会计核算体系，采用适当的成本计算方法，对运营过程中实际发生的各种耗费按照规定的成本项目进行计算、归集与分配，取得不同成本计算对象的总成本和单位成本并将其传递给有关使用者的成本管理活动。对于产品成本，企业应当根据产品生产过程的特点、生产经营组织的类型、产品种类的繁简程度和成本管理的要求，确定产品成本核算的对象、项目、范围，及时对有关费用进行归集、分配和结转。

产品成本、期间费用核算是成本会计的中心内容，也是企业现代成本管理工作的主要组成内容。成本、费用核算正确与否，不仅直接影响到成本、费用预测以及计划、控制、分析和考核等成本会计诸多方面工作的质量，而且也直接影响企业损益，影响企业经营决策的正确性。成本、费用核算的过程，既是对企业生产经营过程中各种耗费的发生进行归集和分配的过程，也是对满足企业成本管理所需的信息反馈的过程。同时，也是对企业成本、费用计划（预算）的实施和进行调整的过程，对企业经营决策目标的实现起着重要的作用。因此，在成本、费用核算工作中应注意贯彻以下几项要求。

一、成本、费用核算要适应企业成本管理的要求

正确进行成本、费用的核算，为企业管理者提供真实可靠的成本、费用数据，有利于管理者掌握成本费用变动情况，提高对成本管理的针对性和科学性。成本、费用的核算，首先要

严格遵守成本开支范围的规定,对企业的各项费用进行严格的审核和控制,确定是否开支。其次,对已经发生并应计入企业生产经营管理费用的各项耗费,应该准确地进行归集和分配。生产费用要按产品进行归集,计算各种产品成本,以便为产品成本的定期分析、考核以及进一步挖掘降低成本的潜力提供数据。经营管理费用按相应期间进行归集,并直接计入当期损益。最后,成本、费用核算要适应企业现代化管理的要求,不断改进和完善。

二、做好各项成本核算的基础工作

为了正确进行成本、费用的核算,加强对成本、费用支出的审核、控制,正确计算产品成本和经营管理费用,需要做好以下各项基础工作。

(一)科学地制定各种消耗定额,加强定额管理

为了加强对产品成本的事前控制,企业应结合产品生产的特点,对原材料、燃料、动力以及工时等耗费制定合理的定额或标准,为编制成本计划、加强成本核算和成本分析、成本考核提供依据,促使企业有效地使用人力、物力和财力等资源。在各种定额或标准制定以后,企业要经常分析各种定额或标准的执行情况;同时,根据企业设备条件和技术水平的变化情况,充分考虑职工的积极因素,及时对现有各项定额或标准进行修订,使之具有先进性和可行性,充分发挥定额或标准的控制和考核作用。

(二)建立和健全原始记录

原始记录是对企业生产经营活动的具体事项所做的最初记载,是编制成本计划、进行成本核算和分析考核的基础。为此,应该制定既符合各方面管理需要又符合成本核算要求,既简单易行又科学有效的原始记录制度。做好原始记录的登记、传递、审核和保管工作,以便正确、及时地为成本核算和其他有关方面提供所需的原始资料。原始记录清晰、职责权限明确,有利于根据原始记录的记载明确成本责任的归属和进行成本核算以及成本分析和考核。

(三)严格财产物资的计量验收工作

企业在生产经营活动过程中发生的原材料的收发、领退,在产品、半成品的内部转移以及产成品入库等,必须经过严格的计量、验收,办理必要的凭证交接手续,最后才能成为成本核算的正确依据。因此,企业的计量器具应配备齐全,并定期进行维护与调试,保证成本核算的真实。

(四)正确确定财产物资的计价和价值结转的方法

企业拥有的财产物资,包括生产中消耗的材料物资,还有生产工具,它们的价值要随着生产经营过程中的耗费转移到产品成本和期间费用中去。因此,这些财产物资计价和价值结转的方法,也会影响成本和费用核算的准确性。其中:与固定资产有关的是固定资产原值确定方法、折旧方法、折旧率等;与流动资产有关的是材料成本组成内容,在实际成本计价情况下发出材料单位成本的确定方法和在计划成本计价情况下材料成本差异率的计算等。为了正确计算成本和费用,应该正确确定财产物资的计价和价值结转的方法,在可选择的若干方法中选择适宜的方法,某种方法一经选定,要保持相对稳定性,不得随意改变。

(五)正确选择成本计算方法

企业应根据各自的生产特点和管理要求,确定所应采用的产品成本计算方法。产品成本是在生产过程中形成的,由于产品的生产特点和管理的要求不同,不同的产品可能采用不同的成本计算方法。

三、正确划分各种费用界限

为了正确地核算产品生产成本和企业损益,以及生产费用和经营管理费用,必须正确划分以下五个方面的费用界限。

(一)以权责发生制为基础正确划分各月份的费用界限

成本、费用的核算,应以权责发生制为核算基础,对于当期发生的各项费用,首先要划清应由本月产品成本或期间费用负担,还是应由其他月份产品成本、期间费用负担的费用界限。即应由本月成本、费用负担的费用,应全部计入本月成本、费用;不应由本月成本、费用负担的,则不应计入本月成本、费用。其次,对应由本月和以后月份成本、费用负担的待摊费用或预提费用,根据费用的受益期限,分别由本月和以后月份的成本、费用合理负担,以便真实反映各月成本、费用水平,防止利用待摊和预提的方法人为地调节各月成本、费用的高低。划分这方面的费用界限,是正确计算各月产品成本、期间费用的基础。

由此可以看出,本月产品成本和期间费用应负担的费用,包括扣除应由以后月份成本、费用负担部分之后的本月发生费用,还有以前月份发生的待摊费用的本月摊销额,以及尚未发生支出但应由本月成本、费用负担的预提费用。

(二)正确划分应计入成本、费用与不应计入成本、费用之间的界限

企业的经济活动是多方面的,除了生产经营活动,还有诸如投资等其他方面的经济活动。发生的各种费用的用途是多方面的,并非都计入本期的产品成本和期间费用,必须按其用途的不同,确定哪些应计入本期产品成本和期间费用,哪些不应计入本期产品成本和期间费用。只有用于产品生产和销售,用于组织和管理生产经营活动以及用于筹集生产经营资金的各种费用,才应计入产品成本和期间费用。对于购置资产等支出或不是由于企业日常生产经营活动而发生的费用,则不应计入产品成本和期间费用。例如,企业购置和建造的固定资产、无形资产和其他资产的支出,对外投资的支出,企业固定资产盘亏损失和清理损失,非正常原因造成的停工损失,自然灾害造成的损失,以及罚款支出和捐赠支出等都不应计入产品成本和期间费用。

(三)正确划分产品费用和期间费用的界限

对于应由本月产品成本和期间费用负担的生产经营费用,还需要进一步划清两者之间的界限。其中,直接材料费用、直接人工费用、制造费用等生产性费用,计入产品生产成本。随着产品的陆续销售,实现其收入,其成本才得以补偿。销售费用、管理费用和财务费用,是与一定期间相联系的,属于期间费用,应直接计入当期损益,通过收入一次全部得到补偿。正确划分计入产品成本的费用和期间费用的界限,是保证正确计算产品成本和核算各期损

益的基础。

(四)正确划分各种产品的费用界限

为了分析和考核各种产品成本计划或成本定额(标准成本)的执行情况,应该分别计算各种产品的成本。为此,要对应该计入本月产品成本的生产费用在各种产品之间进行划分。属于某种产品单独发生,能够直接计入该种产品成本的生产费用,应该直接计入该种产品成本;属于几种产品共同发生,不能直接计入某种产品成本的生产费用,则应采用合理的分配方法,分配计入这几种产品的成本。要真实地反映各种产品所耗费用,应特别重视盈利产品与亏损产品、可比产品与不可比产品之间的费用界限的划分,防止在这些产品之间任意转移费用,以盈补亏、掩盖亏损产品成本超支的错误做法。

(五)正确划分完工产品和在产品的费用界限

通过以上费用界限的划分,确定了各种产品本月应负担的生产费用。月末,对于既有完工产品,又有在产品的某种产品,就需要采用适当的分配方法,将产品应负担的费用在完工产品和在产品之间进行分配,分别计算出完工产品应负担的费用和在产品应负担的费用。为了划清这一费用界限,首先要正确计算完工产品与在产品的数量,然后在数量计算的基础上进行费用的分配,要防止任意多留或少留在产品成本,人为调节当月完工产品成本的错误做法。

能否正确划分上述几个方面的费用界限,是保证成本、费用核算正确与否的关键,也是检查和评价成本、费用核算工作是否正确合理的重要标准。实际上,成本、费用核算的过程,也就是正确划分这几个方面费用界限的过程。

四、正确进行间接计入费用的分配

在产品成本计算过程中,要进行多次生产费用的分配,以便在各月之间、各使用部门之间、各种产品之间、完工产品与在产品之间划分费用的归属。为了保证产品成本计算的正确,生产费用的分配必须合理。

(一)费用分配的种类

费用分配是指在各分配对象,即费用承担者之间的费用划分。按照计入产品成本的方法可分为直接计入费用和间接计入费用两类。

1. 直接计入费用。直接计入费用是指在产品生产过程中,所发生的各项费用在发生时便可直接确定费用承担者的费用。例如,某种产品生产时单独消耗一种或多种材料,由于在消耗材料时,可直接确定该种产品为材料费用的承担者,这项材料费用就属于直接计入费用。

2. 间接计入费用。间接计入费用是指在产品生产过程中,发生的各项费用在发生时不能直接确定费用承担者,或应由不同受益者共同负担,这些费用需要经过合理的计算,确定不同受益者各自承担的费用数额。例如,某基本生产车间生产三种产品,共同耗用一种材料。材料费用需要在这三种产品之间进行合理分配,来确定这三种不同的产品各自承担的材料费用。因此,这项材料费用就属于间接计入费用。

(二)费用分配的原则

费用分配应贯彻受益原则。所谓受益原则,是指谁受益谁负担费用,负担费用的多少与受益程度的大小成正比例关系,各项费用均应在其受益者之间进行分配,不受益者不负担费用。凡属直接计入费用,都应当直接分配给受益者负担,不得扩大分配范围;凡属间接计入费用,要采用合理的计算分配方法,使受益大的项目多负担费用,受益小的项目少负担费用。

(三)间接计入费用的分配计算

随着科学技术的发展以及企业生产技术条件的变化,产品成本构成中,直接计入的生产耗费呈现逐步降低趋势,而间接性的生产组织管理等支出逐渐增加,因此,间接计入费用的分配方法的选择和改进,关系到成本计算的准确性、合理性,企业应该结合生产特点和技术条件的变化,合理地进行各项间接计入费用的分配。在科技含量较低的生产企业中,产品成本主要是直接耗费的材料费用和人工费用,制造费用在产品成本中所占比重相对较低,而有些现代生产制造企业由于生产设备的更新换代,多功能设备的运用,生产能力的大幅度提高,产品成本结构发生了变化,制造费用比重逐渐加大,因而对制造费用选择多元化分配标准的方式,在部分企业得到运用。

1.选择分配标准。间接计入费用需按一定标准在各分配对象之间进行分配。例如,为生产不同产品而发生的工资费用,可以按各种产品生产工时的比例进行分配计算,各种产品的生产工时即为分配标准。分配间接计入费用时,所选择的分配标准应与分配对象的受益程度密切相关。各分配对象分配标准的大小应与受益程度的大小成正比例或近似正比例的关系,从而使费用分配较为合理;同时,作为分配标准的数据应容易取得,便于计算。

不同的费用通常需要选择不同的分配标准进行分配。常用的分配标准有以下几类:

(1)消耗类分配标准。它是以分配对象的生产工时、生产人员工资、机器工时、原材料消耗数量、工作次数等作为分配标准。

(2)定额类分配标准。它是以分配对象的定额消耗量、定额费用等作为分配标准。

(3)成果类分配标准。它是以分配对象的产量、重量、体积、产值等作为分配标准。

2.计算费用分配率。计算费用分配率公式如下:

费用分配率 = 间接计入费用总额 ÷ 各分配对象的分配标准之和

3.计算分配额。在计算出费用分配率以后,根据费用分配率和各对象的分配标准,即可确定各种产品应负担的间接费用的数额。其计算公式如下:

某分配对象应分配的费用 = 该对象的分配标准 × 费用分配率

应当注意的是,各分配对象负担的数额之和必须与间接费用总额相等。在费用分配率不能除尽时,前面各分配对象应负担的数额仍按上述算式求得,最后一个分配对象应负担的数额,根据间接费用总额减去其他分配对象已分摊数额确定。实际工作中,费用分配通常利用费用分配表来进行。

第二节 成本、费用核算的一般程序

成本、费用核算的一般程序,就是根据成本、费用核算的基本要求,对生产经营费用进行分类核算,对应计入产品成本,并将应由本月产品成本负担的生产费用进行分配,按照各种产品的不同成本项目分别归集;应列入本月损益的各种期间费用,应按期间费用项目分别归集。各种产品本月应负担的生产费用,还要在本月完工产品和月末在产品之间进行分配,最终计算出按成本项目反映的完工产品成本。

一、生产经营费用的归集和分配

(一)各项要素费用的分配

成本、费用的核算,首先要将外购材料、外购燃料、外购动力、工资以及折旧等各项要素费用,按其经济用途进行分配。属于期间费用的,如行政管理部门消耗的材料、燃料等,销售环节有关的支出以及筹资费用等,应按管理费用、销售费用和财务费用的各费用项目进行归集。应计入产品成本的,属于单设成本项目的费用,如构成产品实体或有助于产品形成的原材料、产品生产所耗用的外购燃料和动力、生产工人工资等费用,要按用途分配给基本生产各种产品与辅助生产各种产品或劳务,并计入有关成本项目。对于在产品成本核算中未单设成本项目的费用,如折旧费、车间管理人员工资等费用应先归集为不同生产车间或部门的制造费用,待其归集完全后,通过制造费用的分配,再计入各种产品的制造费用成本项目。

(二)期末摊提费用的调整与分配

月末计算本期产品成本和归集期间费用时,遵循权责发生制的原则,对本月发生的应由本期和以后各期负担的费用,通过"待摊费用"账户归集,期末按用途进行分配。本月分配的摊销额,既包括本月发生的项目,也包括以前月份发生但应由本期负担的费用,摊入本月产品成本和期间费用。对于应计入本月产品成本、期间费用而尚未实际支付的费用,通过"应付利息"或"预提费用"等账户核算,将应由本期产品成本和期间费用负担的有关费用,分别用途,按照期间费用项目和制造费用进行归集。

(三)辅助生产费用的归集和分配

企业辅助生产车间所发生的各项费用,在以上各项要素费用分配中直接计入辅助生产产品或劳务成本。若辅助生产车间规模较大,车间管理方面发生的费用较多,也可单独对辅助生产车间制造费用进行核算以便于进行成本控制和考核,将这部分费用先归集为各辅助生产车间的制造费用,月末各辅助生产车间制造费用归集完全后,以制造费用成本项目再分别转入各辅助生产车间的产品或劳务成本。月末分配辅助生产费用,应区分辅助生产产品和劳务种类,按受益数量的比例在各受益对象之间分配:属于期间费用的,按期间费用项目归集;应计入基本生产产品成本的,如属单设成本项目的费用(如供电车间提供电力直接用于产品生产,构成燃料和动力成本项目),应直接计入受益产品成本;未单设成本项目的费用(如设备维修费用),则先按各基本生产车间的制造费用进行归集。

(四)基本生产制造费用的归集和分配

各基本生产车间的制造费用归集完全以后,再采用合理的分配标准分别在不同产品之间分配,以制造费用成本项目计入各种产品成本。

(五)完工产品和月末在产品之间的费用分配

通过以上各步骤的费用分配,各产品本月应负担的生产费用已按不同成本项目分别归集,逐项与月初在产品费用相加,即为该种产品全部产品费用。如果当月产品全部完工,所归集的全部产品费用即为完工产品成本;如果全部未完工,则全部为月末在产品成本;如果当月既有完工产品又有月末在产品,则需分别按成本项目在完工产品和在产品之间分配,计算按成本项目反映的完工产品成本。

(六)期间费用的结转

销售费用、管理费用、财务费用各项期间费用,通过以上步骤费用分配中已分别归集到有关账户,期末全部结转当期损益。

二、成本、费用核算主要账户介绍

为了按以上程序及步骤归集费用核算产品成本和期间费用,应设置"基本生产成本""辅助生产成本""制造费用""待摊费用""预提费用""销售费用""管理费用""财务费用"等账户,以及必要的明细账。

(一)总分类账户的设置

1."基本生产成本"账户。"基本生产成本"账户是为了归集进行基本生产所发生的各种生产费用和计算基本生产产品成本的账户。该账户借方登记基本生产所发生的直接材料费用、直接人工费用、转入的制造费用等各项费用;贷方登记完工入库的产品成本;期末借方余额,就是基本生产在产品的成本。

2."辅助生产成本"账户。"辅助生产成本"账户是用以核算辅助生产车间为基本生产车间、企业管理部门和其他辅助生产车间生产产品或提供劳务所发生的生产费用,计算辅助生产成本或劳务成本的账户。该账户借方登记辅助生产车间在生产过程或提供劳务过程中所发生的各种费用,如直接材料费用、直接人工费用、负担的制造费用等;贷方登记结转辅助生产产品、劳务的实际成本;期末借方余额,就是期末辅助生产在产品成本。

3."制造费用"账户。"制造费用"账户是用以核算企业生产部门为生产产品和提供劳务而发生未单设成本项目的生产费用。该账户借方登记发生的制造费用;贷方登记月终分配转出的制造费用;除季节性企业按年度计划分配率分配制造费用账户会出现余额外,"制造费用"账户月末一般无余额。

4."长期待摊费用"账户。"长期待摊费用"账户是用来核算企业已经发生但应由本期和以后各期成本分别负担的,摊销期在一年以上的各项费用。该账户借方登记本期发生的各项待摊费用;贷方登记按受益期限和用途摊销的费用;期末借方余额,表示已发生但尚未摊销的费用。

5."预提费用"账户。"预提费用"账户是用来核算企业按照规定预提计入成本但尚未实际支付的各项费用。如预提固定资产大修理费用等。该账户贷方登记按规定预提计入本期成本、费用的各项费用时,借方登记实际支付的预提费用。该账户月末一般为贷方余额,反映尚未支付的预提费用。若月末出现借方余额,应视为待摊费用,分摊到有关成本或费用。

6."销售费用"账户。"销售费用"账户是用来核算企业在销售产品、自制半成品和工业性劳务过程中,以及销售部门所发生的各项费用。该账户借方登记发生的各项销售费用;贷方登记转入"本年利润"账户的本期发生额,结转后该账户月末无余额。

7."管理费用"账户。"管理费用"账户是用来核算行政管理部门为组织和管理生产经营活动而发生的各项费用。该账户借方登记发生的各项管理费用;贷方登记转入"本年利润"账户的本期发生额,结转后本账户无余额。

8."财务费用"账户。"财务费用"账户是用来核算企业进行筹集资金等理财活动而发生的各项费用,如利息支出、金融机构手续费等。该账户借方登记本期发生的财务费用;贷方登记应冲减财务费用的利息收入和转入"本年利润"账户的财务费用净额,结转后本账户无余额。

(二)主要明细账户介绍

企业进行成本、费用核算,除了通过设置总分类账户进行总括反映外,主要是通过设置成本、费用明细账户来进行的。

1.基本生产成本明细账。基本生产成本明细账,可以按产品品种、产品生产批别、产品生产步骤以及产品大类等开设,并分别不同成本项目归集费用,计算产品成本。基本生产成本明细账可以采用多栏式账页,账内按成本项目设置专栏,并在账内连续记录各月产品费用的归集和完工产品成本的结转。在实际工作中,基本生产成本明细账通常设计为成本计算单形式,按其成本计算对象及成本计算期开设。单内按成本项目开设专栏或专行,分别反映各成本项目的月初在产品费用、本月生产费用、完工产品成本和月末在产品成本。其格式见表2-1。

表2-1 产品(或劳务)成本计算单

产品(或劳务)名称　　　　××年××月　　　　单位:元

项目	原材料	燃料和动力	直接人工	制造费用	合计
月初在产品费用	4 000	2 000	3 500	1 500	11 000
本月生产费用	5 500	3 000	4 500	2 000	15 000
生产费用合计	9 500	5 000	8 000	3 500	26 000
完工产品成本	6 000	3 500	7 000	2 500	19 000
月末在产品成本	3 500	1 500	1 000	1 000	7 000

2. 辅助生产成本明细账。辅助生产成本采用多栏式明细账,可以按照辅助生产的产品品种或劳务种类开设,账中按辅助生产的成本项目或费用项目分设专栏或专行进行登记。如提供产品也可设计为成本计算单的格式,其格式与基本生产成本计算单相同。

3. 制造费用明细账。制造费用采用多栏式明细账,一般按车间、部门设置明细账。账内按制造费用的项目内容分设专栏,进行明细核算。

4. 其他费用明细账。待摊费用明细账应按待摊费用的种类设置。预提费用明细账应按预提费用的种类设置。销售费用明细账、管理费用明细账、财务费用明细账,均应按其费用项目开设专栏,采用多栏式明细账页进行核算。

三、产品成本、期间费用核算的账务处理程序

根据上述成本、费用核算的基本步骤,结合企业设置的成本、费用的账户,其账务处理程序见图 2-1。

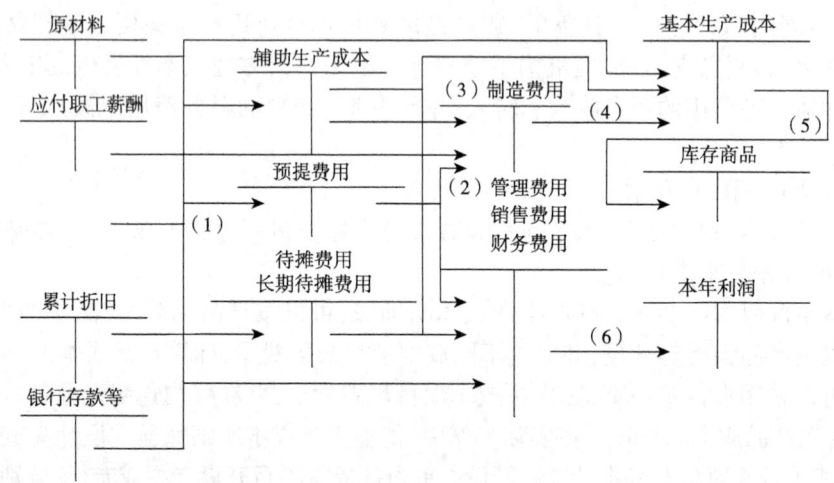

注:(1)各项要素费用的分配;(2)待摊费用和预提费用的分配;(3)辅助生产费用的分配;(4)基本生产制造费用的分配;(5)结转完工产品成本;(6)结转期间费用。

图 2-1　成本、费用核算账务处理程序

第三节　各项要素费用的归集和分配

工业企业在一定时期内发生的费用,从内容或性质上可归纳为外购材料、外购燃料、外购动力、工资薪酬、折旧费、修理费、利息、税金和其他费用等九项要素费用;每一项要素费用

发生后,应按其"经济用途"分别归属到相应的成本、费用中去。在归集和分配过程中,应正确划分费用界限,并确定费用归属的账户。

一、材料费用的分配

材料费用包括企业在生产经营过程中耗费原材料、燃料、低值易耗品、包装物等而发生的费用。企业耗用的材料,无论是外购材料,还是自制材料,都根据审核后领、退料凭证,按照材料的用途进行分配,将材料费用计入产品成本或期间费用。

(一)原材料费用的归集和分配

记入基本生产成本和辅助生产成本明细账(即产品成本计算单)的原材料费用,是用于构成产品实体的原材料及主要材料、外购半成品和有助于产品形成的辅助材料,应列入"直接材料"项目。属于直接计入费用的,可根据领料凭证直接计入各种产品成本的原材料项目;属于间接计入费用的,应选择恰当的分配标准,在几种产品之间计算分配后,才能计入各种产品成本的原材料项目。原材料费用分配标准很多,可以按照产品的重量、体积等分配。在材料消耗定额比较准确的情况下,通常采用的是材料定额消耗量比例法和材料定额费用比例法。

1. 材料定额消耗量比例法。这种方法的计算步骤如下。首先,计算某种产品材料定额消耗量;其次,计算单位原材料定额消耗量应分配原材料实际消耗量(原材料消耗量分配率);再次,计算出某种产品应分摊的材料数量;最后,计算出某种产品应分摊的材料费用。其计算公式如下:

$$某种产品材料定额消耗量 = 某种产品实际产量 \times 单位产品材料消耗定额$$

$$材料消耗量分配率 = 材料实际消耗总量 \div 各种产品材料定额消耗量之和$$

$$某种产品应分配的材料数量 = 该种产品材料定额消耗量 \times 材料消耗量分配率$$

$$某种产品应分配的材料费用 = 该种产品应分配的材料数量 \times 材料单价$$

【例2-1】某企业生产A、B两种产品,共同耗用某种材料2 700千克,该材料单价为3元/千克,按产品的原材料定额消耗量比例进行分配。其中,A产品生产350件,B产品生产250件,A产品单位消耗定额为5千克/件,B产品单位消耗定额为3千克/件,分配结果如下。

A产品原材料定额消耗量:

$$350 \times 5 = 1\ 750(千克)$$

B产品原材料定额消耗量:

$$250 \times 3 = 750(千克)$$

$$原材料消耗量分配率 = 2\ 700 \div (1\ 750 + 750) = 1.08$$

$$A产品应分配的材料数量 = 1\ 750 \times 1.08 = 1\ 890(千克)$$

$$B产品应分配的材料数量 = 750 \times 1.08 = 810(千克)$$

$$A产品应分配的材料费用 = 1\ 890 \times 3 = 5\ 670(元)$$

$$B产品应分配的材料费用 = 810 \times 3 = 2\ 430(元)$$

这种方法能够考核原材料消耗定额的执行情况,有利于加强原材料消耗的实物管理,但是计算比较烦琐。为了简化核算工作,也可以按定额消耗量的比例直接分配材料费用。仍以例2-1的资料,其分配结果如下:

$$原材料费用分配率 = 原材料实际费用 \div 各种产品原材料定额消耗量之和$$
$$= 2\,700 \times 3 \div (1\,750 + 750) = 3.24(元/千克)$$
$$A产品应分配的原材料费用 = 1\,750 \times 3.24 = 5\,670(元)$$
$$B产品应分配的原材料费用 = 750 \times 3.24 = 2\,430(元)$$

2. 材料定额费用比例法。在几种产品共同耗用原材料的种类比较多的情况下,为简化分配计算工作,也可以按照各种材料的定额费用的比例分配原材料实际费用,计算公式如下:

$$某种产品原材料定额费用 = 该种产品实际产量 \times 单位产品原材料费用定额$$
$$原材料费用分配率 = 各种产品原材料实际费用总额 \div 各种产品原材料定额费用之和$$
$$某种产品应分配的实际原材料费用 = 该种产品原材料定额费用 \times 原材料费用分配率$$

【例2-2】某企业生产甲、乙两种产品,共同耗用两种主要材料,共计3 762元。本月生产甲产品15件,乙产品12件。甲产品原材料消耗定额:A材料6千克/件,B材料8千克/件;乙产品原材料消耗定额:A材料9千克/件;B材料5千克/件。A材料单价10元/千克,B材料8元/千克。分配结果如下。

(1)甲、乙产品原材料定额费用:

甲产品:

$$A材料定额费用 = 15 \times 6 \times 10 = 900(元)$$
$$B材料定额费用 = 15 \times 8 \times 8 = 960(元)$$

甲产品原材料定额费用合计1 860元。

乙产品:

$$A材料定额费用 = 12 \times 9 \times 10 = 1\,080(元)$$
$$B材料定额费用 = 12 \times 5 \times 8 = 480(元)$$

乙产品原材料定额费用合计1 560元。

(2)材料费用分配率:

$$材料费用分配率 = 3\,762 \div (1\,860 + 1\,560) = 1.1$$

(3)甲、乙产品应分配材料实际费用:

甲产品:

$$1\,860 \times 1.1 = 2\,046(元)$$

乙产品:

$$1\,560 \times 1.1 = 1\,716(元)$$

原材料费用的分配是通过"原材料费用分配表"进行的。根据原材料费用分配表即可编制原材料费用分配的会计分录,并登记有关账簿。原材料费用分配表的格式见表2-2。

表 2-2　原材料费用分配表

××年××月

应借账户	成本项目	间接计入(分配率:3.24)		直接计入(元)	合计(元)
		定额消耗量(千克)	分配金额(元)		
基本生产成本	A 产品 B 产品 小计	直接材料 直接材料	1 750 750 2 500	5 670 2 430 8 100	23 000 12 400 35 400	28 670 14 830 43 500
辅助生产成本	供水车间 供电车间 小计	消耗材料 消耗材料			900 450 1 350	900 450 1 350
制造费用	基本生产车间	消耗材料			140	140
销售费用		消耗材料			200	200
管理费用		消耗材料			80	80
合计				8 100	37 170	45 270

根据原材料费用分配表,编制如下会计分录:

借:基本生产成本——A 产品　　　　　　　　　　　　　　　　28 670
　　　　　　　　——B 产品　　　　　　　　　　　　　　　　14 830
　　辅助生产成本——供水车间　　　　　　　　　　　　　　　 900
　　　　　　　　——供电车间　　　　　　　　　　　　　　　 450
　　制造费用——基本生产车间　　　　　　　　　　　　　　　 140
　　销售费用　　　　　　　　　　　　　　　　　　　　　　　 200
　　管理费用　　　　　　　　　　　　　　　　　　　　　　　 80
　　贷:原材料　　　　　　　　　　　　　　　　　　　　　　45 270

(二)燃料费用的分配

如果燃料费用在产品成本中所占比重较大时,可以与动力费用一起专设"燃料和动力"成本项目。直接用于产品生产的燃料费用,如热处理、烘干、溶解等所耗的燃料费用,分别直接计入或间接分配计入各种产品的"燃料和动力"项目。辅助生产所耗燃料费用,以及基本生产车间、行政管理部门供暖等耗用的燃料费用,则需先按辅助生产费用、制造费用和管理费用等进行归集。如果燃料费用在产品成本中比重很小,则合并在制造费用中进行核算。燃料费用的分配也可以编制燃料费用分配表,再根据此表编制会计分录,并据以登记有关账簿。假设在单独设置燃料成本项目的情况下,只有供水车间耗用燃料 9 000 元,应编制如下会计分录:

借:辅助生产成本——供水车间　　　　　　　　　　　　　　9 000
　　贷:燃料　　　　　　　　　　　　　　　　　　　　　　9 000

(三) 低值易耗品费用的分配

低值易耗品属于可以多次周转使用的材料，低值易耗品费用的分配，应结合其摊销方法，可以一次摊销，全部计入当月产品成本或期间费用，按费用的用途分别归集于辅助生产和制造费用、销售费用、管理费用。当需要分期摊销时，则应将领用低值易耗品的价值通过"待摊费用"账户进行归集，对期末确定应由本期负担的费用进行摊销。

假设本月有关车间和部门领用工具1 200元，其中：供水车间120元；供电车间300元；基本生产车间400元；销售部门180元；企业管理部门200元。采用一次摊销法（低值易耗品领用汇总表略），应编制会计分录如下：

```
借：辅助生产成本——供水车间                    120
            ——供电车间                    300
    制造费用——基本生产车间                    400
    销售费用                                  180
    管理费用                                  200
  贷：周转材料——低值易耗品                  1 200
```

二、外购动力费用的分配

外购电力、热力等外购动力费，有些直接用于产品生产，也有些用于照明取暖等。外购动力费用分配表应按用途和使用部门编制，并编制会计分录。外购动力费用的分配，在有仪表记录的情况下应根据各部门、车间耗用动力的数量以及动力的单价计算；在没有仪表记录的情况下，可按生产工时、机器小时或定额消耗量的比例进行分配。由于外购动力费的支付时间与成本计算的时间要求不同，按照权责发生制要求，在当月所耗动力与当月实际支付不一致的情况下，当月应付外购动力费通过"应付账款"账户核算。

外购动力费用分配表如表2-3所示，表内应付动力费在各部门之间按耗用数量的比例分配，基本生产车间产品生产耗用动力费按产品的生产工时比例分配。

表2-3 外购动力费（电费）分配表

××年××月

应借账户	成本项目 (费用项目)	生产工时 (小时)	分配率	耗电数 (千瓦小时)	分配率	金额(元)
基本生产成本	A产品 B产品 小计	3 000 2 000 5 000	0.32	4 000		960 640 1 600
辅助生产成本	供水车间 供电车间 小计	动力 动力		750 1 375 2 125		300 550 850

续表

应借账户		成本项目 （费用项目）	生产工时 （小时）	分配率	耗电数 （千瓦小时）	分配率	金额（元）
制造费用	基本生产车间	水电费			625		250
管理费用		水电费			750		300
合计		水电费			7 500	0.4	3 000

根据表2-3编制如下会计分录：

借：基本生产成本——A产品　　　　　　　　　　　　　　960
　　　　　　　　——B产品　　　　　　　　　　　　　　640
　　辅助生产成本——供水车间　　　　　　　　　　　　300
　　　　　　　　——供电车间　　　　　　　　　　　　550
　　制造费用——基本生产车间　　　　　　　　　　　　250
　　管理费用　　　　　　　　　　　　　　　　　　　　300
　　贷：应付账款　　　　　　　　　　　　　　　　　3 000

三、生产人员工资薪酬的分配

　　企业在生产经营管理中发生的工资费用，也需要按用途和发生地点进行分配。生产工人工资计入基本生产明细账时，如果属于直接计入费用的，且产品的计件工资或只生产一种产品的计时工资，应直接计入各种产品成本的"直接人工"成本项目；如果属于间接计入费用的，且生产多种产品的计时工资，应选择合理的分配标准进行计算分配，然后分别计入各种产品成本的"直接人工"成本项目。一般可选择按生产工时的比例进行分配，采用这种方法能使产品工资费用与劳动生产率的水平联系起来。劳动生产率提高，使单位产品消耗工时减小，分配的工资费用就少；反之，单位产品分配的工资就多。在工时定额较为准确的情况下，也可以按各种产品定额工时比例进行分配。

　　工资分配表格式如表2-4所示。

表2-4　工资费用分配表

××年××月

应借账户		成本项目 （费用项目）	生产工时 （小时）	分配率	工资费用（元）
基本生产成本	A产品	直接人工	3 000		36 000
	B产品	直接人工	2 000		24 000
	小　计		5 000	12	60 000

续表

应借账户		成本项目 (费用项目)	生产工时 (小时)	分配率	工资费用(元)
辅助生产成本	供水车间	直接人工			8 030
	供电车间	直接人工			6 500
	小　　计				14 530
制造费用		直接人工			9 000
销售费用		直接人工			4 800
管理费用		直接人工			13 600
合　　计					101 930

据表2-4,编制如下会计分录:

借:基本生产成本——A产品　　　　　　　　　　　　　　36 000
　　　　　　　——B产品　　　　　　　　　　　　　　24 000
　　辅助生产成本——供水车间　　　　　　　　　　　　8 030
　　　　　　　——供电车间　　　　　　　　　　　　6 500
　　制造费用——基本生产车间　　　　　　　　　　　　9 000
　　销售费用　　　　　　　　　　　　　　　　　　　　4 800
　　管理费用　　　　　　　　　　　　　　　　　　　　13 600
　　贷:应付职工薪酬　　　　　　　　　　　　　　　　101 930

四、折旧费和修理费的分配

固定资产虽然有些是直接作用于产品生产的,但实际中通常用于多种产品的生产。因此,对固定资产折旧费一般不单设成本项目,不直接记入"基本生产成本"账户。同样,固定资产修理费用一般也不单设成本项目,发生费用时应按部门分别记入"辅助生产成本""制造费用""销售费用""管理费用"等账户及所属明细账。对于发生修理费数额较大且各月不均衡的,可采用待摊或预提的办法,按受益期限合理计入各月产品成本和期间费用。

假设某企业本月供水车间固定资产折旧1 000元;供电车间固定资产折旧2 000元;基本生产车间固定资产折旧4 000元;企业管理部门固定资产折旧2 000元;销售部门固定资产折旧500元;本月供水车间固定资产修理费550元;供电车间固定资产修理费850元;基本生产车间固定资产修理费2 000元;企业管理部门固定资产修理费600元;销售部门固定资产修理费1 000元;折旧费及修理费用分配表略,编制的会计分录如下:

借:辅助生产成本——供水车间	1 000
——供电车间	2 000
制造费用——基本生产车间	4 000
管理费用	2 000
销售费用	500
贷:累计折旧	9 500
借:辅助生产成本——供水车间	550
——供电车间	850
制造费用——基本生产车间	2 000
管理费用	600
销售费用	1 000
贷:银行存款(或预提费用)	5 000

五、利息费用的分配

企业为筹集资金而发生的利息费用属于财务费用,计入期间费用的范围,其在期末直接计入当期损益。若利息数额较大,为了正确划分各月的期间费用,可采用预提方法处理。各月预提利息费用时,借记"财务费用"账户,贷记"应付利息"账户。实际支付利息时,借记"应付利息"账户,贷记"银行存款"账户。如果数额不大,可在利息支付时直接借记"财务费用"账户,贷记"银行存款"账户。

六、税金的分配

企业按规定计算的应缴房产税、车船税、印花税和城镇土地使用税,应通过"税金及附加"账户进行核算,计入当期损益。

应缴房产税根据房产固定资产账面原值或出租房屋的租金收入,按一定方法和规定的税率计算。

应缴车船税按照车船种类、数量、吨位等和规定的征收定额计算。

应缴城镇土地使用税因土地所在地区市政建设状况、经济繁荣程度等条件不同,按用地面积和不同等级的计税标准计算。

印花税是对书立、购销、加工、租赁、借款等合同和营业账簿等凭证行为征收的税款,根据不同征税项目的性质分别按比例税率或计税定额计算。

以上各税应按规定计算应缴税金,借记"税金及附加"账户,贷记"应交税费"账户。例如,某企业本月购买印花税票140元,应交房产税3 500元;车船税1 100元,城镇土地使用税2 800元。应编制的会计分录如下:

借:税金及附加	7 540
贷:应交税费——应交房产税	3 500

——应交车船税	1 100
——应交城镇土地使用税	2 800
银行存款	140

七、其他支出的分配

除以上各项之外的其他费用,如邮电费、租赁费、外部加工费、无形资产摊销,以及工会经费、上级管理费等,一般均不单设成本项目。在费用发生时,根据有关付款凭证,按其用途和发生地点编制会计分录,分别记入"辅助生产成本""制造费用""管理费用""长期待摊费用"等账户及其明细账。若某企业本月用银行存款支付各部门本月有关费用如下:机修车间210元;基本生产车间360元;企业管理部门1 560元;销售部门300元;以后月份负担的费用3 000元。其他费用分配表本处从略。编制的会计分录如下:

借:辅助生产成本——供电车间	210
制造费用——基本生产车间	360
销售费用	300
管理费用	1 560
长期待摊费用	3 000
贷:银行存款	5 430

通过上述分配,各项要素费用按其用途分别在"基本生产成本""辅助生产成本""制造费用""管理费用""销售费用""财务费用""长期待摊费用"等账户的借方进行归集。

八、费用的期末调整

按照权责发生制的原则,期末应对本期费用进行调整,按照费用受益的原则,将本期产品成本和期间费用应该负担的费用正确摊提。

(一)待摊费用的归集和分配

待摊费用是指本期发生(支付)的,但应由本期和以后各期共同负担的且摊销期限在一年以内的各项费用。摊销期在一年以上的费用作为长期待摊费用处理。以前月份和本月发生的待摊费用在各项要素费用分配时记入"长期待摊费用"或"预付账款"账户进行归集。期末按照费用受益期限确定的本月摊销额按用途和使用部门,从"长期待摊费用"或"预付账款"账户的贷方分配转入"辅助生产成本""制造费用""销售费用""管理费用"等账户的借方,并登记相应明细账户。

【例2-3】某企业年初预付该年度保险费用6 000元,每月摊销500元,其中:供水车间负担100元,供电车间负担140元,基本生产车间负担260元。待摊费用分配表见表2-5。

表 2-5 待摊费用分配表

费用种类：保险费　　　　　　　　　　　　　　　　　　　　　　　　××年××月

应借科目		成本项目	应贷金额
总账科目	明细科目	（费用项目）	（元）
辅助生产成本	供水车间	保险费	100
	供电车间	保险费	140
	小计		240
制造费用	基本生产车间	保险费	260
合计			500

根据表 2-5，编制如下会计分录：

借：辅助生产成本——供水车间　　　　　　　　　　　　　　　　100
　　　　　　　　——供电车间　　　　　　　　　　　　　　　　140
　　制造费用——基本生产车间　　　　　　　　　　　　　　　　260
　贷：长期待摊费用　　　　　　　　　　　　　　　　　　　　　500

（二）预提费用的归集和分配

预提费用是指预先分月计入成本、费用，在以后月份才支付的费用。预提费用的特点是先计入成本、费用，后支付费用，以保证各月生产费用的合理负担和正确计算产品成本。预提费用的预提期限应根据该费用的受益期限确定。

预提费用的预提和支付通过"应付账款""应付职工薪酬"等账户核算。由于预提的各项费用一般不单设成本项目，因此，预提时，应按用途和部门、车间分别计入"辅助生产成本""制造费用""管理费用""销售费用""财务费用"等账户的借方，贷记"应付账款""应付利息"等账户；实际支付时，借记"应付账款""应付利息"账户，贷记"银行存款"等账户。但应注意的是，预提费用总额与实际发生费用总额有差异，应调整计入预提期末月份的成本、费用。即预提期最后一个月份应预提的费用，应根据预提期内实际费用总额减去已提费用总额计算。

【例 2-4】 某企业预计第二季度末利息支出为 2 100 元，4 月、5 月两月已分别预提 700 元，6 月末实际支付 2 250 元，则 6 月份应负担的借款利息为 850 元。支付第二季度利息时，编制的会计分录如下：

借：财务费用　　　　　　　　　　　　　　　　　　　　　　　　850
　　应付利息　　　　　　　　　　　　　　　　　　　　　　　1 400
　贷：银行存款　　　　　　　　　　　　　　　　　　　　　　2 250

经过待摊费用和预提费用的分配，将应由本月产品成本、期间费用负担的待摊费用和预提费用的数额，按用途分别归集于"辅助生产成本""制造费用""销售费用""管理费用""财务费用"等账户的借方。

第四节　辅助生产费用的归集和分配

辅助生产是指为基本生产车间、企业行政管理部门等单位服务而进行的产品生产和劳务供应。其中,有的只生产一种产品或提供一种劳务,如供电、供水、供风、供气等辅助生产;有的则生产多种产品或提供多种劳务,如从事工具、模具、修理用备件的制造等辅助生产。辅助生产产品和劳务成本的高低,直接影响到企业产品成本和期间费用的水平。因此,正确、及时进行辅助生产费用的归集和分配,对于节约费用、降低成本有着重要的意义。

一、辅助生产费用的归集

如果辅助生产车间规模较小,制造费用较少,又不对外提供产品和劳务,其制造费用可以与其他辅助生产费用一样直接记入"辅助生产成本"账户,不需要单独设置"制造费用"明细账户来反映。因此,辅助生产费用明细账可按成本项目与制造费用的费用项目合并后的项目设置专栏。辅助生产费用明细账的格式见表 2-6、表 2-7。

表 2-6　辅助生产费用明细账

供水车间　　　　　　　　　　　　　　　　　　　　　　　　　　　　　　　　　单位:元

日期	摘要	燃料费	动力费	工资	折旧费	修理费	保险费	机物料	其他	合计	转出	余额
略	据材料费用分配表							900		900		900
	据燃料费用分配表	9 000								9 000		9 900
	据低值易耗品分配表						120			120		10 020
	据外购动力费分配表		300							300		10 320
	据工资费用分配表			8 030						8 030		18 350
	据折旧费用分配表				1 000					1 000		19 350
	据修理费分配表					550				550		19 900
	据保险费摊销表						100			100		20 000
	分配转出										20 000	0
	合计	9 000	300	8 030	1 000	550	220	900		20 000	20 000	0

表 2-7　辅助生产费用明细账

供电车间　　　　　　　　　　　　　　　　　　　　　　　　　　　　　　　　　单位:元

日期	摘要	燃料费	动力费	工资	折旧费	修理费	保险费	机物料	其他	合计	转出	余额
略	据材料费用分配表	450								450		450

续表

日期	摘要	燃料费	动力费	工资	折旧费	修理费	保险费	机物料	其他	合计	转出	余额
	据低值易耗品分配表						300			300		750
	据外购动力费分配表		550							550		1 300
	据工资费用分配表			6 500						6 500		7 800
	据折旧费分配表				2 000					2 000		9 800
	据修理费分配表					850				850		10 650
	其他支出								210	210		10 860
	据保险费摊销表						140			140		11 000
	分配转出										11 000	0
	合计	450	550	6 500	2 000	850	440		210	11 000	11 000	0

二、辅助生产费用的分配

归集在"辅助生产成本"账户及其明细账借方的当期费用,月末要按费用的归属对象进行分配。由于辅助生产车间所生产的产品和劳务的种类不同,费用转出、分配的程序也不一样。

(一)辅助生产提供可以入库的产品

企业辅助生产车间生产加工的自制材料、自制工具等,完工后应转入材料或工具仓库。其生产加工所发生的费用,在"辅助生产成本"账户内分别按各种材料、工具等进行分配和归集,计算其生产成本并转为库存原材料、低值易耗品存货成本,即借记"原材料""低值易耗品"等账户,贷记"辅助生产成本"账户。

(二)辅助生产提供不能入库的产品或劳务

企业辅助生产提供不能入库的产品或劳务,例如水、电、气、风等产品或运输、修理等劳务,应当按照其提供的产品劳务数量,在各受益对象之间进行分配。用于基本生产产品的自制动力费用按如下情况处理:在企业专设"燃料和动力"成本项目的情况下,应记入"基本生产成本"账户及各产品成本计算单的该成本项目,否则记入"制造费用"账户。其他费用分别记入"制造费用""销售费用""管理费用"账户及其明细账。辅助生产费用的分配,也应根据辅助生产明细账编制费用分配表,并据以编制会计分录。

辅助生产提供的产品和劳务主要是为基本生产等服务的。在实际工作中,存在某些辅助生产车间也有相互提供产品和劳务的情况,如供水车间向供电车间提供水;供电车间也向供水车间提供电力。为了计算供水成本,就要确定电力的成本;如要计算电力成本,同样也要确定供水成本。为了正确计算辅助生产产品和劳务的成本,在分配辅助生产费用时,应首先在各辅助生产车间进行费用的分配,然后再对辅助生产车间以外的各受益单位分配费用。辅助生产费用分配的主要方法有:直接分配法、交互分配法、计划成本分配法等。

1. 直接分配法。直接分配法是指将各辅助生产部门所发生的生产费用直接分配给辅助生产部门以外的受益对象,而不考虑各辅助生产部门之间相互提供产品、劳务、作业的情况。其具体方法是先按各辅助生产部门直接发生的辅助生产费用总额和为辅助生产部门以外的各受益对象提供产品、劳务、作业的总量,计算出各辅助生产部门提供产品、劳务、作业的实际单位成本,然后再按除辅助生产部门以外的各受益对象耗用的数量进行分配。公式如下:

$$\text{该辅助生产部门的实际单位成本} = \frac{\text{待分配辅助生产费用总额}}{\text{辅助生产产品、劳务、作业总量} - \text{其他辅助生产部门耗用产品、劳务、作业量}}$$

【例 2-5】某厂设供水、供电两个辅助生产车间,在为基本生产提供产品的同时也相互提供产品。本月供水车间发生费用 20 000 元,供水量 25 000 立方米,其中供电车间耗用 5 000 立方米;供电车间发生费用 11 000 元,供电量 14 000 千瓦小时,其中供水车间耗用 4 000 千瓦小时。采用直接分配法编制的辅助生产费用分配表(见表 2-8)以及会计分录如下。

表 2-8 辅助生产费用分配表

(直接分配法)

××年××月

供应车间	分配费用(元)	供应量	分配率	基本生产成本		制造费用		管理费用	
				数量	金额(元)	数量	金额(元)	数量	金额(元)
供水车间	20 000	20 000 立方米	1	18 500 立方米	18 500	500 立方米	500	1 000 立方米	1 000
供电车间	11 000	10 000 千瓦小时	1.1	7 000 千瓦小时	7 700	1 000 千瓦小时	1 100	2 000 千瓦小时	2 200
合计	31 000				26 200		1 600		3 200

根据表 2-8 编制如下会计分录:

借:基本生产成本 26 200
　　制造费用——基本生产车间 1 600
　　管理费用 3 200
　贷:辅助生产成本——供水车间 20 000
　　　　　　　　——供电车间 11 000

采用此种方法分配辅助生产费用,计算比较简单。但这种方法以辅助生产车间生产的产品或劳务全部为基本生产和管理部门所耗用为假设前提,实际上大多数企业并非如此,只有在各辅助生产车间相互提供产品和劳务数量较少的情况下才可采用这种方法。

2. 交互分配法。这种方法对辅助生产车间的费用进行两次分配。第一次分配是先根据各辅助生产车间、部门相互提供劳务的数量和交互分配前的费用分配率进行一次交互分配;第二次分配是将各辅助生产车间、部门交互分配后的实际费用,即交互分配前的费用加上交互分配转入的费用,减去交互分配转出的费用,再按对外提供劳务的数量,在辅助生产车间、部门以外的各受益单位之间进行分配。其计算公式如下:

$$\text{交互分配前该辅助生产部门的实际单位成本} = \frac{\text{该辅助生产部门直接发生的费用总额}}{\text{该辅助生产部门提供产品、劳务、作业的总量}}$$

$$\text{其他辅助生产部门应分配的费用数额} = \text{其他辅助生产耗用某辅助生产部门提供产品、劳务、作业的数量} \times \text{交互分配前该辅助生产部门提供产品、劳务、作业的实际单位成本}$$

$$\text{交互分配后该辅助生产部门的生产费用总额} = \text{交互分配前该辅助生产部门直接发生的费用总额} + \text{交互分配后转入的费用数额} - \text{交互分配后转出的费用数额}$$

$$\text{交互分配后该辅助生产部门的实际单位成本} = \frac{\text{交互分配后该辅助生产部门的生产费用总额}}{\text{该辅助生产部门为辅助生产部门以外的各部门提供产品、劳务、作业的总量}}$$

$$\text{其他各部门应分配的费用数额} = \text{其他各部门耗用该辅助生产部门提供产品、劳务、作业的数量} \times \text{交互分配后该辅助部门提供产品、劳务、作业的实际单位成本}$$

【例2-6】仍以例2-5的资料,按交互分配法进行辅助生产费用分配。分配辅助生产费用,编制辅助生产费用分配表(见表2-9)及会计分录。

表2-9 辅助生产费用分配表

(交互分配法)

项目				供水车间	供电车间	合计	供水车间	供电车间	合计
待分配费用				20 000元	11 000元	31 000元	19 160元	11 840元	31 000元
供应量				25 000立方米	14 000千瓦小时		20 000立方米	10 000千瓦小时	
分配率				0.8	0.79		0.958	1.184	
应借账户	辅助生产成本	供水车间	数量		4 000千瓦小时				
			金额		3 160元	3 160元			3 160元
		供电车间	数量	5 000立方米					
			金额	4 000元		4 000元			4 000元
	基本生产成本		数量				18 500立方米	7 000千瓦小时	
			金额				17 723元	8 288元	26 011元
	制造费用		数量				500立方米	1 000千瓦小时	
			金额				479元	1 184元	1 663元
	管理费用		数量				1 000立方米	2 000千瓦小时	
			金额				958元	2 368元	3 326元
应贷账户	辅助生产成本						19 160元	11 840元	31 000元

在表2-9辅助生产费用分配中,第一次交互费用分配率是待分配费用除以劳务供应数量总额。表中对外分配的待分配费用的算式为:

供水车间:

$$20\ 000 + 3\ 160 - 4\ 000 = 19\ 160(元)$$

供电车间:

$$11\ 000 + 4\ 000 - 3\ 160 = 11\ 840(元)$$

根据表 2-9 编制的会计分录如下：

(1) 交互分配：

借：辅助生产成本——供电　　　　　　　　　　　　　　　　　4 000
　　贷：辅助生产成本——供水　　　　　　　　　　　　　　　　4 000
借：辅助生产成本——供水　　　　　　　　　　　　　　　　　3 160
　　贷：辅助生产成本——供电　　　　　　　　　　　　　　　　3 160

(2) 对外分配：

借：基本生产成本　　　　　　　　　　　　　　　　　　　　　26 011
　　制造费用——基本生产车间　　　　　　　　　　　　　　　　1 663
　　管理费用　　　　　　　　　　　　　　　　　　　　　　　　3 326
　　贷：辅助生产成本——供水　　　　　　　　　　　　　　　　19 160
　　　　　　　　　　　——供电　　　　　　　　　　　　　　　　11 840

采用交互分配方法时，由于辅助生产内部相互提供劳务(或产品)进行了交互分配，因而提高了分配结果的正确性，但由于各种辅助生产费用均要计算两个费用分配率，进行两次分配，为此，计算工作量有所增加。由于交互分配的费用分配率是根据交互分配前的待分配费用计算的，不是该辅助生产的实际单位成本，导致这样的情况：本例中，同样 1 立方米的水，交互分配单价为 0.80 元，对外分配单价为 0.958 元；1 千瓦小时的电费交互分配单价为 0.79 元，对外分配单价为 1.184 元，因而使得成本计算结果也不很正确。

3. 计划成本分配法。这是按辅助生产产品或劳务的计划单位成本分配辅助生产费用的一种方法。其内容是在分配费用时，对其他辅助生产车间和各基本生产车间，一律按实际耗用数量和计划单位成本计算分配。由于向各个受益部门分配的费用是计划成本，还需计算其分配额合计与实际费用之间的成本差异。

辅助生产成本差异，可以按各基本生产车间、管理部门耗用该种辅助生产数量或已分摊计划成本的比例，在基本生产车间、管理部门之间再次进行分配。为简化核算工作，通常将辅助生产成本差异合计数转入管理费用，超支时增加管理费用，节约时冲减管理费用。

【例 2-7】依例 2-5，编制辅助生产费用分配表(见表 2-10)据以编制会计分录，登记有关账簿。该企业供水车间计划单位成本为 1.1 元/立方米，供电车间计划单位成本为 0.80 元/千瓦小时。

表 2-10 中的辅助生产实际成本是根据各辅助生产分配前的费用加上本车间消耗其他辅助生产提供的劳务应转入的费用之和。具体计算如下。

供水车间实际成本：

$$20\ 000 + 3\ 200 = 23\ 200(元)$$

供电车间实际成本：

$$11\ 000 + 5\ 500 = 16\ 500(元)$$

表 2-10　辅助生产费用分配表

(计划成本分配法)

××年××月

辅助生产车间	本月费用(元)	供应量	计划单位成本	受益单位									按计划成本分配额合计(元)	辅助生产实际成本(元)	成本差异(元)
				供水车间		供电车间		基本生产成本		制造费用		管理费用				
				数量	金额(元)	数量	金额(元)	数量	金额(元)	数量	金额(元)	数量	金额(元)			
供水车间	20 000	25 000 立方米	1.1			5 000 立方米	5 500	18 500 立方米	20 350	500 立方米	550	1 000 立方米	1 100	27 500	23 200	-4 300
供电车间	11 000	14 000 千瓦小时	0.8	4 000 千瓦小时	3 200			7 000 千瓦小时	5 600	1 000 千瓦小时	800	2 000 千瓦小时	1 600	11 200	16 500	+5 300
合计					3 200		5 500		25 950		1 350		2 700	38 700	39 700	+1 000

根据辅助生产费用分配表,编制如下会计分录,并登记有关账簿。

(1) 按计划成本分配的会计分录为:

借:辅助生产成本——供电车间	5 500
——供水车间	3 200
基本生产成本	25 950
制造费用——基本生产车间	1 350
管理费用	2 700
贷:辅助生产成本——供水车间	27 500
——供电车间	11 200

(2) 差异结转分录为:

借:管理费用	1 000
贷:辅助生产成本——供水车间	4 300
——供电车间	5 300

采用按计划成本分配法,各种辅助生产费用只分配一次,而且劳务的计划单位成本事前确定,因而简化了计算工作。辅助生产成本的计算,还能反映和考核辅助生产成本计划的执行情况。由于辅助生产的成本差异都计入管理费用,各受益单位负担的费用均不包括辅助生产成本差异因素,因而便于分析和考核各受益单位的成本,有利于分清企业内部各单位的经济责任。

第五节　基本生产车间制造费用的归集和分配

企业在产品生产过程中,除了会发生直接用于产品生产的各种材料费用、人工费用外,还会发生各种制造费用。因此,正确核算制造费用对于正确计算成本有重要作用。

一、制造费用的归集

基本生产的制造费用是指基本生产车间为组织和管理生产而发生的应该计入产品成本,但没有专设成本项目的各项生产费用。制造费用的内容比较复杂,为了简化核算工作,可将性质相同的费用合并设立相应的费用项目。制造费用按车间设置明细账,账内按照费用项目设专栏,分别反映各车间或部门各项制造费用的支出情况。经过前述各项费用的分配,基本生产车间发生的制造费用已归集在"制造费用"账户及明细账的借方,在月末应分配计入所生产的产品成本中。

二、制造费用的分配

为了正确计算产品生产成本,必须合理地分配制造费用。在基本生产车间只生产一种产品的情况下,其归集的制造费用属于直接计入费用,应直接计入该种产品生产成本;如果是生产多种产品的情况,则属于间接计入费用,应采用适当的分配方法,分别计入各产品生产成本中。制造费用分配方法主要包括以下几种。

(一)生产工时比例法

生产工时比例法是按照各种产品所用生产工人工时的比例分配制造费用的一种方法。计算公式下:

$$制造费用分配率 = 制造费用总额 \div 车间各产品生产工时总额$$
$$某种产品应分配的制造费用 = 该种产品生产工时 \times 制造费用分配率$$

按生产工时比例分配制造费用可以使产品负担制造费用的多少与劳动生产率的高低联系起来。如果劳动生产率提高,单位产品生产工时减少,所负担的制造费用也就降低。因此,这是一种常用的合理方法。如果企业产品的工时定额比较准确,上述计算公式也可按不同产品的定额工时的比例分配制造费用。举例见表2-11、表2-12,并据以编制会计分录。

表2-11　基本生产车间制造费用明细账　　　　　　　　　　单位:元

日期	摘要	机物料费	外购动力费	工资费	折旧费	修理费	保险费	水电费	办公费	其他	合计	转出
略	据原材料费用分配表	140									140	

续表

日期	摘要	机物料费	外购动力费	工资费	折旧费	修理费	保险费	水电费	办公费	其他	合计	转出
	据低值易耗品分配表					400					400	
	据外购动力费分配表		250								250	
	据工资费用分配表			10 260							10 260	
	据折旧费用分配表				4 000						4 000	
	据修理费分配表					2 000					2 000	
	其他支出								290	70	360	
	据保险费摊销表						260				260	
	据辅助生产费用分配表							1 663			1 663	
	分配转出											19 333
	合计	140	250	10 260	4 000	2 000	660	1 663	290	70	19 333	

表 2-12 制造费用分配表

产品名称	生产工时(小时)	分配率	分配额(元)
A 产品	3 000		11 599.8
B 产品	2 000		7 733.2
合计	5 000	3.866 6	19 333

根据表 2-12,编制如下会计分录:
借:基本生产成本——A 产品　　　　　　　　　　　　　　　　11 599.8
　　　　　　　　——B 产品　　　　　　　　　　　　　　　　 7 733.2
　贷:制造费用——基本生产车间　　　　　　　　　　　　　　　19 333

(二)生产工资比例法

生产工资比例法是按照计入各种产品成本的生产工人实际工资的比例分配制造费用的方法。由于工资费用分配表中已经含有生产工人工资的资料,因而采用这一分配方法核算工资比较简单。但应当注意的是,如果生产工人工资对产品来说是直接计入费用,生产工人工资便能直接反映产品产量的多少,按此分配制造费用可使不同产品的负担比较合理;如果生产工人工资是按照生产工时比例计入各种产品的,按生产工人工资比例分配,实际上是按生产工时的比例分配制造费用。该方法的计算程序、计算原理与生产工时比例法基本相同。

(三)机器工时比例法

机器工时比例法是按各种产品生产时所用机器设备运转时间的比例分配制造费用的方法。这一方法适用于产品生产的机械化程度较高的车间。因为这种车间的制造费用与机器设备使用有关的费用比较多,如设备的折旧费、修理费等,而相应的人工费用较少。如果仍按前述两种方法进行分配,会造成机械化程度较低的产品由于其生产工人工资及所用人工工时较多而负担的制造费用较大(但其中绝大部分是设备的折旧费和修理费)这种不合理分配结果。因此,在机械化程度较高的车间,其制造费用宜采用与设备运转的时间有密切关系的机器工时标准,进行分配。由于制造费用包含不同性质和用途的费用,因此,生产各种产品的车间机械化程度是不同的。为了提高制造费用分配结果的合理性,在增加核算工作量不多的情况下,也可以将制造费用大致分为与生产机器设备使用有关的费用和为组织、管理生产而发生的费用。对于前者费用采用机器工时比例分配,对后者费用可按生产工时或生产工资的比例分配。机器工时比例分配方法,与按生产工时比例分配方法的计算程序和原理基本相同。

(四)按年度计划分配率分配法

按年度计划分配率分配法是按照年度开始前确定的全年度适用的计划分配率分配制造费用的方法。这种方法无论各月实际发生的制造费用是多少,每月分配转出的制造费用均按年初确定的计划分配率计算。其计算公式如下:

年度计划分配率 = 年度制造费用计划总额 ÷ 年度各种产品计划产量的定额工时总数

某月某种产品应负担的制造费用 = 该月该种产品实际产量的定额工时数 × 年度计划分配率

这一分配方法要以定额工时为分配标准,因为各种产品的产量不能直接相加。另外,这种方法主要适用于季节性生产企业。因为在这种生产企业中,每月发生的制造费用相差不多,但生产淡月和旺月的产量却相差悬殊,如果各月按实际费用分配,会使各月产品成本中制造费用随之忽高忽低,因而不便于成本分析。这种方法考虑了淡月发生费用与旺月的高产量有密切的关系这一因素,如设备的维护保养以及修理常在淡月进行,使其能在旺季时充分发挥技术效能。因此,这些费用也应由旺季产品共同负担,才会使淡月和旺月的产品成本负担的制造费用比较合理及稳定。

在采用年度计划分配率分配的情况下,"制造费用"账户本期发生额和本期分配转出数额往往不一致,因此,"制造费用"账户会有余额。借方余额反映实际发生大于按计划分配转出的差额,是已经发生而有待于以后分配的费用,相当于待摊费用。贷方余额反映实际发生小于按计划分配转出的差额,相当于企业的预提费用。对于年末余额,其中属于为下年生产做准备的部分可结转下年,其余则应调整计入12月份的产品成本。

第六节 废品损失、停工损失的归集和分配

企业在生产产品过程中,由于加工过程或者原材料质量等问题,可能产生在生产过程中或生产完成后发现产品有问题的情况。出现废品造成的损失以及生产过程中因停工造成的损失,统称为生产损失。对于生产损失应该根据其造成损失的大小,对产品成本产生影响的

大小，采用适当的方法进行核算和反映。由于这些生产损失与产品生产直接相关，因此生产损失应由产品制造成本承担，是产品制造成本的组成部分。如果企业生产损失经常发生，在产品成本中所占比重比较大，对产品成本的影响也较大，为了加强对这部分损失的控制与管理，则需要单独进行核算，即单独归集生产损失，计算发生的生产损失数额，必要时还可设置"废品损失""停工损失"成本项目，在产品成本组成中单独列示。

一、废品损失的核算

废品是指不符合规定的技术标准，不能按照原定用途使用，或者需要加工修理后才能使用的在产品、半成品和产成品。如果产品入库时为合格品，而后因保管不善等原因而发生变质、损坏，不能按原定用途使用，则属管理上的问题，应作为产成品毁损处理，不属于废品之列。销售后发现的废品，也不包括在废品中。

废品按其能否修复可分为可修复废品和不可修复废品。可修复废品是指技术上可修复，并且所需修复金额在经济上合算的废品；不可修复废品是指在技术上已不存在修复的可能性，或者技术上虽然可以修复，但所需支付的修复费用在经济上不合算的废品。

废品损失是指在生产过程中发现的、入库后发现的不可修复废品已耗的实际成本扣除废品残值和应收赔偿款后的净损失与可修复废品的修复费用之和。废品入账的原始凭证是由质检部门填制的"废品通知单"，其中应列明废品的种类、数量、产生原因和过失人等。废品通知单经过审核后，作为核算废品损失的依据。

为了核算生产过程中发生的废品损失，加强对废品损失的控制，可以设置"废品损失"账户，进行废品损失的归集和分配。"废品损失"账户的借方登记不可修复废品已耗的生产成本、可修复废品的修复费用以及退回废品而支付的运杂费等，贷方登记废品残值和责任人的赔偿款。月终将该账户借贷双方上述内容相抵后的差额，即本月发生的废品净损失，从"废品损失"账户的贷方，转至"基本生产成本"账户的借方，结转后"废品损失"账户月末无余额。"废品损失"账户应按生产车间设置明细分类账，账内按不同的成本计算对象开设专栏。由于可修复废品与不可修复废品的组成内容不同，其废品损失的归集和分配的计算方法也不同。

（一）不可修复废品损失的归集和分配

对于不可修复废品的损失，首先要根据发生废品的环节计算确定其已耗的生产成本，包括已消耗的材料、人工和加工过程中的有关耗费，并将这部分损失从"基本生产成本"账户转到"废品损失"账户。由于不可修复废品的成本与合格品成本往往同时形成，废品的成本包含在合格品成本中，因此还需要根据废品的已加工程度，采用一定的方法，将产品的各成本项目费用在合格品与废品之间进行分配，计算出不可修复废品的已耗成本，然后，再减去不可修复废品的残值和责任人的赔偿款，即可计算出不可修复废品的损失。

不可修复废品已耗成本的计算，可以按实际成本计算，也可以按计划成本（或定额）计算。

1. 按实际成本计算。按实际成本计算是根据合格品和不可修复废品实际耗用的总成本,按合格品和不可修复废品的数量或实际生产工时的比例分配计算。

如果废品是在完工后发现的,废品应负担的费用与合格品相同,可按废品数量和合格品数量分配各项生产费用。如果废品是在加工过程中发现的,由于不可修复废品应负担的费用受其加工程度的影响,与合格品有所区别,所以需要分别计算。一般情况下,废品应负担的直接人工费用和制造费用,与完工程度直接相关,可按生产工时分配标准进行分配,直接材料费用在一次投料的情况下,可直接按废品数量和合格品数量分配。计算公式为:

$$废品应负担的直接材料费用 = \frac{某种产品直接材料成本总额}{合格品数量 + 废品数量} \times 废品数量$$

$$废品应负担的直接人工费用 = \frac{某种产品直接人工费用总额}{合格品生产工时 + 废品生产工时} \times 废品生产工时$$

$$废品应负担的制造费用 = \frac{某种产品制造费用总额}{合格品生产工时 + 废品生产工时} \times 废品生产工时$$

【例 2-8】某制造企业基本生产车间生产甲产品 1 000 件,在生产环节检验出 60 件不可修复废品,甲产品的总成本为 46 000 元,其中直接材料为 23 000 元,直接人工成本为 10 000 元,制造费用为 13 000 元。原材料是在生产开始时一次投入的,原材料按合格品和废品的数量进行分配,其他费用按生产工时比例分配。生产工时为:合格品 3 780 小时,废品 220 小时,共计 4 000 小时,废品回收残料计价 600 元。根据所给资料,编制废品损失计算表,如表 2-13 所示。

表 2-13 废品损失计算表

基本生产车间　　　　　　　　　　　　　　　　　　　　　　　××年××月

摘要	数量(件)	生产工时(小时)	直接材料(元)	直接人工(元)	制造费用(元)	合计(元)
合格品和废品合计	1 000	4 000	23 000	10 000	13 000	46 000
费用分配率			23	2.5	3.25	
废品生产成本	60	220	1 380	550	715	2 645
减:废品残值			600			600
废品净损失			780	550	715	2 045

根据废品损失计算表,编制会计分录如下。

(1)计算不可修复废品的成本,结转废品成本到"废品损失"账户。

借:废品损失——甲产品　　　　　　　　　　　　　　　　2 645
　　贷:基本生产成本——甲产品(直接材料)　　　　　　　1 380
　　　　　　　　　　　　　　　　(直接人工)　　　　　　550
　　　　　　　　　　　　　　　　(制造费用)　　　　　　715

(2)回收废品的残料价值。

借：原材料　　　　　　　　　　　　　　　　　　　　　　　　　　600
　　贷：废品损失——甲产品　　　　　　　　　　　　　　　　　　600
（3）计算废品的净损失。
$$废品的净损失 = 2\ 645 - 600 = 2\ 045(元)$$
（4）将废品净损失转入合格产品成本。
借：基本生产成本——甲产品（废品损失）　　　　　　　　　　2 045
　　贷：废品损失——甲产品　　　　　　　　　　　　　　　　2 045

按废品的实际成本计算和分配废品损失符合实际情况，但必须等到"基本生产成本"账户的实际生产费用全部汇总后才能计算和结转废品的实际成本，因此会影响成本核算的及时性。

2. 按定额成本计算。按定额成本计算是根据单位产品的计划或定额成本和废品的数量，以及发现废品时已投料和已加工的程度计算废品成本，不考虑废品实际发生的生产费用是多少，即废品只负担定额费用，定额费用与实际费用的差额全部由合格品负担。

【例2-9】某基本生产车间生产乙产品的过程中，发现不可修复废品10件，材料已全部投入，经测定废品的加工程度为60%（按10件废品的加工程度计算相当于6件完工产品的耗费），乙产品单位定额费用为200元，其中：直接材料120元，直接人工30元，制造费用50元。

根据上述资料，编制废品损失计算表（见表2-14）。

表2-14　废品损失计算表

基本生产车间　　　　　　　　　　　　　　　　　　　　　　　××年××月

项　目	直接材料	直接人工	制造费用	合　计
单位产品费用定额（元）	120	30	50	200
不可修复废品数量（件）	10	6	6	
不可修复废品损失（元）	1 200	180	300	1 680
减：废品残值（元）	200			200
废品净损失（元）	1 000	180	300	1 480

假定废品回收残料作价200元，则根据废品损失计算表，编制会计分录如下：
（1）计算废品的成本，结转废品成本到"废品损失"账户。
借：废品损失——乙产品　　　　　　　　　　　　　　　　　1 680
　　贷：基本生产成本——乙产品（直接材料）　　　　　　　　1 200
　　　　　　　　　　　　　　　　　（直接人工）　　　　　　180
　　　　　　　　　　　　　　　　　（制造费用）　　　　　　300
（2）回收废品的残料价值。
借：原材料　　　　　　　　　　　　　　　　　　　　　　　　200
　　贷：废品损失——乙产品　　　　　　　　　　　　　　　　200

(3)将废品净损失转入合格产品成本。

借:基本生产成本——乙产品(废品损失)   1 480
  贷:废品损失——乙产品   1 480

(二)可修复废品损失的归集和分配

可修复废品的损失,是指废品可以通过修复达到原定的产品要求,而在修复过程中发生的修复费用构成因出现废品而产生的损失,因此在计算废品损失时,不需将废品返修前已耗的成本从"基本生产成本"账户中转出,只需将返修时发生的修复费用,根据原材料、工资、制造费用等各要素费用分配表及有关凭证,借记"废品损失"账户,贷记"原材料""应付职工薪酬""制造费用"等账户,如有回收残料,应从修复费用中扣除,然后将废品的净损失从"废品损失"账户的贷方转入"基本生产成本"账户的借方。

【例2-10】某基本生产车间在乙产品入库时发现可修复废品5件,当即进行修复,发生修理用材料230元,应分配的工资为100元,应负担的制造费用120元,修复过程中回收残料20元。根据所给资料,编制如下会计分录:

(1)返修时发生的费用。

借:废品损失——乙产品   450
  贷:原材料   230
    应付职工薪酬   100
    制造费用   120

(2)回收废品的残料价值。

借:原材料   20
  贷:废品损失——乙产品   20

(3)计算废品的净损失。

$$废品的净损失 = 450 - 20 = 430(元)$$

(4)将废品净损失转入合格产品成本。

借:基本生产成本——乙产品(废品损失)   430
  贷:废品损失——乙产品   430

二、停工损失的核算

停工损失是指制造企业生产车间或班组在停工期间所发生的各项费用,包括停工期间需支付的生产工人工资、应负担的制造费用等。

企业发生的停工原因很多,如停电、待料、机械故障、发生非常灾害、计划压缩产量等。其中,非常灾害和计划减产造成的停工并且导致主要生产车间连续停产十天以上造成的停工损失,按制度规定应由营业外支出列支;停工不满一个工作日的,为了简化计算工作,一般不计算停工损失;季节性生产或大修理停工而发生的停工属于正常停工,其费用列入制造费用,不单独核算停工损失。

为了单独核算停工损失,可以设置"停工损失"账户,该账户的借方归集本月发生的停工损失,贷方分配结转停工损失,月末一般无余额。"停工损失"账户应按车间设置明细账户,账内按计划内停工和计划外停工分设专栏进行核算。

企业发生停工时,应填制"停工报告单",写明停工原因、时间、过失人或单位等事项,经财会部门审核后,据以计算停工损失。停工期间发生的应计入停工损失的各种费用,都应在"停工损失"账户的借方归集,根据停工单和各种费用分配表等,借记"停工损失"账户,贷记"原材料""应付职工薪酬""制造费用"等账户。

在"停工损失"账户借方归集的费用,应根据产生停工的不同原因分别进行处理:应由责任者(或单位)和保险公司负担的赔款,借记"其他应收款"账户,贷记"停工损失"账户;因非常灾害和计划减产,主要生产车间连续停产一个月以上或整个企业连续停产十天以上造成的停工损失,应从"停工损失"账户贷方转入"营业外支出"账户的借方;季节性生产或固定资产大修理发生的计划内停工损失,一般应通过预提、待摊的方式分期计入开工期间的产品成本,在"制造费用"账户核算,不单独核算停工损失;对于其他计划外的停工损失,应当全部计入当月生产的产品成本,月末分配结转停工损失时,应借记"基本生产成本"账户,贷记"停工损失"账户。如果该车间生产多种产品,停工损失可按照制造费用的分配方法,在各种产品之间进行分配。只有在车间发生全月停工的情况下,停工损失才可以保留在"停工损失"账户中,由下月生产的产品负担;否则,停工损失都应由当月完工产成品负担,在产品和自制半成品不负担停工损失。

第七节　生产费用在完工产品与在产品之间的归集和分配

企业在生产过程中发生的生产费用,经过在各种产品之间进行归集和分配以后,应计入本月各种产品成本的生产费用,都已集中反映在"基本生产成本"账户及其所属各产品成本明细账中。为了计算产品成本,还需要加上期初在产品成本,然后将其在本期完工产品和期末产品之间进行分配,计算出本月产成品成本。月末没有在产品的情况下,计入该种产品成本的全部费用,亦即本期完工产品的成本;如果本月没有完工产品,计入该种产品的全部生产费用就是在产品成本;如果月末既有完工产品又有在产品时,那么该种产品本月发生的生产费用加月初在产品的生产费用,需要采用适当的分配方法,在本月完工产品与期末在产品之间进行分配,分别计算出完工产品成本和月末在产品成本。月初在产品费用、本月生产费用。本月完工产品成本和月末在产品成本的关系,可用下列公式表明:

月初在产品费用 + 本月生产费用 = 本月完工产品成本 + 月末在产品成本

月初在产品费用 + 本月生产费用 − 月末在产品成本 = 本月完工产品成本

月初在产品费用和本月生产费用是已知数。因此,将本月产品的全部生产费用,在完工产品与月末在产品之间分配的方法有两类:一类是将月初在产品费用加上本月生产费用,采用一定的标准进行分配,同时计算完工产品成本和月末在产品成本;另一类是先确定月末在产品成本,再计算求得完工产品成本。无论采用哪类分配方法,都必须先取得在产品数量的核算资料。

一、在产品数量的核算

确定在产品数量,首先要划分哪些属于在产品,哪些不属于在产品。

企业的在产品是指没有完成全部生产过程,不能作为商品销售的产品,其中包括:正在车间加工中的在产品;已经完成一个或几个加工步骤,但还需继续加工的半成品;未经装配和未经验收入库的产品。以上在产品的划分,是从广义或就整个企业来讲的。从狭义或就某一生产车间、某一生产步骤来讲,在产品只包括尚在该车间或该生产步骤加工中的那部分在产品,车间或生产步骤完工的半成品不包括在内。

在产品数量的核算,一方面要做好在产品收发结存的日常核算工作,以提供可靠的在产品账面核算资料;另一方面要做好在产品的定期清查工作,以提供在产品的实际资料。

车间在产品收发结存数量的日常核算通常通过在产品收发结存账进行。在实际工作中,这种账簿也叫在产品台账,应分别在不同车间按产品品种或者在产品名称设立,以便用来反映车间各种在产品的转入、转出和结存数量。根据产品生产的特点和管理的要求,还应进一步按照加工工序组织在产品的数量核算。各车间应认真做好在产品的计量、验收和交接工作,并在此基础上,根据领料凭证、在产品内部转移凭证、产成品检验凭证和产品交库凭证,随时登记在产品收发结存账。

二、生产费用在完工产品和月末在产品之间的分配方法

完工产品和月末在产品之间的费用分配是成本计算中一个重要而复杂的问题。企业应根据在产品数量的多少,各月在产品数量变化的大小,各项费用比重的大小,以及定额管理基础的好坏等具体条件,选择合理又较简便的分配方法。常用的分配方法有下列几种。

(一)不计算在产品成本法

采用这种分配方法时,一般月末无在产品,或者虽然月末有在产品,但不计算在产品成本。这种方法适用于各月月末无在产品或月末在产品数量很少的产品。由于各月末在产品数量很少,月初和月末在产品费用就很少,月初在产品费用与月末在产品费用的差额更小,各月在产品费用对于完工产品成本的影响不大。因此,为了简化产品成本计算工作,可以不计算在产品成本,即产品每月发生的生产费用全部由该种完工产品负担。其每月生产费用之和也就是每月完工产品成本。

(二)在产品成本按年初数固定计算法

这种方法适用于各月末在产品数量较小,或者在产品数量虽大,但各月之间变化不大的

产品。因为各月末在产品数量较大,必须计算在产品成本,否则会导致在产品资金占用不实,不利于资金管理。但其各月变化不大,月初在产品和月末在产品成本的差额较小,对完工产品成本影响不大。因此,为了简化核算工作,同时又反映在产品占用的资金,各月在产品成本可以固定按年初数计算。采用该种方法,某种产品本月发生的生产费用就是本月完工产品的成本。年终时,根据实际盘点的在产品数量重新调整计算,确定在产品成本,以免在产品成本与实际出入过大,影响成本计算的正确性。

(三) 在产品成本按所耗原材料费用计算法

采用这种方法,月末在产品只计算其所耗的原材料费用,不计算直接人工、制造费用等加工费用,即产品的加工费用全部由完工产品成本负担。当企业各月月末在产品的数量较多,并且数量的波动也较大时,就需要每月计算在产品成本。如果在生产产品的成本中,原材料费用占有较大的比重,而加工费用所占比重较小,月初、月末在产品加工费用差额较小时,为了简化计算工作,在产品可以只计算原材料费用而不计算加工费用,加工费用全部由完工产品负担。即全部生产费用减去月末在产品所耗用的原材料费用,就是完工产品的成本。

(四) 在产品成本按完工产品成本计算法

在产品成本按完工产品成本计算法是指将当月末完工的在产品按照完工产品计算成本的方法。由于这种方法将在产品视同完工产品,因此这种方法仅在一些特殊的情况下才被采用。它适用于月末在产品已经接近完工,或者已经完工但尚未验收或包装入库的产品,处在这一阶段的在产品成本已经接近完工产品成本。为了简化计算工作,将在产品视同完工产品,按完工产品和在产品数量比例分配原材料费用和各项加工费用,据以计算出完工产品成本。

(五) 在产品成本按定额成本计算法

按定额成本计算在产品成本法是指根据月末在产品数量、投料和加工程度,按照预先制定的在产品单位定额成本计算出在产品成本,从而计算出完工产品成本的方法。其计算公式如下:

$$\text{在产品直接材料定额成本} = \text{在产品实际数量} \times \text{单位在产品实际消耗定额} \times \text{材料计划单价}$$

即:

$$\text{在产品原材料费用定额成本} = \text{在产品数量} \times \text{原材料单位定额费用}$$

$$\text{在产品直接人工定额成本} = \text{在产品实际数量} \times \text{单位在产品工时定额} \times \text{计划小时工资率}$$

即:

$$\text{在产品工资定额成本} = \text{在产品的定额工时} \times \text{单位工时定额工资费用}$$

$$\text{在产品制造费用定额成本} = \text{在产品实际数量} \times \text{单位在产品工时定额} \times \text{计划小时费用率}$$

即:

在产品制造费用定额成本 = 在产品的定额工时 × 单位工时定额费用

月末在产品定额成本 = 在产品直接材料定额成本 + 在产品直接人工定额成本 + 在产品制造费用定额成本

本月完工产品实际成本 = 月初在产品成本 + 本月生产费用 − 月末在产品定额成本

如果某种产品经过多道工序制成，应按各工序累计工时定额分别乘以该工序在产品的数量计算定额工时，然后再乘以各项费用的单位工时定额费用来计算在产品定额成本。

在计算出在产品的定额成本后，将月初在产品定额成本加上本月生产费用，减去月末在产品成本后，即为完工产品成本。

【例2-11】某企业基本生产车间生产甲产品，月初在产品定额成本为：直接材料 58 700 元，直接人工 20 800 元，制造费用 41 000 元，共计 120 500 元；本月生产费用合计为 425 800 元，其中直接材料为 162 100 元，直接人工为 128 200 元，制造费用为 135 500 元。该月完工甲产品 300 件，月末在产品盘存 80 件。甲产品所耗直接材料是在生产开始时一次投入的，月末在产品完成定额工时 1 300 小时。甲产品定额资料为：单位产品直接材料费用定额为 585 元，直接人工费用定额为 20 元/小时，制造费用定额为 25 元/小时。则月末在产品成本计算如下：

直接材料定额成本 = 80 × 585 = 46 800(元)
直接人工定额成本 = 1 300 × 20 = 26 000(元)
制造费用定额成本 = 1 300 × 25 = 32 500(元)
月末在产品定额成本 = 46 800 + 26 000 + 32 500 = 105 300(元)

甲产品本月完工产品成本与月末在产品成本计算分配见表 2-15。

表 2-15 产品成本计算单

产品名称：甲产品　　　　　　××年××月　　　　　　单位：元

摘要	直接材料	直接人工	制造费用	合计
月初在产品定额成本	58 700	20 800	41 000	120 500
本月生产费用	162 100	128 200	135 500	425 800
生产费用合计	220 800	149 000	176 500	546 300
月末在产品定额成本	46 800	26 000	32 500	105 300
完工产品成本	174 000	123 000	144 000	441 000
完工产品单位成本	580	410	480	1 470

按定额成本计算在产品成本较为简便。但由于在产品成本是按定额成本计价的，所以，本月份在产品成本的实际耗费与在产品定额成本之间的差异全部由完工产品来负担。这种方法适用于定额管理基础好、产品的各项消耗定额及费用定额比较准确和稳定，而且月末在

产品数量变动不大的企业。

(六)定额比例法

定额比例法是指产品的生产费用按照完工产品和月末在产品的定额耗用量或定额费用的比例,分配计算完工产品成本和月末在产品成本的方法。采用这种方法,直接材料按照原材料定额耗用量或原材料定额成本比例进行分配;直接人工、燃料及动力和制造费用等各项加工费用,可以按定额工时或定额费用比例进行分配。在耗用材料品种不多的情况下,通常采用定额耗用量进行分配。其计算公式如下:

$$材料消耗量分配率 = \frac{月初在产品实际耗用量 + 本月投入的实际耗用量}{完工产品定额耗用量 + 月末在产品定额耗用量}$$

$$完工产品应分配的材料成本 = 完工产品定额材料耗用量 \times 材料消耗量分配率 \times 材料单价$$

$$月末在产品应分配的材料成本 = 月末在产品定额耗用量 \times 材料消耗量分配率 \times 材料单价$$

$$工资(费用)分配率 = \frac{月初在产品实际工资费用 + 本月投入的实际工资费用}{完工产品定额工时 + 月末在产品定额工时}$$

$$完工产品应分配的工资(费用) = 完工产品定额工时 \times 工资(费用)分配率$$

$$月末在产品应分配的工资(费用) = 月末在产品定额工时 \times 工资(费用)分配率$$

在具备了月初、月末在产品定额消耗量(定额费用)、本月投入生产的定额消耗量(定额费用)以及本月完工产品定额消耗量(定额费用)资料的情况下,既可按前几个分配费用的公式分配费用,也可按下列公式分配费用:

$$费用分配率 = \frac{月初在产品实际费用 + 本月实际费用}{月初在产品定额消耗量(定额费用) + 本月投入的定额消耗量(定额费用)}$$

$$原材料费用分配率 = \frac{月初在产品实际原材料费用 + 本月实际原材料费用}{完工产品定额原材料费用 + 月末在产品定额原材料费用}$$

$$完工产品实际原材料费用 = 完工产品定额原材料费用 \times 原材料费用分配率$$

$$月末在产品实际原材料费用 = 月末在产品定额原材料费用 \times 原材料费用分配率$$

$$直接人工费用分配率 = \frac{月初在产品实际直接人工费用 + 本月实际直接人工费用}{完工产品定额工时 + 月末在产品定额工时}$$

$$完工产品实际直接人工费用 = 完工产品定额工时 \times 直接人工费用分配率$$

$$月末在产品实际直接人工费用 = 月末在产品定额工时 \times 直接人工费用分配率$$

$$制造费用分配率 = \frac{月初在产品实际制造费用 + 本月实际制造费用}{完工产品定额工时 + 月末在产品定额工时}$$

$$完工产品实际制造费用 = 完工产品定额工时 \times 制造费用分配率$$

$$月末在产品实际制造费用 = 月末在产品定额工时 \times 制造费用分配率$$

按定额耗用量进行分配,既反映了完工产品和月末在产品各成本项目的实际耗用量,又反映了实际费用额,便于分析和考核各项耗用定额的执行情况。

采用定额比例法计算完工产品成本与月末在产品成本,不仅计算的结果比按定额成本计算在产品成本更合理、更准确,而且便于将实际成本与定额成本相比较,分析和考核定额成本的执行情况,有利于对生产费用的控制。这种方法适用于定额管理基础好,产品各项消耗定额及费用定额比较准确和稳定,而且月末在产品数量变动较大的企业。

【例2-12】某企业生产乙产品,单位产品直接材料成本定额为300元,单位产品工时定额为10小时,每小时直接人工定额成本为20元,制造费用定额成本为25元。本月该企业生产完工乙产品600件,月末实际结存在产品100件,原材料在生产开始时一次投入,加工程度为50%。乙产品本月完工产品和月末在产品定额成本计算如表2-16所示。

表2-16 月末在产品及完工产品定额成本

产品名称:乙产品　　　　　　　××年××月　　　　　　　单位:元

摘要	直接材料	直接人工	制造费用	合计
月末在产品定额成本	30 000	10 000	12 500	52 500
完工产品定额成本	180 000	120 000	150 000	450 000

完工产品直接材料定额成本 = 600 × 300 = 180 000(元)
在产品直接材料定额成本 = 100 × 300 = 30 000(元)
完工产品直接人工定额成本 = 600 × 10 × 20 = 120 000(元)
在产品直接人工定额成本 = 100 × 50% × 10 × 20 = 10 000(元)
完工产品制造费用定额成本 = 600 × 10 × 25 = 150 000(元)
在产品制造费用定额成本 = 100 × 50% × 10 × 25 = 12 500(元)

根据以上资料,按定额比例法分配完工产品成本及月末在产品成本直接在产品成本计算单中进行,如表2-17所示。

表2-17 产品成本计算单

产品名称:乙产品　　　　　　　××年××月　　　　　　　单位:元

摘要		直接材料	直接人工	制造费用	合计
月初在产品成本		51 000	37 000	40 225	128 225
本月生产费用		180 000	90 400	130 400	400 800
生产费用累计		231 000	127 400	170 625	529 025
分配率		1.1	0.98	1.05	
完工产品	定额成本(分配标准)	180 000	120 000	150 000	450 000
	实际成本	198 000	117 600	157 500	473 100

续表

摘要		直接材料	直接人工	制造费用	合计
月末在产品	定额成本（分配标准）	30 000	10 000	12 500	52 500
	实际成本	33 000	9 800	13 125	55 925
完工产品单位成本		330	196	262.5	788.5

(七) 约当产量法

约当产量法是指先将月末在产品的数量，按照其完工程度折算为相当于完工产品的产量，即约当产量，然后将生产费用合计按照完工产品产量和在产品的约当产量的比例进行分配的方法。其计算公式如下：

$$在产品约当产量 = 在产品数量 \times 完工百分比(完工率)$$

$$\begin{matrix} 生产费用分配率 \\ (约当产量单位成本) \end{matrix} = \frac{月初在产品成本 + 本月生产费用}{完工产品产量 + 月末在产品约当产量}$$

$$完工产品成本 = 完工产品产量 \times 生产费用分配率$$

$$月末在产品成本 = 在产品约当产量 \times 生产费用分配率$$

约当产量法的关键是准确地确定在产品的约当产量。由于月末在产品的投料程度和加工程度往往不同，因此需要分别确定在产品的原材料费用的约当产量和加工费用的约当产量。

1. 投料程度的确定。分配原材料费用应根据材料投入程度确定。产品生产过程中，原材料的投入方式不同，其在产品投料程度的确定方法也不同。如果原材料在生产开始时一次投足，在产品的投料程度可视为100%，在计算原材料费用分配率时，期末在产品约当产量就是在产品的实际结存数量。如果原材料是在生产过程中陆续投入的，并且与产品加工程度一致，则用于分配原材料费用的投料程度与用于分配加工费用的加工程度是相同的。如果原材料是在生产过程中陆续投入的，并且与产品加工程度不同，应根据各种在产品在各个工序或阶段的累计原材料费用定额，除以完工产品原材料费用定额来确定原材料投料程度。其计算公式如下：

$$\begin{matrix} 某道工序在产品 \\ 投料程度 \end{matrix} = \frac{前道工序累计原材料费用定额 + 本工序原材料费用定额 \times 50\%}{完工产品原材料费用定额} \times 100\%$$

上述公式中，本工序(即在产品所在工序)的原材料费用定额乘以50%，是因为该工序中各件在产品的投料程度也不同。有些产品刚投入生产，所消耗材料较少，而有些产品在本工序加工已经接近完成，材料基本投足时，如果在产品分布比较均匀的话，在产品生产投入的材料可采取简便计算方法，按平均投料程度的50%计算。现举例加以说明。

【例2-13】某企业的某产品由两道工序组成，原材料陆续投入，并且与产品加工程度不一致。其各工序原材料消耗定额为：第一工序70千克，第二工序40千克，共为110千克。其在产品投料程度应计算如下：

第一工序投料程度 = [(70 × 50%) ÷ 110] × 100% = 31.82%
第二工序投料程度 = [(70 + 40 × 50%) ÷ 110] × 100% = 81.82%

将各投料程度分别乘以各该工序的在产品数量,即可算出作为原材料费用标准的在产品约当产量。

如果原材料是在每道工序开始时一次投足,在产品的投料程度按该工序(或阶段)在产品的累计原材料费用定额,除以完工产品原材料费用定额计算确定。其计算公式如下:

$$某道工序在产品投料程度 = \frac{前道工序累计原材料费用定额 + 本工序原材料费用定额}{完工产品原材料费用定额} \times 100\%$$

仍依上例,原材料是在每道工序开始时一次投入,则各工序在产品的投料程度的计算如下:

第一工序投料程度 = (70 ÷ 110) × 100% = 63.64%
第二工序投料程度 = (70 + 40) ÷ 110 × 100% = 100%

各工序的在产品数量分别乘以各工序投料程度,即可计算出分配原材料费用的在产品约当产量。

【例2-14】某企业生产A产品材料随着加工进程分次投入。生产开始时投料60%,当在产品加工到60%时,再投料30%,当在产品加工到80%时,再投料10%。月末在产品为400件,其中:200件加工程度为50%,100件加工程度为75%,100件加工程度为90%,计算其原材料费用的约当产量。

计算月末在产品原材料费用约当产量:

200 × 60% + 100 × (60% + 30%) + 100 × (60% + 30% + 10%) = 310(件)

2.加工程度的确定。在产品的加工程度,作为分配燃料和动力费用、工资费用和制造费用等加工费用的关键因素,其确定的方法主要有以下两种:

(1)如果分布在各工序的在产品数量比较均衡,而且各工序上生产定额工时也相差不大,则各工序月末在产品的加工程度均按50%确定,即期末在产品实际结存数量乘以50%,即可确定在产品约当产量,用于分配加工费用。

(2)如果产品需要若干工序加工,各工序产品加工程度不一致,各工序上期末结存的在产品约当产量,应按其在各工序的加工程度分别折算,然后加总确定期末在产品约当产量。工序加工程度一般根据单位产品定额工时计算。其计算公式如下:

$$某道工序在产品加工程度 = \frac{前道工序累计单位产品工时定额 + 本工序累计单位产品工时定额 \times 50\%}{完工产品单位产品工时定额} \times 100\%$$

在上列公式中,本工序(即在产品所在工序)的工时定额乘以50%,是因为该工序各件在产品加工程度不同,简化了加工程度对该部分在产品的测算工作,均按50%计算。

假定某企业某产品的工时定额为40小时,经过两道工序加工完成,第一工序的工时定额为30小时,第二工序工时定额为10小时,其加工程度计算如下:

第一工序加工程度 = (30 × 50% ÷ 40) × 100% = 37.5%
第二工序加工程度 = (30 + 10 × 50%) ÷ 40 × 100% = 87.5%

根据上述各工序的加工程度,分别乘以各该工序期末结存在产品数量,即可确定期末在产品约当产量,用于分配燃料和动力、工资及制造费用等加工费用。

现结合在产品的投料程度和加工程度,举例说明约当产量法的应用。

【例2-15】某车间生产的甲产品经过3道工序加工完成。该产品本月完工800件,期末在产品120件,单位产品定额工时为100小时。其中,第一道工序40件,本工序工时定额50小时;第二道工序30件,本工序工时定额20小时;第三道工序50件,本工序工时定额30小时。甲产品期初在产品和本期各项费用合计分别为:原材料费用22 080元,直接人工费3 482元,制造费用5 223元;材料在生产开始时一次投入,按约当产量法计算、分配本期各项费用,并按成本项目计算甲产品完工产品成本和期末在产品成本。

(1)按投料程度确定在产品约当产量:

$$(40 + 30 + 50) \times 100\% = 120(件)$$

(2)按加工程度计算在产品约当产量:

第一道工序在产品约当产量 = $40 \times [(50 \times 50\% \div 100) \times 100\%] = 10(件)$

第二道工序在产品约当产量 = $30 \times [(50 + 20 \times 50\%) \div 100 \times 100\%] = 18(件)$

第一道工序在产品约当产量 = $50 \times [(50 + 20 + 30 \times 50\%) \div 100 \times 100\%] = 42.5(件)$

按加工进度计算的期末在产品的约当产量为 = $10 + 18 + 42.5 = 70.5(件)$

(3)计算各成本项目的费用分配率:

原材料费用分配率 = $22\ 080 \div (800 + 120) = 24(元/件)$

直接人工费用分配率 = $3\ 482 \div (800 + 70.5) = 4(元/件)$

制造费用分配率 = $5\ 223 \div (800 + 70.5) = 6(元/件)$

(4)计算本期完工产品成本:

原材料成本 = $800 \times 24 = 19\ 200(元)$

直接人工费用 = $800 \times 4 = 3\ 200(元)$

制造费用 = $800 \times 6 = 4\ 800(元)$

本期完工800件甲产品的总成本 = $19\ 200 + 3\ 200 + 4\ 800 = 27\ 200(元)$

(5)计算期末在产品成本:

原材料成本 = $120 \times 24 = 2\ 880(元)$

直接人工费用 = $70.5 \times 4 = 282(元)$

制造费用 = $70.5 \times 6 = 423(元)$

期末甲产品在产品成本为 = $2\ 880 + 282 + 423 = 3\ 585(元)$

企业采用约当产量法计算完工产品与月末在产品成本,必须正确核算在产品数量和正确估计在产品的完工率,才能正确确定在产品原材料费用和加工费用的约当产量。这种方法适用性广泛,特别适用于月末在产品数量较大,并且各月末在产品数量不稳定,起伏较大,产品成本中原材料费用和加工费用等各项目费用在产品成本中都占有一定比重的产品。

第八节　期间费用的归集和结转

一、期间费用的归集

期间费用是指企业在生产经营过程中发生的，与产品生产活动没有直接联系，不宜直接计入产品成本，而直接计入当期损益的费用。期间费用属于某一时期耗用的费用，包括：企业在产品销售过程中发生的各项费用，以及专设销售机构的各项经费；企业行政管理部门为组织和管理生产经营活动而发生的各项管理费用；企业为筹集生产经营所需资金而发生的财务费用。期间费用按其经济用途，可分为销售费用、管理费用和财务费用，期间费用的核算就是指销售费用、管理费用和财务费用的核算。

销售费用是为销售本企业产成品、自制半成品、工业性劳务所发生的费用，通过"销售费用"账户归集，以便在计算当期损益时，连同产品生产成本、产品销售税金及附加与产品销售收入相配比；应该注意区别的是因材料销售、技术转让、固定资产出租、包装物出租以及对外运输等非工业性劳务所发生的费用，应与企业其他业务收入相配比，属于其他业务支出，不属于销售费用的内容。"销售费用"的明细账按其费用项目设置专栏，进行明细核算。

管理费用是指企业行政管理部门为组织和管理生产经营活动而发生的费用，如管理人员的薪酬、工会经费、无形资产摊销、企业财产保险费、失业保险费、业务招待费、办公费等。管理费用的归集通过"管理费用"账户及其明细账进行，明细账内按费用项目设置专栏进行明细核算。

财务费用是企业为筹集生产经营所需资金而发生的费用。财务费用包括利息支出、汇兑损失、结算手续费等。发生利息收入、汇兑收益应冲减财务费用。财务费用的归集，通过"财务费用"账户及其明细账进行，明细账内按其费用项目设置专栏，进行明细核算。

二、期间费用的结转

销售费用、管理费用、财务费用归集完全以后，应全部列入当月损益表，据以确定当期经营成果。"销售费用""管理费用""财务费用"账户借方发生额于月末或年末结转"本年利润"账户。采用"账结法"的企业，每月末结转，通过"本年利润"结转当期损益及本年累计损益。采用"表结法"的企业，在年末结转"本年利润"，用以确定全年损益。

思考与练习题

1. 某企业生产甲、乙两种产品，共同耗用 A 种材料费用 10 500 元，本月生产甲产品 100 件、乙产品 50 件。单位产品原材料消耗定额：甲产品 15 千克，乙产品 12 千克。按定额消耗量比例分配材料费用。

要求：

(1) 分配材料费用。

(2) 编制会计分录。

2. 某企业生产甲、乙、丙三种产品，生产工时分别为：甲产品 2 400 小时，乙产品 3 100 小时，丙产品 3 500 小时。根据工资结算凭证汇总的工资费用为：基本生产车间的生产工人工资 198 000 元，车间管理人员工资 3 500 元，企业行政管理部门人员工资 2 000 元，专设销售机构人员工资 3 000 元。

要求：

(1) 编制工资费用分配表，其中甲、乙、丙产品生产工人工资按生产工时比例分配。

(2) 编制工资费用的会计分录。

3. 某厂设有供风、供电两个辅助生产车间，在为基本生产和行政管理部门提供产品的同时，辅助生产车间之间也相互提供产品。本月供风车间发生费用 78 000 元，供风 26 000 立方米，其中供电车间耗用 1 000 立方米，均用于该车间管理和组织生产。本月供电车间发生费用 18 200 元，供电 13 000 千瓦小时，其中供风车间的供风生产耗用 3 000 千瓦小时。两个车间对外提供的产品为：基本生产车间生产 A 产品直接耗用风 12 000 立方米，直接耗用电 6 000 千瓦小时；生产 B 产品直接耗用风 10 000 立方米，直接耗用电 3 200 千瓦小时；基本生产车间为管理和组织生产耗用风 2 600 立方米，耗用电 300 千瓦小时；企业行政管理部门耗用风 400 立方米，耗用电 500 千瓦小时。该厂成本核算专设"动力成本"项目。

要求：

(1) 采用交互分配法分配辅助生产费用，编制辅助生产费用分配表。

(2) 编制辅助生产费用分配的会计分录。

4. 依习题 3 所列举的资料，假设该企业供风计划单位成本 3.2 元，供电计划单位成本 1.6 元。

要求：

(1) 采用计划成本法分配辅助生产费用，并编制辅助生产费用分配表。

(2) 编制辅助生产费用和差异结转的会计分录。

5. 某基本生产车间生产 A，B，C 三种产品，共计生产工时 22 000 小时。其中：A 产品生产工时 7 500 小时，B 产品生产工时 8 500 小时，C 产品生产工时 6 000 小时，本月该生产车间发生制造费用 132 000 元。

要求：

(1) 采用生产工时比例法分配基本生产车间的制造费用。

(2) 计算各种产品应负担的制造费用，编制制造费用分配的会计分录。

6. 某企业甲产品的原材料在开始时一次投入，产品成本中原材料费用所占比重很大，月末在产品按所耗原材料费用计价。月初在产品费用 2 800 元，本月份生产费用为：直接材料费用 12 200 元，燃料和动力费用 4 000 元，直接人工 2 800 元，制造费用 800 元。本月完工产品 400 件，月末在产品 200 件。

要求：

(1) 分配计算甲产品完工产品成本和月末在产品成本。

(2) 登记甲产品成本明细账。

7. 某企业采用约当产量法分配在产品和产成品应负担的费用。该企业生产的甲产品经过四道工序加工制成。原材料随生产进度陆续投入，且投料程度与加工程度一致。第一道工序工时定额为 10 小时，第二道工序工时定额为 20 小时，第三道工序工时定额为 30 小时，第四道工序工时定额为 40 小时。本月份共完成甲产品 180 件，月末在产品 60 件，其中：第一道工序 20 件，第二道工序 10 件，第三道工序 20 件，第四道工序 10 件。月初在产品费用为：直接材料费用 682 元，直接人工 187 元，制造费用 210 元。本月份生产费用为：直接材料费用 3 118 元，直接人工费用 2 213 元，制造费用 1 590 元。

要求：

(1) 计算该企业当月甲产品的完工产品和月末在产品成本，编制本月份甲产品成本计算单。

(2) 列出计算过程。

8. 某企业采用约当产量法分配在产品和产成品应负担的费用。该企业生产的甲产品经过三道工序加工制成。原材料随生产进度分别于每道工序开始加工时一次投入。第一道工序材料费用定额为 10 元，工时定额为 4 小时；第二道工序材料费用定额为 14 元，工时定额为 6 小时；第三道工序材料费用定额为 16 元，工时定额为 10 小时。当月共完成甲产品 140 件，月末在产品 60 件，其中：第一道工序 10 件，第二道工序 20 件，第三道工序 30 件。本月初在产品费用为：直接材料费用 1 660 元，直接人工 400 元，制造费用 280 元。本月生产费用为：直接材料费用 5 720 元，直接人工费用 1 646 元，制造费用 1 084 元。

要求：

(1) 编制本月份甲产品成本计算单。

(2) 计算该企业甲产品完工产品和月末在产品成本。

(3) 列出计算过程。

9. 某企业乙产品采取按定额成本法分配在产品和产成品各自应负担的费用。本月份共完成乙产品250件,月末在产品100件,每件在产品的直接材料费用定额为120元。全部在产品定额工时共1 500小时,每一定额工时的各项费用分配率为:直接人工费用为0.9元,制造费用为1.04元。月初在产品生产费用为:直接材料费用9 740元,直接人工费用940元,制造费用1 150元。本月生产费用为:直接材料费用25 500元,直接人工费用6 120元,制造费用8 400元。

要求:

(1)计算该企业本月份乙产品的完工产品和月末在产品成本,编制本月份乙产品成本计算单。

(2)列出计算过程。

10. 某企业生产A产品,采用定额比例法分配产成品和在产品各自应负担的成本。A产品需经三道工序连续加工制成,原材料随生产进度分别于每道工序开始时一次投入。本月份共生产A产成品100件,在产品150件,其中:第一道工序在产品60件,第二道工序在产品50件,第三道工序在产品40件。A产品定额资料如下:第一道工序材料定额费用140元,定额工时4小时;第二道工序材料定额费用140元,定额工时8小时;第三道工序材料定额费用220元,定额工时28小时。月初在产品费用为:直接材料费用37 940元,直接人工费用55 600元,制造费用37 300元。本月生产费用为:直接材料费用63 700元,直接人工费用111 200元,制造费用101 700元。

要求:

(1)计算该企业本月份A产品的完工产品和月末在产品成本,编制A产品成本计算单。

(2)列出计算过程。

拓展与感悟

改革开放以来我国企业成本核算制度的变迁

改革开放之初,在纳入我国GDP统计的三大产业中,以企业组织形式开展生产经营活动的主要是工业。相应地,为了加强工业企业的成本核算工作,财政部根据《中华人民共和国会计法》和《国营企业成本管理条例》的有关规定,于1986年制定《国营工业企业成本核算办法》(以下简称《核算办法》),包括六大内容模块:成本核算的任务和要求、成本核算对象和成本项目、生产费用的汇集和分配、在产品成本和产成品成本、产品的销售成本、成本核算的组织。该《核算办法》主要针对生产型企业,明确了我国工业企业成本核算的基本任务,强调企业应加强成本核算的基础工作,要求企业按照权责发生制原则计算成本,并划清本期成本与下期成本的界限,同时还提供了原材料、燃料和动力、工资及福利费、车间经费和企管理费的分配方法,这不仅规范了工业企业的成本核算,而且为企业产品定价、内部业绩考核等提供了必要信息。

随着改革开放的不断推进与国民经济的快速发展,新经济、新业态在我国不断涌现。除工业企业外,农业、服务业也取得长足发展,对应的企业数量日益增加;同时,在工业内部,根据企业主营产品及生产组织特点的不同,还可以进一步细分为多个行业。由于不同行业中企业的组织形式、生产经营方式及利益相关者对信息的需求不同,《核算办法》作为工业经济时代的产物,已经无法满足新时期企业经营管理的需求。

为了加强企业产品成本核算工作,保证产品成本信息真实、完整,促进企业和经济社会的可持续发展,财政部根据《中华人民共和国会计法》、企业会计准则等国家有关规定,于2013年制定《企业产品成本核算制度(试行)》(以下简称《核算制度》),其内容分为五章:总则;产品成本核算对象;产品成本核算项目和范围;产品成本归集、分配和结转;附则。《核算制度》主要适用于大中型企业,包括制造业、农业、批发零售业、建筑业、房地产业、采矿业、交通运输业、信息传输业、软件及信息技术服务业、文化业以及其他行业的企业,以上行业中的小型企业也可以参照该制度进行成本核算。

与《核算办法》不同的是,《核算制度》下产品成本的核算对象、核算项目与范围、成本归集、分配和结转因行业类型而异。截至2021年10月,财政部先后颁布了石油石化行业、钢铁行业、煤炭行业、油气管网行业的《企业产品成本核算制度》,进一步明确了相关行业中企业产品成本核算的要求和方法,同时还凸显了"业财融合"的特点,将各行业中主要产品的生产流程纳入核算制度中。这不仅为企业财会人员进行产品成本核算提供了方法指导,同时也有助于成本信息使用者直观理解企业产品成本的发生和核算原理。

参考资料:

[1]中华人民共和国财政部.企业产品成本核算制度(试行)[EB/OL].[2022-11-10]. http://www.gov.cn/gongbao/content/2013/content_2528121.htm.

第三章

产品成本计算的主要方法

导 读

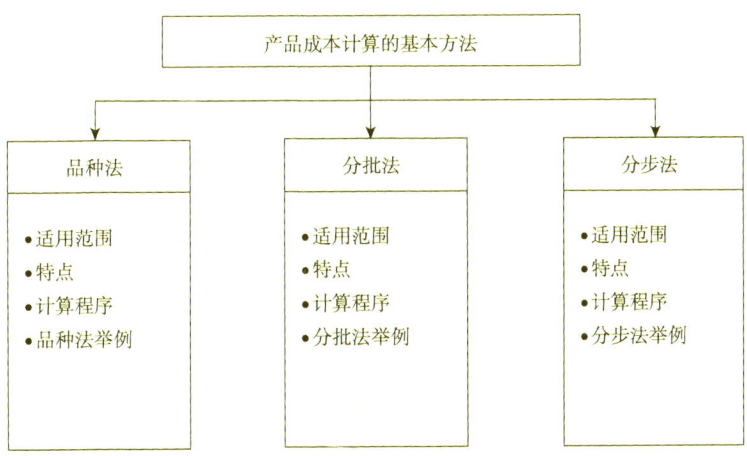

说明：

产品成本计算方法可分为基本方法和辅助方法。受生产类型特点和管理要求的影响，在产品成本计算工作中有三种不同的成本计算对象，成本计算的基本方法也因此分为：以产品品种为成本计算对象的品种法；以一定品种和批量产品批别或订单为成本计算对象的分批法；以各种产品及其所包含的各生产步骤为成本计算对象的分步法。成本计算的辅助方

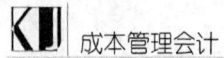

法主要有为了简化成本计算工作采用的分类法等,但这些方法不是独立的成本计算方法,必须与成本计算的基本方法结合应用。

第一节 产品成本计算方法概述

产品成本计算的过程,就是按照一定的成本计算对象分配、归集生产费用的过程。确定成本计算对象是计算产品成本的前提,要根据成本计算对象来设置成本计算单,以此来分配、归集生产费用。成本计算对象是指生产费用的承担者,即分配、归集生产费用的对象。

一、工业企业的产品生产类型

(一)按工艺过程分类

工业企业生产按其生产工艺过程可以分为单步骤的生产和多步骤生产两种类型。

1. 单步骤生产。单步骤生产亦称简单生产,是指生产工艺过程不能间断,不可能或不需要划分为几个生产步骤,如发电、采掘、铸造等工业企业。这类生产的周期较短,通常只能由一个企业进行,不能由几个企业协作进行。这种生产通常在一个企业内部单步骤进行,同时也只能由一个车间进行,而不能由几个车间协作进行,生产步骤单一。

2. 多步骤生产。多步骤生产亦称复杂生产,是指生产工艺过程由若干个可以间断的、分散在不同地点、分别在不同时间进行的生产步骤所组成的生产,例如,钢铁、机械、造纸、服装等企业。多步骤生产按其产品加工程序不同,又可分为连续式和装配式两种。连续式多步骤生产在原材料投入生产后必须按一定的顺序,经过几个连续加工步骤,最后直到产成品,如纺织、钢铁工业生产等。装配式多步骤生产是各种原材料平行地加工成各种零件,把零件装配为部件,然后把部件装配成产成品,如机械、船舶、汽车等制造工业。

(二)按生产组织特点分类

工业企业的生产,按其生产组织特点,可以分为大量生产、成批生产和单件生产三种类型。

1. 大量生产。大量生产是指不断地重复生产相同产品的生产。在这种生产的企业或车间中,产品的品种较少,而且比较稳定。例如,采掘、纺织、面粉、化肥等企业的生产。

2. 成批生产。成批生产是指按照事先规定的产品批别和数量进行的生产。在从事这种生产的企业或车间,产品的品种较多,而且具有一定的重复性,例如服装、机械的生产。成批生产按照产品批量的大小,又可分为大批生产和小批生产。大批生产由于产品批量大,往往在几个月内不断地重复生产一种或几种产品,因而性质近于大量生产;小批生产的产品批量小,一批生产一般可以同时完工,其性质近于单件生产。

3. 单件生产。单件生产类似小批生产,是指根据购买单位的要求,个别的、性质特殊的产品的生产,如重型机械制造和船舶工业等的生产。在这种生产的企业或车间,产品的种类很多而且很少重复。

单步骤生产和连续加工式的多步骤生产的生产组织多为大量生产。装配式的多步骤生产的生产组织,则有大量生产、成批生产和单件生产的区别。

二、生产特点和成本管理要求对产品成本计算的影响

生产类型不同,对成本进行管理的要求也不同。而生产特点和管理要求又必然对产品成本计算产生影响,这一影响主要表现在以下几个方面。

(一)对成本计算对象的影响

从产品生产工艺、过程看,单步骤生产的工艺过程不能间断,因而不可能,也不需要按照生产步骤计算产品成本,只能按照生产产品的品种计算成本。而在多步骤生产中,为了加强各个生产步骤的成本管理,往往要求按照产品的品种或批别计算。为了加强各个生产步骤的成本管理,往往不仅要求按照产品的品种或批别计算成本,而且还要求按照生产的步骤计算成本。但是,如果企业的规模较小,管理上不要求按照生产步骤考核生产费用、计算产品成本,也可以不按照生产步骤计算成本,而只按照产品的品种或批别计算成本。

从产品生产组织的特点看,在大量生产情况下,一种或若干种产品连续不断地重复生产,一方面会产生原材料的不断投入,另一方面,相同的产品也会不断出现,因而管理上只要求(而且也只能)按照产品的品种计算成本。大批生产往往集中投料,生产一批零部件供几批产品耗用;耗用量较多的零部件,也可以另行分批生产。在这种情况下,零部件生产的批别与产品的批别往往是不一致的,因而也就不能按照产品的批别计算成本,只能按照产品的品种计算成本。由于产品批量大,往往又是跨月陆续完工的,也不能等到该批产品全部完工后再计算成本,一般也是按月计算成本,致使成本计算期与生产周期不相一致。小批、单件生产,由于其生产产品批量小,一批产品一般可以同时完工,因而有可能按照产品的批别和件别,归集生产费用,计算产品成本。从管理要求看,为了分析和考核各批产品成本水平,也要求按照产品批别或件别计算成本。

(二)对产品成本计算的间期的影响

在不同生产类型中,产品成本计算的间期不同,这主要决定于生产组织的特点。在单件和小批生产中,产品成本有可能在某件或某批产品完工以后计算,因而成本计算是不定期的,但是与生产周期会相一致。但在大量、大批生产中,由于生产活动连续不断地进行着,因而产品成本计算要定期在每月月末进行,与生产周期不相一致。

(三)对在完工产品与在产品之间分配费用的影响

生产类型的特点,还影响到月末进行成本计算时有没有在产品,是否需要在完工产品与在产品之间分配费用。在单步骤生产中,生产过程不能间断,生产周期也短,一般没有在产品,或者在产品数量很少,因而计算产品成本时,生产费用不必在完工产品与在产品之间进行分配。在多步骤生产中,是否需要在完工产品与在产品之间分配费用,在很大程度上取决于生产组织的特点。在大量、大批生产中,由于生产连续不断地进行,而且经常存在在产品,

因而在计算成本时,就需要采用适当的方法,将生产费用在完工产品与在产品之间进行分配。在小批、单件生产中,如果成本计算与生产周期一致,在每批每件产品完工前,产品成本明细账中所记的生产费用就是在产品的成本;完工后,其所记的费用就是完工产品的成本,不存在完工产品与在产品之间分配费用的问题。

三、产品成本计算的主要方法

生产特点和管理要求对成本计算的影响,主要表现在成本计算对象的确定上。所谓成本计算对象,即计算什么的成本。确定计算对象,就是为了解决生产费用由什么来承担的问题。成本计算对象的确定,是设置产品成本明细账、正确计算产品成本的前提,也是区别各种成本计算方法的主要标志。受上述生产类型特点和管理要求的影响,在产品成本计算工作中有三种不同的成本计算对象。

(1)产品品种为成本计算对象的品种法。这种方法适用于大量、大批的单步骤生产或管理上不要求分步骤计算成本的多步骤生产。

(2)以一定品种和批量产品批别或订单为成本计算对象的分批法。这种方法适用于管理上不要求分步骤计算成本的单件、小批生产。

(3)以各种产品及其所含的各生产步骤为成本计算对象的分步法。这种方法适用于管理上要求分步骤计算成本的大量、大批的多步骤生产。

除以上三种基本方法外,为满足成本管理或成本计算某一方面的要求,还可以采用其他一些方法。如在一些定额管理比较完善的企业中,为了利用定额加强成本的控制管理,可采用定额法计算成本;有些企业产品品种规格繁多,但可按一定标准划分为若干类型,简化成本计算工作,可采用分类方法计算成本。这些方法不是独立的成本计算方法,必须与成本计算的基本方法结合应用。

为了提供各种产品的成本资料,以便分析、考核各种产品的成本计划完成情况,不论企业采用什么方法计算产品成本,都必须计算出每一种产品的总成本和单位成本,这是对成本计算工作的基本要求。

第二节 产品成本计算的品种法

一、品种法及其适用范围

品种法是指以产品品种作为成本计算对象来计算产品成本的一种成本计算方法。

品种法主要用于大量大批的单步骤生产,如发电、供水、采掘等生产。在这种类型的生产中,生产是大批量进行的,不可能按批别计算成本,生产是单步骤的,也不可能按步骤计算成本,只能采用品种法核算。此外,在大量大批分步骤生产中,如生产规模较小,或生产车间按封闭式车间设定,生产按流水线组织,管理上不要求按照生产步骤计算成本,也可以采用品种法计算成本。

在采用品种法计算产品成本的企业或车间中,如只生产单一产品,且没有或在产品很少,可采用单步骤大批量生产的品种法。这种方法就是归集所有的生产费用,得出完工产品总成本,除以产量即为产品的单位成本。由于其成本计算程序较为简单,通常称之为简单法。用于不要求按生产步骤计算产品成本的分步骤大批量生产的品种法,如生产多种产品则需要分品种归集生产费用,在期末在产品且数量较多,还要将生产费用在完成品和在产品之间进行分配。其在计算上较简单法要相对复杂一些,通常称之为典型品种法。

二、品种法特点

(一)成本计算对象

在采用品种法计算产品成本的企业或车间,如果该企业或车间只生产一种产品,成本计算对象就是该种产品,只需要开设一张成本计算单,生产过程中发生的所有生产费用都是直接费用,可根据费用凭证直接计入该成本计算单。如生产多种产品,成本计算对象就是每一种产品,应按产品品种分别开设成本计算单,发生的生产费用,如为某种产品单独耗用,属于直接计入费用,可根据费用凭证直接计入该种产品成本计算单,如为几种产品共同负担的费用,属于间接计入费用,则要采用适当的方法,在各种产品之间进行分配后,分别计入各种产品成本计算单。

(二)成本计算期

品种法在生产组织方面适用于大批量生产的情形,在大批量生产方式下,生产是连续不断地进行的,因此不可能在产品完成时立即计算产品成本,一般是定期,通常在每月月末平均地计算成本。所以品种法一般以月作为成本计算期,定期计算产品成本,成本计算期与产品的生产周期不同,与会计核算期相同。

(三)在产品成本计算

采用品种法计算产品成本的企业或车间的月末产品成本的计算,在没有在产品或在产品数量很少,对产品成本影响不大时,通常可不计算在产品的成本,成本计算单上按成本项目归集的生产费用就是该产品的完工产品成本,除以产量就是该种产品的单位成本。但如果月末存在较多的在产品,为保证成本计算的正确性,要采用适当的方法,将成本计算单中归集的生产费用在完工产品和在产品之间进行分配,分别计算完工产品成本和在产品成本。

三、品种法的成本计算程序

在前述成本费用核算的一般程序中,产品成本计算假定以产品品种为成本计算对象的,品种法的成本计算程序与前述一般程序完全相同。作为计算产品成本的前提条件,品种法按产品的品种分成本项目设立成本计算单(即成本明细账)归集生产费用,其成本计算的主要程序如下。

(一)生产费用的审核、归集和分配

生产费用的审核、归集和分配即横向分配阶段,首先依照企业财务会计制度的规定审核生产费用发生的合法性与合理性,然后归集审核无误的生产费用,按照其用途编制分配表。对于为生产某种产品单独发生的费用,作为直接计入费用,直接计入该产品成本计算单的直接材料、直接人工等对应的成本项目中;对于生产几种产品共同发生的费用作为间接计入费用,应按一定的标准在各种产品间进行分配,分别计入有关成本计算单的对应成本项目;对于非工艺过程发生的一般费用,应先按其发生地点进行归集,属于生产车间(部门)发生的,先在制造费用中归集,再按一定的标准分配计入有关成本计算单的对应成本项目。非生产车间(部门)发生的则作为期间费用按发生地点分别计入销售费用。管理费用和财务费用,期末直接结转损益。

(二)完工产品和在产品费用的分配

完工产品和在产品费用的分配即纵向分配阶段,根据产品成本计算单和期初、期末在产品的情况,按照一定的方法计算本月完工产品成本和期末在产品成本。完工产品总成本除以完工产品产量,就是产品的单位成本。在期初、期末没有在产品时,成本计算单上所归集的生产费用,就是完工产品的总成本。

四、品种法举例

【例3-1】某工厂有一个基本生产车间大量生产甲、乙两种产品,该厂还有一个辅助生产车间——供电车间,为基本生产车间和管理部门供电。辅助生产车间的制造费用不单独核算,该厂也不单独核算废品损失和停工损失。根据生产和管理要求,该厂采用品种法计算产品成本。其产品成本计算程序如下。

(1)根据当月各种原始凭证和有关资料编制各种费用分配表,分配要素费用(见表3-1至表3-6)。

表3-1 材料费用分配表   单位:元

应借科目		成本或费用项目	原材料主要材料	燃料	辅助材料	合计
基本生产成本	甲产品	原材料	33 170			33 170
	乙产品	原材料	38 800			38 800
	小计		71 970			71 970
辅助生产成本		燃料		14 400		14 400
制造费用		机物料消耗			5 100	5 100
管理费用		修理费			200	200
合计			71 970	14 400	5 300	91 670

根据材料费用分配表(见表 3-1)编制会计分录:

借:基本生产成本——甲产品　　　　　　　　　　　　　　　33 170
　　　　　　　　——乙产品　　　　　　　　　　　　　　　38 800
　　辅助生产成本　　　　　　　　　　　　　　　　　　　　14 400
　　制造费用　　　　　　　　　　　　　　　　　　　　　　 5 100
　　管理费用　　　　　　　　　　　　　　　　　　　　　　 200
　贷:原材料　　　　　　　　　　　　　　　　　　　　　　 91 670

上述对于材料费用的分配,还应该按照材料的品种规格列示,便于对材料进行明细核算,但是此处重点介绍产品成本核算方法,因此进行了省略。

表 3-2　职工薪酬分配表　　　　　　　　　　　　　单位:元

应借科目		分配标准(生产工时)	职工薪酬(分配率:8)
基本生产成本	甲产品	4 500	36 000
	乙产品	3 000	24 000
	小计	7 500	60 000
辅助生产成本			9 000
制造费用			6 600
管理费用			15 000
合计			90 600

根据职工薪酬分配表(见表 3-2)编制会计分录:

借:基本生产成本——甲产品　　　　　　　　　　　　　　　36 000
　　　　　　　　——乙产品　　　　　　　　　　　　　　　24 000
　　辅助生产成本　　　　　　　　　　　　　　　　　　　　 9 000
　　制造费用　　　　　　　　　　　　　　　　　　　　　　 6 600
　　管理费用　　　　　　　　　　　　　　　　　　　　　　15 000
　贷:应付职工薪酬　　　　　　　　　　　　　　　　　　　90 600

表 3-3　固定资产折旧分配表　　　　　　　　　　　单位:元

应借科目	折旧金额
辅助生产成本	2 560
制造费用	5 740
管理费用	1 840
合计	10 140

根据折旧分配表(见表 3-3)编制会计分录:

借:辅助生产成本	2 560
制造费用	5 740
管理费用	1 840
贷:累计折旧	10 140

在实际工作中,应按照折旧的计算方法计算折旧额,该转账凭证后应附有"固定资产折旧计算表"。

以银行存款和现金支付其他费用,于费用发生时根据有关凭证随时记入有关账户,本例为便于说明,汇总资料如表3-4所示。

表3-4 其他费用分配表　　　　　　　　　　　　　　　　单位:元

应借科目		应贷科目		合计
总账科目	费用项目	银行存款	库存现金	
辅助生产成本	办公费	360		360
	其他		180	180
制造费用	劳动保护费	1 000		1 000
	其他		60	60
管理费用	办公费	900		900
	差旅费		1 500	1 500
合计		2 260	1 740	4 000

编制会计分录:

借:辅助生产成本	360
制造费用	1 000
管理费用	900
贷:银行存款	2 260
借:辅助生产成本	180
制造费用	60
管理费用	1 500
贷:库存现金	1 740

(2)分配辅助生产费用。根据"辅助生产"明细账归集的供电车间本月费用,按各部门耗电度数进行分配,见表3-5。

根据辅助生产费用分配表编制会计分录:

借:基本生产成本——甲产品	13 500
——乙产品	9 000
制造费用	2 500

管理费用　　　　　　　　　　　　　　　　　　　　　　　　　1 500
　　　贷：辅助生产成本　　　　　　　　　　　　　　　　　　　26 500

表 3-5　辅助生产费用分配表　　　　　　　　　　　　　　　　单位：元

应借科目		成本或费用项目	分配标准 （耗电度数）	应分配金额 （分配率0.5）	基本生产电费分配	
					分配标准 （生产工时）	应分配金额 （分配率3）
基本生产成本	甲产品	燃料和动力			4 500	13 500
	乙产品	燃料和动力			3 000	9 000
	小计		45 000	22 500	7 500	22 500
制造费用		水电费	5 000	2 500		2 500
管理费用		水电费	3 000	1 500		1 500
合计			53 000	26 500		26 500

（3）分配制造费用。根据制造费用明细账归集的费用，按产品生产工时比例在甲、乙两种产品之间进行分配，见表3-6。

表 3-6　制造费用分配表　　　　　　　　　　　　　　　　　单位：元

应借账户		分配标准 （生产工时）	应分配制造费用 （分配率2.8）
基本生产成本	甲产品	4 500	12 600
	乙产品	3 000	8 400
	合计	7 500	21 000

　　根据制造费用分配表编制会计录：
　　借：基本生产成本——甲产品　　　　　　　　　　　　　　12 600
　　　　　　　　　　　——乙产品　　　　　　　　　　　　　 8 400
　　　贷：制造费用　　　　　　　　　　　　　　　　　　　　21 000

（4）计算完工产品和月末在产品成本。甲产品本月完工180件，月末在产品200件，完工率为50%，原材料于生产开始时一次投入，按约当产量方法分配费用。乙产品本月投产200件，月末全部完工。

　　甲、乙产品成本计算单见表3-7和3-8。

表 3-7 产品成本计算单

(完工产量：180 件)

产品名称：甲　　　　　　　　××年 ××月　　　　　　　　　　单位：元

摘要	成本项目				
	直接材料	燃料和动力	职工薪酬	制造费用	合计
月初在产品	4 830	3 300	6 000	1 400	15 530
本月费用	33 170	13 500	36 000	12 600	95 270
合计	38 000	16 800	42 000	14 000	110 800
月末在产品	20 000	6 000	15 000	5 000	46 000
产品总成本	18 000	10 800	27 000	9 000	64 800
产品单位成本	100	60	150	50	360

表 3-8 产品成本计算单

(完工产量：200 件)

产品名称：乙　　　　　　　　××年 ××月　　　　　　　　　　单位：元

摘要	成本项目				
	直接材料	燃料和动力	职工薪酬	制造费用	合计
月初在产品					
本月费用	38 800	9 000	24 000	8 400	80 200
合计	38 800	9 000	24 000	8 400	80 200
月末在产品					
产品总成本	38 800	9 000	24 000	8 400	80 200
产品单位成本	194	45	120	42	401

(5)根据产品成本计算单编制产品成本汇总表(见表 4-9)。

表 3-9 产品成本汇总表　　　　　　　　　　　　　　　单位：元

摘要	成本项目				
	直接材料	燃料和动力	职工薪酬	制造费用	合计
甲产品	18 000	10 800	27 000	9 000	64 800
乙产品	38 800	9 000	24 000	8 400	80 200
合计	56 800	19 800	51 000	17 400	145 000

根据产品成本汇总表和产成品入库凭证编制会计分录：

借:库存商品——甲产品　　　　　　　　　　　　　　　　　　64 800
　　　　　　——乙产品　　　　　　　　　　　　　　　　　　80 200
　贷:基本生产成本——甲产品　　　　　　　　　　　　　　　　64 800
　　　　　　　　——乙产品　　　　　　　　　　　　　　　　80 200

该企业生产成本二级账、辅助生产明细账、制造费用明细账和管理费用明细账见表3-10、表3-11、表3-12、表3-13。

表3-10　生产成本明细账　　　　　　　　　　　　单位:元

日期		摘要	直接材料	燃料和动力	直接人工	制造费用	合计
月	日						
3	31	月末在产品	4 830	3 300	6 000	1 400	15 530
4	30	表3-1	71 970				71 970
		表3-2			60 000		60 000
		表3-5		22 500			22 500
		表3-6				21 000	21 000
		表3-9	56 800	19 800	51 000	17 400	145 000
		月末在产品	20 000	6 000	15 000	5 000	46 000

表3-11　辅助生产明细账　　　　　　　　　　　　单位:元

日期		摘要	燃料	职工薪酬	折旧费	办公费	其他	合计	转出	余额
月	日									
		表3-1	14 400					14 400		14 400
		表3-2		9 000				9 000		23 400
		表3-3			2 560			2 560		25 960
		表3-4				360	180	540		26 500
		表3-5							26 500	0

表3-12　制造费用明细账　　　　　　　　　　　　单位:元

日期		摘要	机物料消耗	职工薪酬	折旧费	劳动保护费	水电	其他	合计	转出	余额
月	日										
		表3-1	5 100						5 100		5 100
		表3-2		6 600					6 600		11 700
		表3-3			5 740				5 740		17 440
		表3-4				1 000		60	1 060		18 500
		表3-5					2 500		2 500		21 000
		表3-6								21 000	0

表 3-13　管理费用明细账　　　　　　　　　　　　　　　单位:元

日期		摘要	职工薪酬	折旧费	修理费	办公费	差旅费	水电费	合计	转出	余额
月	日										
		表 3-1			200				200		200
		表 3-2	15 000						15 000		15 200
		表 3-3		1 840					1 840		17 040
		表 3-4				900	1 500		2 400		19 440
		表 3-5						1 500	1 500		20 940
										20 940	0

第三节　产品成本计算的分批法

一、分批法及适用范围

产品成本计算的分批法是指以产品的批别(或订单)为成本计算对象归集生产费用、计算产品成本的一种方法。这种方法一般适用于单件、小批量生产的企业和车间。

在单件小批生产的企业和车间中,生产往往是按照购买者的订货来进行的。每张订单所订的产品种类不同,规格不一,所用的材料和加工的工艺各异,所以一张订单的成本必须与其他订单的成本分别归集,因此分批法亦称订单法。

适用分批法计算成本的企业和车间主要有以下几类:

(1)根据客户订单生产的企业。有些企业根据客户的要求生产特殊规格、特定数量的产品,订单可能是单件大型产品,如重型机械、航舶等,也可能是多件同样规格的产品,如根据客户提供的图纸或样品生产某些特殊要求的产品。

(2)产品种类经常变动的小规模制造企业。这些企业规模小,人员少,船小好调头,往往根据市场要求的变化,不断地变动生产产品的种类、数量,因此也必须按照每批投产的产品计算批别成本。

(3)承担修理业务的企业。修理业务多种多样,因此要根据所承接的修理工作分别计算成本,在生产成本上加上约定的利润,向客户收取货款,所以也必须按批别计算产品成本。

(4)新产品试制车间。专门试制、开发新产品的车间,产品没有定型,不可能大量生产,所以要按所生产的新产品的批别分别计算成本。

二、分批法的特点

(一)成本计算对象

采用分批法计算产品成本的企业或车间,成本计算对象就是产品的批别(单件生产为件别)。通常以生产调度部门下达的生产任务通知单作为产品的批别,单内对该批生产任务进行编号,称为产品的工作令号或生产批号。仓库按工作令号备料,生产车间按工作令号组织生产,会计部门按工作令号开设成本计算单,分别按成本项目归集生产费用、计算产品成本。

工作令号一般按客户订单下达,但在一张订单中如规定有几种产品,或虽然只有一种产品但其数量较大而又要求分批交货时,这时可根据一张订货单下达几个工作令号组织生产,计算产品成本;如在一张订单中只规定了一件产品,但其属于大型复杂的产品,价值较大且生产周期较长,如大型船舶制造,则可按产品的组成部分下达工作令号来分批组织生产,计算成本。如果在同一周期内,企业接到不同购货单位要求生产同一种产品的几张订单,为了经济合理地组织生产,企业生产计划部门也可以将其合并为一批下达的工作令号,组织生产,计算成本。在这种情况下,分批法的成本计算对象就不是单位的订货单,而是企业生产计划部门签发下达的生产任务通知单,会计部门应以工作令号作为产品批号设立产品成本明细账。生产费用发生后,就按产品批别进行归集:除直接计入费用可直接计入外,间接计入费用要采用适当的分配方法,在各批产品直接进行分配,然后计入各个产品成本明细账。由于分批法存在成本计算对象较多和间接计入费用较多的特点,为了提高成本核算的正确性,要合理选择分配标准。

(二)成本计算期

为了保证各批产品成本计算的正确性,各批产品成本明细账的设立和结算应与生产任务通知单的签发和结束密切配合,协调一致,即各批或各订单产品的成本总额,在其完工以后(完工月份的月末)计算确定,因而产品成本计算是不定期的,成本计算期与产品的生产周期基本一致。

(三)费用在完工产品与在产品之间的分配

在小批、单件生产下,由于成本计算期与产品的生产周期一致,因而在月末计算生产成本时,一般不存在完工产品与在产品之间分配费用的问题。在单件生产中,产品完工前,产品成本明细账所记的生产费用都是在产品成本;生产完工时,产品成本明细账所记的生产费用,就是完工产品的成本,因而在月末计算成本时,不存在完工产品与在产品之间分配费用的问题。

在小批生产中,由于产品批量较小,批内产品一般都能同时完工,或者在相距不久的时间内全部完工。月末计算成本时,或是全部已经完工,或是全都没有完工,因而一般也不存在完工产品与在产品之间分配费用的问题。但如批内产品有跨月陆续完工的情况,在月末计算成本时,一部分产品完工,另一部分产品尚未完工,这时就有必要在完工产品与在产品之间分配费用,以便计算完工产品成本和月末在产品成本。为了使同批产品尽量同时完工,避免跨月陆续完工的情况,减少在完工产品与月末在产品之间分配费用的工作,在合理组织生产的前提下,可以适当缩小产品的批量。

三、分批法的计算程序

(一)按批别开立产品成本明细账

会计部门应根据生产调度部门签发的生产任务通知单所规定的生产批别,为每批产品开设成本明细账(即产品成本计算单)。为分析、考核各车间的工作业绩,加强车间成本管理,成本明细账也可分车间再按每一订单或每一批产品开设,计算每一订单在车间发生的费用。

(二)归集与分配本月生产费用

将各批产品的直接费用,按批号或工作令号直接汇总计入该产品的成本明细账内,将几批产品共同发生的间接计入费用,按照一定的标准在各批产品之间进行分配,计入有关产品成本明细账内。因为相同品种、不同批别的产品属于不同的成本计算对象,所以在组织生产时,如果是直接费用,都须标明工作令号,防止串工串料。产品完工时,这个生产令号就不能再开支任何费用,如有余料、废料、废品,都要退库或作价交库。

(三)计算完工产品成本

采用分批法计算产品成本,在某张订单完工以后,把成本计算单归集的生产费用加计,就是该订单的完工产品成本。月终未完工订单所归集的生产费用则是在产品成本。所以从理论上讲,分批法一般不存在将生产费用在完工产品和月末在产品之间分配的问题。当一批产品跨月完工、分次交货时,可采用简化的方法进行完工在产品费用的分配,一般可按计划或定额成本计算完工部分成本,从所归集的生产费用累计发生额中转出,结出余额,该余额加上以后月份发生的生产费用即为其全部的产品成本。待该批产品全部完工后,再按整批产品的总成本,除以该产品的批量,汇总计算该批产品的单位成本,以用于对该批产品的成本分析和考核。

四、分批法举例

【例3-2】某企业根据客户订单生产各种产品并对外承担修理作业。某年6月份生产情况如下:

5月份投产的甲产品10台(批号503),本月全部完工;本月投产乙产品6台(批号601),计划下月完工,本月末提前完工2台,按计划成本结转其成本;为外单位代修机床1台(批号602),尚未完工;本企业科技改革新项目自制设备一台(批号603),本月投产,尚未完成。

6月份成本资料如下:

(1)月初在产品成本(批号503):原材料54 000元,燃料动力1 500元,职工薪酬4 500元,制造费用2 100元,共计62 100元。

(2)本月发生的生产工时费用,见表3-14。

表3-14　6月份发生的生产工时费用

批号	工时(小时)	原材料(元)
503	10 000	
601	5 600	27 000
602	1 400	2 000
603	400	3 600
合计	17 400	32 600

生产工人薪酬135 720元,燃料动力28 188元,制造费用93 960元。各项费用按生产工时比例分配。

(3)乙产品(批号601)每台产品计划成本为:原材料费4 800元,燃料动力费2 400元,生产工人薪酬11 100元,制造费用7 200元。

根据上述资料,分配费用,计算产品和劳务成本。具体计算结果如表3-15至表3-19所示。

表3-15　费用分配表

项目	工时(小时)	燃料和动力(元)	直接人工(元)	制造费用(元)
分配率		1.62	7.8	5.4
503	10 000	16 200	78 000	54 000
601	5 600	9 072	43 680	30 240
602	1 400	2 268	10 920	7 560
603	400	648	3 120	2 160
合计	17 400	28 188	135 720	93 960

表3-16　产品成本计算单(一)

批号:503　　产品名称:甲　　批量:10台　　开工日期:5月10日　　完工日期:6月28日

项目	直接材料(元)	燃料和动力(元)	直接人工(元)	制造费用(元)	合计(元)
月初在产品成本	54 000	1 500	4 500	2 100	62 100
本月费用	—	16 200	78 000	54 000	148 200
合计	54 000	17 700	82 500	56 100	210 300

续表

项目	直接材料(元)	燃料和动力(元)	直接人工(元)	制造费用(元)	合计(元)
月末在产品成本	—	—	—	—	—
产成品总成本	54 000	17 700	82 500	56 100	210 300
产成品单位成本	5 400	1 770	8 250	5 610	21 030

表 3-17　产品成本计算单(二)

开工日期:6月5日

批号:601　　　产品名称:乙　　　批量:6台(6月完工2台)　　　完工日期:7月10日

项目	直接材料(元)	燃料和动力(元)	直接人工(元)	制造费用(元)	合计(元)
本月费用	27 000	9 072	43 680	30 240	109 992
产成品	9 600	4 800	22 200	14 400	51 000
月末在产品	17 400	4 272	21 480	15 840	58 992

表 3-18　劳务成本计算单

开工日期:6月20日

批号:602　　　劳务名称:代修机床　　　完工日期:7月20日

项目	直接材料(元)	燃料和动力(元)	直接人工(元)	制造费用(元)	合计(元)
本月费用	2 000	2 268	10 920	7 560	22 748

表 3-19　自制设备成本计算单

开工日期:6月25日

批号:603　　　产品名称:自制设备　　　批量:1台　　　完工日期:

项目	直接材料(元)	燃料和动力(元)	直接人工(元)	制造费用(元)	合计(元)
本月费用	3 600	648	3 120	2 160	9 528

由于602批、603批产品本月尚未全部完工,不需要计算其完工产品成本。503批产品本月全部完工,因此其总成本便是该批产品成本计算单上所归集的生产费用合计。至于601批产品,其完工的产品按计划成本转出。编制如下会计分录:

借:库存商品——503批(甲产品)　　　　　　　　　　　　　　　210 300

```
                    ——601 批(乙产品)                              51 000
      贷:基本生产成本——503 批(甲产品)                          210 300
                    ——601 批(乙产品)                              51 000
```

五、简化的分批法

采用这种方法时,应设置"基本生产成本"二级账,账内按成本项目登记全部产品的生产费用和生产工时,并按月结出费用和工时累计数。在有完工产品的月份,按上述工时计算共同费用累计分配率,以此计算并转出完工产品总成本,未分配的共同费用余额及未完工的产品所发生的工时数仍反映在"基本生产成本"二级账中。

这种方法下的产品成本计算单仍按产品批别开设,在各批产品完工以前,单内只需按月登记各批产品分别发生的费用(如原材料费用)和工时,而不分配和登记共同费用。在某批产品完工月份,按该批产品的累计工时和"基本生产成本"二级账中的各项共同费用累计分配率,计算其应负担的共同费用,登记完工产品成本。如有某批产品跨月完工交货,应将该批产品的累计原材料费用和累计工时划分为完工产品和在产品两部分,按适当方法分配原材料费用,按完工产品工时(定额工时或实用工时)和共同费用累计分配率分配共同费用。

在同一月份内,生产批数较多而月末未完工产品批数也较多的小批、单件生产的企业中,不仅要在各批别之间按月分配共同费用,而且要在完工产品与在产品之间分配费用,相关的工作量相当繁重。为了简化费用的分配工作,可采用简化分批法,即累计共同费用分配法。

累计共同费用分配法是每月对已完工的各批产品按累计分配率分配共同费用,而对未完工的各批产品并不分别计算其应负担的共同费用,所以这是一种不分批计算在产品成本的分批法。

累计分配率及累计共同费用分配额的计算公式如下:

$$\text{全部产品某项共同费用累计分配率} = \frac{\text{全部产品该项共同费用合计}}{\text{全部产品累计工时}}$$

$$\text{某批完工产品应负担的某项共同费用} = \text{该项完工产品累计工时数} \times \text{全部产品该项共同费用分配率}$$

第四节 产品成本计算的分步法

一、分步法的特点和适用范围

产品成本计算分步法是按照产品的生产步骤归集生产费用、计算产品成本的一种方法。

它主要适用于大量、大批的多步骤生产,因为在这些企业中,产品生产可以分为若干个生产步骤进行。例如,纺织企业生产可分为纺织、织布、漂染等步骤。为了加强成本管理,不仅要求按照产品品种归集生产费用,计算产品成本,而且要求按照产品的生产步骤归集生产费用,计算各步骤产品成本,提供反映各种产品及其生产步骤成本计划执行情况的资料。

分布法的主要特点如下。

(一)成本计算对象

成本计算对象就是各种产品的生产步骤。因此,在计算生产成本时,应按照产品的生产步骤设立产品成本明细账。如果只生产一种产品,成本计算对象就是该产品及其所经过的各个生产步骤,产品成本明细账应该按照产品的生产步骤设立。如果生产多种产品,成本计算对象则应是各种产品及其所经的各生产步骤。产品成本明细账应该按照每种产品的各个步骤开立。在进行成本计算,分配和归集生产费用时,单设成本项目的直接计入各成本计算对象;不单设成本项目的费用,一般应先按车间、部门或者费用用途,归集为综合费用,月末再直接计入或者分配计入各成本计算对象。

需要指出的是,在实际工作中,产品成本计算的分步与产品生产步骤的划分不一定完全一致。例如,在按生产步骤设立车间的企业中,一般来讲,分步计算成本也就是分车间计算成本;如果企业生产规模很大,车间内又分成几个生产步骤,而管理上又要求分步计算成本时,也可以在车间内再分步计算成本。相反,如果企业规模很小,管理上也不要求分车间计算成本,也可以将几个车间合并为一个步骤计算成本。总之,应当本着简化计算的原则,确定成本计算对象。

(二)成本计算期

成本计算期与产品生产周期不一致,在大量大批生产条件下,产品重复不断地投入与产出,成本计算期无法与产品生产周期保持一致,只能定期按月计算产品成本。

(三)费用在完工产品与在产品之间的分配

在大量、大批的多步骤生产中,由于生产过程较长,可以间断,而且往往都是跨月完工,因此在月末计算产品成本时,各步骤一般都存在未完工的在产品。这样,计算完工产品成本和月末在产品成本还需要采用适当的分配方法,将汇集在生产成本明细账中的生产费用,在完工产品与在产品之间进行分配。

二、分步法的种类

多步骤产品的生产,上一步骤生产的半成品是下一步骤的加工对象,因此在采用分步法计算产品成本时,在各步骤之间还有半成品成本结转问题。

根据各个企业生产工艺过程的特点和成本管理对各步骤成本资料的要求(要不要计算半成品成本)不同,各生产步骤成本的计算和结转采用两种不同的方法:逐步结转和平行结转,因而产品成本计算的分步法也就相应分为逐步结转分步法和平行结转分步法两种。

(一)逐步结转分步法

1. 逐步结转分步法核算程序。在大量、大批多步骤生产中,有的产品制造过程是由一系列循序渐进的、性质不同的加工步骤所组成的。例如,棉纺企业生产工艺过程包括纺纱和织布两大步骤。在纺纱步骤中,原料(原棉)投入生产后,经过清花、梳棉、并条、粗纺、细纱等工序,纺成各种棉纱;然后送往下一车间进行织布步骤,其间经过络经、整经、浆纱、穿筘、织造等工序,织成各种棉布,再经过整理、打包,即可入库待售。

在这类生产中,从原材料投入到产品制成,中间要经过几个生产步骤的逐步加工,前面各步骤生产的都是半成品,只有最后步骤生产的才是产成品。与这类生产工艺过程特点相联系,为了加强对各生产步骤成本的管理,往往要求不仅计算各种产成品成本,而且要求计算各步骤半成品成本,因为这是成本计算的需要。以上述纺织企业为例,为了计算棉布的成本,先要计算棉纱的成本。有一些半成品为企业几种产品共同耗用,为了分别计算各种产成品的成本,也先要计算这些半成品的成本,因为这是成本控制的要求。实行厂内经济责任制的企业为了有效地控制各生产步骤内部的生产耗费和资金占用水平,也要求计算并在各生产步骤之间结转半成品成本,因为这是内部结算的需要。有些企业生产的半成品不完全为本企业自用,而经常作为商品对外销售,为了计算外售半成品成本,全面考核和分析产品成本计划的执行情况,也要求计算这些半成品成本。

综上所述,逐步结转分步法就是为了计算半成品成本而采用的一种方法。因此,这种方法也称为计算半成品成本分步法。

2. 逐步结转分步法的特点如下:

(1)各步骤都计算半成品成本,半成品成本的结转与半成品实物的结转一致,即半成品实物转移到哪一步骤,半成品成本也随之转移到该步骤产品成本明细账。

(2)各步骤产品成本明细账中的在产品成本是狭义在产品的成本,反映实存于各步骤的在产品实际占用的资金,即在产品成本按实物所在地归集。

逐步结转分步法的核算程序参见图3-1。

图3-1中,第一步骤完工半成品在验收入库时,应根据完工转出的半成品成本编制借记"自制半成品"科目,贷记"生产成本"科目的会计分录;第二步领用时,再编制相反的会计分录。如果半成品完工后不通过半成品库收发,直接转入下一步骤,半成品成本应在各步骤的产品成本明细账之间直接结转,不编上述分录。

从图3-1中的核算程序可以看出,采用这种分步法,每月月末各项生产费用(包括所耗上一步半成品成本)在各步骤产品成本明细账中归集以后,如果该步骤含有完工的半成品(最后步骤为产成品)的成本,还应将各步骤汇集的生产费用,采用适当的分配方法,在完工半成品(最后步骤为产成品)与正在加工的在产品之间进行分配,然后通过半成品成本的逐步结转,在最后一步骤的产品成本明细账中,计算出完工产品成本。上述核算程序表明,每一个步骤都是一种品种法,逐步结转分步法实际上是品种法的多项连续使用。

采用逐步结转分步法,按照结转的半成品成本在下一步骤产品成本明细账的反映方法,

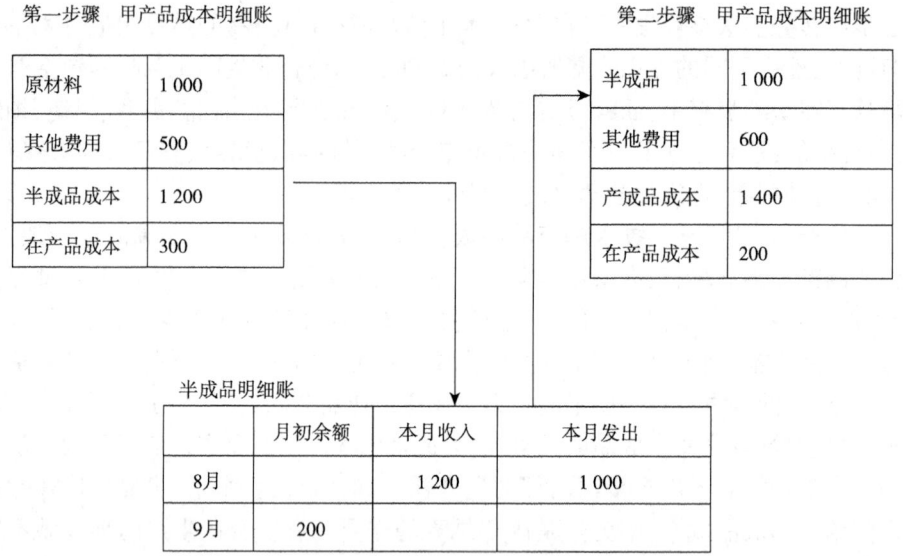

图 3-1 逐步结转分步法的核算程序

又可分为综合结转和分项结转两种方法。

(二)综合结转

综合结转法是将各步骤完工半成品的成本不分成本项目,而是以综合项目计入下一步骤成本计算单中"原材料"或"自制半成品"成本项目。半成品可按实际成本结转,也可按计划成本结转。

1. 按实际成本综合结转。采用这种方法,如果半成品直接在各生产步骤中转移,应将上步骤本月所产半成品的实际总成本转入下步骤成本计算单;如果半成品通过半成品库收发,"自制半成品"账户按实际成本计价,半成品验收入库时按实际成本入账。发出半成品时,由于各月入库半成品实际单位成本不同,因而应用加权平均、先进先出等方法计算发出半成品的实际单位成本,再乘以发出数量,即为发出半成品的实际成本。某步骤耗用上步骤所生产半成品的实际成本按耗用数量和时间单位成本计算并以其总额计入本步骤的产品成本计算单。

【例 3-3】假设某厂设两个基本生产车间生产甲产品,一车间生产的半成品由二车间继续加工为产成品。两车间的期末在产品均为未经验收的本车间已完工产品,按完工产品成本计算。半成品通过半成品库收发,发出半成品单位成本用加权平均法计算。

本年 8 月份一车间成本计算资料见表 3-20。

根据表 3-20 编制会计分录,并登记自制半成品明细账,见表 3-21。

借:自制半成品　　　　　　　　　　　　　　　　　　　　　　　111 240
　　贷:基本生产成本———一车间　　　　　　　　　　　　　　　111 240

表 3-20　产品成本计算单

××年 8 月

一车间：甲产品　　　月末在产品数量：100 吨　完工数量：900 吨　　　　　　　　单位：元

摘要	直接材料(元)	燃料和动力(元)	直接人工(元)	制造费用(元)	合计(元)
月初在产品成本	11 000	620	2 325	1 850	15 795
本月费用	74 000	4 380	16 275	13 150	107 805
合计	85 000	5 000	18 600	15 000	123 600
月末在产品成本	8 500	500	1 860	1 500	12 360
半成品总成本	76 500	4 500	16 740	13 500	111 240
半成品单位成本	85	5	18.60	15	123.60

表 3-21　自制半成品明细账

甲半成品　　　　　　　　　　　　　　　　　　　　　　　　　　　　　　　单位：元

月份	收入			发出			结存		
	数量(吨)	单位成本	总成本	数量(吨)	单位成本	总成本	数量(吨)	单位成本	总成本
7							200	120.3	24 060
8	900	123.60	111 240				1 100	123	135 300
8				800	123	98 400	300	123	36 900

二车间领用自制半成品时，根据半成品领用凭证：
　　借：基本生产成本——二车间　　　　　　　　　　　　　　　　　　98 400
　　　　贷：自制半成品　　　　　　　　　　　　　　　　　　　　　　　　98 400
二车间成本计算资料见表 3-22。

表 3-22　产品成本计算单

××年 8 月

二车间：甲产品　　　月末在产品数量：150 吨　完工数量：850 吨　　　　　　　　单位：元

摘要	自制半成品	直接材料	燃料和动力	直接人工	制造费用	合计
月初在产品成本	22 260	3 400	550	1 870	1 500	29 580
本月费用	98 400	21 600	3 850	12 430	11 600	147 800
合计	120 660	25 000	4 400	14 300	13 100	177 460
月末在产品成本	18 099	3 750	660	2 145	1 965	26 619
产成品总成本	102 561	21 250	3 740	12 155	11 135	150 841
产成品单位成本	120.66	25	4.40	14.30	13.10	177.46

二车间产成品验收入库时,根据产成品成本计算单和入库凭证,编制会计分录:

借:库存商品——甲产品　　　　　　　　　　　　　　　150 841
　　贷:基本生产成本——二车间　　　　　　　　　　　　150 841

在采用综合结转时,各步骤所耗上步骤半成品的成本以"原材料"或"自制半成品"成本项目综合反映在成本计算单中,成本计算步骤越多,最后步骤完工产成品的成本计算单中的"自制半成品"项目在产成品成本中所占比重越大。这样,不能据以填制按成本项目反映的成本报表。因此,在管理上要求取得按原始成本项目反映的成本资料时,就要进行成本还原,即把成本计算单中产成品耗用自制半成品的综合成本加以分解,还原成原材料、工资等原始成本项目。

成本还原通常采用的方法是:从最后一个步骤开始,将产成品成本中耗用上步骤自制半成品综合成本按照上步骤当月所产该种半成品的成本结构进行还原。首先计算成本还原分配率,即本月产成品所耗用上一步骤半成品与本月所产该种半成品成本之比,然后再用本月某项目成本乘以该分配率,即可得到本月产成品耗用上一步骤半成品中的该项目成本。其计算公式:

$$\text{成本还原分配率} = \frac{\text{本步骤所耗上一步骤半成品成本}}{\text{当期上一步骤半成品成本合计}}$$

$$\frac{\text{本月产成品耗用上一步骤}}{\text{半成品中某成本项目}} = \text{本月所产半成品中该成本项目} \times \text{成本还原分配率}$$

或者先分别计算本月所产半成品的各成本项目占总成本的比重(称为各项目成本还原率),并据以将当月产成品所耗用半成品的综合成本分解还原为各原始项目成本。其计算公式:

$$\text{某成本项目还原率} = \frac{\text{本月所产半成品中该成本项目数额}}{\text{本月所产半成品成本合计}}$$

$$\frac{\text{本月所耗半成品中}}{\text{该成本项目金额}} = \frac{\text{本步骤所耗上一步骤}}{\text{半成品成本}} \times \frac{\text{该成本项目还原率计算出产成品所耗}}{\text{半成品还原后的各成本项目的数额}}$$

如果成本计算步骤在两步以上,第一次还原后仍有一部分未还原的半成品成本,还应以同样方法计算还原率,将未还原的前一步骤的半成品成本再一次还原,直到产成品成本全部以原始成本项目反映为止。上例中二车间成品成本还原,见表3-23。

表3-23　产成品成本还原计算表
××年8月

甲产品　　　　　　　　　　　　产成品数量:850 吨　　　　　　　　　　　　单位:元

摘要	自制半成品	直接材料	燃料和动力	直接人工	制造费用	合计
还原前产成品成本	102 561	21 250	3 740	12 155	11 135	150 841
本月所产半成品成本		76 500	4 500	16 740	13 500	111 240

续表

摘要	自制半成品	直接材料	燃料和动力	直接人工	制造费用	合计
产成品成本中半成品成本还原（还原分配率：102 561/111 240＝0.921 98）	−102 561	70 531	4 149	15 434	12 447	0
还原后产成品总成本		91 781	7 889	27 589	23 582	150 841
还原后产成品单位成本		107.98	9.28	32.46	27.74	177.46

2. 按计划成本综合结转。按计划成本综合结转是第一步骤的半成品按计划单价计价，计算出各步骤完工产品的计划价格成本，厂部财会部门在各步骤成本计算完毕后集中计算半成品成本差异额和差异率，将产成品耗用半成品的计划成本调整为实际成本的方法。采用这种方法时，半成品应通过"自制半成品"账户核算。"自制半成品"账户下设置"自制半成品明细账""自制半成品成本差异明细账"。"自制半成品明细账"反映各种库存自制半成品收发结存的计划成本，"自制半成品成本差异明细账"反映各种自制半成品差异的发生、转出及结余额。在半成品品种较多的企业也可按半成品实际成本与计划成本的差额：贷方登记的差异转出额是销售的半成品和下步骤完工产品应负担的半成品成本差异额；其借方余额反映库存半成品和下步骤月末加工中在产品所负担的半成品成本差异额。账内实际成本小于计划成本的差异用红字登记。

【例3-4】假设上例甲产品成本按计划成本逐步结转，其成本计算资料如下。

第一车间成本计算单同例3-3，自制半成品资料见表3-24和表3-25。

表3-24　自制半成品明细账

甲半成品　　　　　　　　　计划单价：125元/吨

日期		收入		发出		结存	
月	日	数量（吨）	金额（元）	数量（吨）	金额（元）	数量（吨）	金额（元）
7	31					200	25 000
8		900	112 500			1 100	137 500
8				800	100 000	300	37 500

表 3-25 半成品成本差异额

甲半成品   单位:元

日期		摘要	借方		贷方		差异率(%)	余额	
月	日							计划成本	差异额
7	31	结余					-4.06	48 000	1 950
8		入库	112 500	1 260				160 500	3 210
8		转入本月完工产成品			106 250	2 125	-2	54 250	1 085

$$差异率 = \frac{月初结存半成品差异额 + 本月收入半成品差异额}{月初结存半成品计划成本 + 本月收入半成品计划成本}$$

$$= \frac{-1\ 950 + (-1\ 260)}{48\ 000 + 112\ 500}$$

$$= -2\%$$

二车间成本计算单见表 3-26。

表 3-26 产品成本计算单

××年 8 月

二车间:甲产品   月末在产品数量:150 吨   完工数量:850 吨   单位:元

摘要	自制半成品	直接材料	燃料和动力	直接人工	制造费用	计划价格成本
月初在产品成本	25 000	3 400	550	1 870	1 500	32 320
本月费用	100 000	21 600	3 850	12 430	11 600	149 480
合计	125 000	25 000	4 400	14 300	13 100	181 800
月末在产品成本	18 750	3 750	660	2 145	1 965	27 270
产成品总成本	106 250	21 250	3 740	12 155	11 135	154 530
产成品单位成本	125	25	4.40	14.30	13.10	181.80

厂部财会部门编制商品产品成本计算表,见表 3-27。

表 3-27　商品产品成本计算表

×× 年 8 月

甲产品　　　　　　　　　　　产量:850 吨　　　　　　　　　　　单位:元

摘要	自制半成品	直接材料	燃料和动力	直接人工	制造费用	合计
计划价格成本	106 250	21 250	3 740	12 155	11 135	154 530
半成品成本差异	-2 125					-2 125
实际总成本	104 125	21 250	3 740	12 155	11 135	152 405
实际单位成本	122.50	25	4.40	14.30	13.10	179.30

会计分录:

(1)一车间半成品入库:

借:自制半成品——甲半成品　　　　　　　　　　　　　112 500

　　　　　　——半成品差异　　　　　　　　　　　　　　1 260

　　贷:基本生产成本——一车间　　　　　　　　　　　　111 240

(2)二车间领甲半成品:

借:基本生产成本——二车间　　　　　　　　　　　　　100 000

　　贷:自制半成品——甲半成品　　　　　　　　　　　　100 000

(3)产成品入库:

借:库存商品　　　　　　　　　　　　　　　　　　　　152 405

　　贷:基本生产成本——二车间　　　　　　　　　　　　154 530

　　　　自制半成品——半成品成本差异　　　　　　　　　 2 125

　　采用按计划成本综合结转法,各步骤可以同时进行成本计算,最后由财会部门集中调整入库产成品、半成品成本差异。在月初库存半成品结存量超过本月耗用量时,本月产成品所耗半成品的成本差异额可按月初结存半成品的成本差异率进行计算。另外,在半成品品种较多的企业里,可按半成品类别计算成本差异,不必按半成品品种结转成本差异计算实际成本。因此,按计划成本进行综合结转有利于简化和加速成本计算,其成本水平不受上步骤成本水平的影响,便于对各步骤进行成本分析和考核,有利于经济责任制的贯彻。

　　综上所述,用综合结转的逐步结转分步法计算成本,可以分别反映各步骤耗用半成品的费用和发生的其他费用,有利于各步骤的成本管理,但成本还原工作量较大,特别是在用计划成本综合结转半成品成本时,工作量更大,因此,这种方法适宜于只需计算各步骤所耗半成品的费用总额而不要求进行成本还原的企业。

(三)分项结转

　　分项结转的逐步结转分步法是将各步骤所耗上步骤半成品的成本分别成本项目转入本步骤成本计算单。如果半成品通过半成品库收发,则"自制半成品明细账"中也要按成本项目登记半成品成本。采用分项结转一般是按半成品的实际成本进行结转(如按计划成本结转就要分别成本项目调整成本差异)。

【例 3-5】假设例 3-4 中甲产品的成本计算使用分项结转方法进行逐步结转。第一车间成本计算单资料同例 3-4，并根据资料编制表 3-28。二车间根据有关资料编制产品成本计算单(见表 3-29)。

表 3-28 自制半成品明细账

甲半成品 单位：元

月份	摘要	数量(吨)	成本项目				
			直接材料	燃料和动力	直接人工	制造费用	合计
7	月末结存	200	16 780	901	3 489	2 890	24 060
8	本月入库	900	76 500	4 500	16 740	13 500	111 240
	合计	1 100	93 280	5 401	20 229	16 390	135 300
	单位成本		84.80	4.91	18.39	14.9	123.00
	本月发出	800	67 840	3 928	14 712	11 920	98 400
	月末结存	300	25 440	1 473	5 517	4 470	36 900

分项结转能够直接、正确地反映成本项目的成本结构，省略了成本还原工作，便于编制按成本项目反映的产品成本报表；但是，这种方法的成本结转记账工作量大，在完工产品成本中不能分别看到耗用半成品费用和步骤发生的费用，不便于分步骤的成本管理活动。对各生产步骤来说，所注意的应是耗用半成品的数量和各步骤的费用支出，而不是所耗半成品及所产产品的原始成本结构。因此，分项结转只在要求按原始成本项目反映成本项目的情况下采用。

表 3-29 产品成本计算单

××年 8 月

二车间：甲产品　　月末在产品数量：150 吨　　完工数量：850 吨　　单位：元

摘要	直接材料	燃料和动力	直接人工	制造费用	计划价格成本
月初在产品成本	18 970	1 385	5 031	4 194	29 580
本车间本月费用	21 600	3 850	12 430	11 600	49 480
耗用半成品成本	67 840	3 928	14 712	11 920	98 400
合计	108 410	9 163	32 173	27 714	177 460
月末在产品成本	16 261.50	1 374	4 825.50	4 158	26 619
产成品总成本	92 148.50	7 789	27 347.50	23 556	150 841
产成品单位成本	108.41	9.16	32.17	27.71	177.46

(四)平行结转分步法

1. 平行结转分步法的特点及其核算程序。在有大量大批多步骤生产的企业中,若半成品不对外销售,管理上也不要求单独计算半成品成本,为了简化和加速产品成本计算工作,可采用平行结转分步法计算成本。

平行结转分步法是指各加工步骤不计算所产出的半成品的成本,也不计算以前步骤半成品的成本,而只归集本步骤发生的其他各项费用并计算它们应计入产成品成本的份额。平行结转是在汇总相同产品各步骤份额的基础上,计算产成品成本的一种方法。与逐步结转分步法相比,平行结转分步法虽然也按加工步骤归集生产费用,也需要将各步骤所归集的费用在完工产品与在产品之间划分,但是这里的费用、完工产品、在产品有不同的含义,这也体现了平行结转分步法的特点。

(1)平行结转分步法的费用,是各加工步骤本身发生的费用,不包括所耗用以前步骤半成品成本。这是因为各步骤半成品的成本资料不随实物转移,仍留在产出步骤的成本明细账中,即半成品的成本资料与实物相分离。

(2)平行结转分步法下的完工产品是指企业最终完工的产成品,而不是指本步骤完工的半成品,因而从本步骤产品成本明细账中转出的是完成了全部生产过程的最终产成品应负担的本步骤的费用份额,而不是本步骤完工半成品成本。而且由于各步骤费用都不包括所耗以前步骤半成品的成本,故而除第一步骤外,其余各步骤也不能提供各步骤产出的半成品的成本资料。

(3)平行结转分步法下的在产品,不是生产步骤范围说的单一在产品,而是从全企业范围来说的广义在产品。它不仅包括期末各步骤正在加工的在产品,还包括本步骤已加工完成并已交半成品库,或已转入以下各生产步骤,但尚未最终制成产成品的那些自制半成品,各步骤成本明细账转出产成品或本份额后的月末余额,反映广义在产品应负担的各项成本费用。即在生产的成本按发生费用的地点记录和反映,而不是按在产品实物所在地点记录和反映。采用平行结转分步法,不计算半成品成本,所以自制半成品不论是否通过半成品库收发,都不通过"自制半成品"账户核算,平行结转分步法的成本核算程序见图3-2。

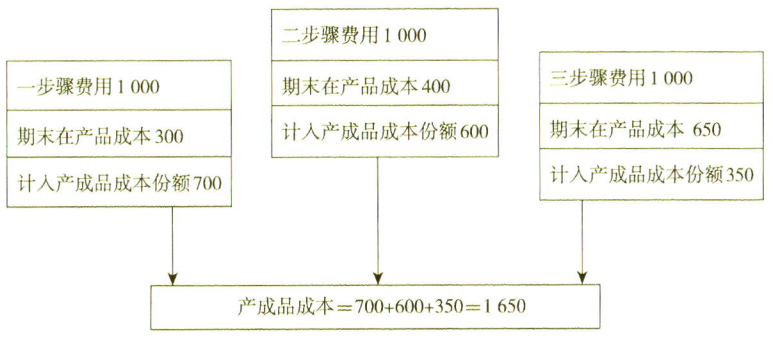

图3-2 平行结转分步法的成本核算程序

2. 生产费用在产成品和在产品之间的分配方法。采用平行结转法时,要把各步骤成本计算单中归集的生产费用在产成品和广义在产品之间进行分配,以便计算出各步骤生产费用应转入产成品的成本份额。生产费用在产成品和广义在产品之间进行分配的方法可采用约当产量比例法、定额比例法及在产品定额成本计价等方法。

(1)约当产量比例法。其计算公式如下:

$$\text{各步骤费用转入产成品成本的份额} = \frac{\text{期初本步骤在产品成本} + \text{本期本步骤发生费用}}{\text{本步骤期末在产品约当产量} + \text{以后各步骤期末在产品及库存半成品耗用本步骤半成品数量} + \text{产成品耗用本步骤半成品数量}} \times \text{产成品耗用本步骤半成品数量}$$

【例3-6】某工厂分两个步骤进行生产,材料于开始生产时一次投入,月末第一步骤加工中的产品10件,完工率50%;第二步骤加工中的产品8件,产成品20件。第二步骤在产品和产成品每件耗用第一步骤半成品2件,第一步骤月初在产品成本和本月本步骤发生费用合计数中原材料费用13 200元,加工费用9 150元。

$$\text{第一步骤原材料费用转入产成品成本份额} = \frac{13\ 200}{10 + 8 \times 2 + 20 \times 2} \times (20 \times 2) = 8\ 000(\text{元})$$

$$\text{第一步骤加工费用转入产成品成本份额} = \frac{9\ 150}{10 \times 50\% + 8 \times 2 + 20 \times 2} \times (20 \times 2) = 6\ 000(\text{元})$$

$$\text{第一步骤期末在产品原材料费用} = 13\ 200 - 8\ 000 = 5\ 200(\text{元})$$

$$\text{第一步骤期末在产品加工费用} = 9\ 150 - 6\ 000 = 3\ 150(\text{元})$$

(2)定额比例法。其计算公式如下:

$$\text{各步骤费用转入产成品成本的份额} = \frac{\text{期初本步骤在产品成本} + \text{本期本步骤发生费用}}{\text{本步骤期末在产品定额费用} + \text{以后各步骤在产品及库存半成品耗用本步骤半成品定额费用} + \text{产成品耗用本步骤半成品定额费用}} \times \text{产成品耗用本步骤半成品定额费用}$$

以上公式是先计算各步骤单位定额消耗的各项费用分配率,然后再根据产成品在本步骤的定额消耗量计算应转入产成品成本费用份额。

【例3-7】某工厂分两步骤连续进行生产,月初在产品成本和本月发生费用合计数中加工费用为第一步骤9 900元,第二步骤12 800元,按定额工时比例在产成品和期末在产品之间进行分配。产量、工时定额及定额工时消耗量的计算见表3-30。

表3-30 产量、工时定额及定额工时消耗量计算表

生产步骤	单位产品工时定额	定额工时消耗		
		第一步骤期末在产品10件	第二步骤期末在产品20件	产成品30件
一	6	6×10×50%=30	6×20=120	6×30=180
二	8		8×20×50%=80	8×30=240
合计	14	30	200	420

注:期末加工中在产品在本步骤的完工率按50%计算。

第一步骤加工费用转入产成品成本的份额 $= \dfrac{9\,900}{30+120+180} \times 180 = 5\,400(元)$

第二步骤加工费用转入产成品成本的份额 $= \dfrac{12\,800}{80+240} \times 240 = 9\,600(元)$

第一步骤期末在产品加工费用 $= 9\,900 - 5\,400 = 4\,500(元)$

第二步骤期末在产品加工费用 $= 12\,800 - 9\,600 = 3\,200(元)$

现将平行结转分步法举例如下。

【例3-8】假设某厂三个基本生产车间生产甲产品,原材料在开始生产时一次投入,由单个车间连续加工,采用平行结转法计算产品成本,生产费用在产成品和在产品之间用约当产量比例法分配,各步加工中的在产品完工率为50%。本年8月份产量资料见表3-31。

表3-31　8月份产量资料表　　　　　　　　　　　单位:件

车间	一车间	二车间	三车间
月初加工中在产品	4	6	8
本月投产或上车间转来	56	46	50
本月完工	46	50	40
月末加工中在产品	14	2	18

根据表3-31的资料及各车间费用编制产品成本计算单,见表3-32、表3-33、表3-34。

表3-32　产品成本计算单

一车间:甲产品　　　　　　　××年8月　　　　　　　单位:元

成本项目	月初在产品成本	本月费用	合计	分配标准			分配率	产成品成本中本车间份额	月末在产品成本
				产成品(件)	在产品(件)	合计			
直接材料	4 200	18 000	22 200	40	34	74	300	12 000	10 200
燃料和动力	365	1 310	1 675	40	27	67	25	1 000	675
直接人工	765	2 920	3 685	40	27	67	55	2 200	1 485
制造费用	780	2 704	3 484	40	27	67	52	2 080	1 404
合计	6 110	24 934	31 044	—	—	—		17 280	13 764

表 3-33　产品成本计算单

二车间：甲产品　　　　　　　　　××年 8 月　　　　　　　　　单位：元

成本项目	月初在产品成本	本月费用	合计	分配标准			分配率	产成品成本中本车间份额	月末在产品成本
				产成品（件）	在产品（件）	合计			
直接材料	—	—							
燃料和动力	252	810	1 062	40	19	59	18	720	342
直接人工	703	2 306	3 009	40	19	59	51	2 040	969
制造费用	636	1 901	2 537	40	19	59	43	1 720	817
合计	1 591	5 017	6 608	—	—	—	—	4 480	2 128

表 3-34　产品成本计算单

三车间：甲产品　　　　　　　　　××年 8 月　　　　　　　　　单位：元

成本项目	月初在产品成本	本月费用	合计	分配标准			分配率	产成品成本中本车间份额	月末在产品成本
				产成品（件）	在产品（件）	合计			
直接材料									
燃料和动力	190	1 672	1 862	40	9	49	38	1 520	342
直接人工	314	3 312	3 626	40	9	49	74	2 960	666
制造费用	250	2 151	2 401	40	9	49	49	1 960	441
合计	754	7 135	7 889	—	—	—	—	6 440	1 449

根据产品成本计算单编制产成品成本汇总计算表，见表 3-35。

表 3-35　产成品成本汇总计算表

××年 8 月

甲产品　　　　　　　　　产量：40 件　　　　　　　　　单位：元

成本项目	一车间	二车间	三车间	产成品总成本	产成品单位成本
直接材料	12 000			12 000	300
燃料和动力	1 000	720	1 520	3 240	81
直接人工	2 200	2 040	2 960	7 200	180
制造费用	2 080	1 720	1 960	5 760	144
合计	17 280	4 480	6 440	28 200	705

根据产成品成本汇总计算表和产成品入库凭证，编制会计分录：

借：库存商品——甲产品　　　　　　　　　　　　　　　　　　　28 200

    贷:基本生产成本——一车间   17 280
            ——二车间   4 480
            ——三车间   6 440

三、对分步法的评价

(一)平行结转法的优缺点和应用要求

1. 平行结转法的优点。此方法可以简化和加速成本计算工作,原因如下:①各步骤可以同时开始计算成本,不必互相等待半成品成本的逐步结转;②可以直接提供按规定成本项目反映的产品成本资料,不需要将成本还原。

2. 平行结转法的缺点。此方法存在以下缺点:①各步骤成本均不计算,因而也就不能提供完工半成品成本资料;②因为不结转半成品成本,所以除第一步骤之外,各步骤均不能全面反映包括所耗半成品在内的生产耗费水平;③除最后一个步骤外,各步骤成本计算单中的月末在产品成本,均为广义在产品成本,既包括本步骤加工中的产品成本,也包括本步骤已经完工、已转入下步骤继续加工、但尚未最后产成的本步骤半成品的成本,与各步骤实地盘存的在产品数量不一致,因此不利于在产品的实物管理和资金管理。

3. 应用要求。运用平行结转法的要求如下:①应加强各步骤废品损失的核算和在产品的清查工作,以便及时计算半成品加工报废损失和在产品盘亏损失,全面反映各步骤生产费用耗费水平;②应加强各步骤在产品收发结存的数量核算,以便为在产品的实物管理和资金管理提供资料。

(二)逐步结转法的优缺点和应用要求

1. 逐步结转法的优点。逐步结转法具有如下一些优点:①可以提供各步骤完工半成品成本资料;②各步骤成本计算单均登记所耗半成品成本费用,可以全面反映各步骤生产耗费水平;③各步骤成本计算单中的月末在产品成本均为狭义在产品成本,与实存于各步骤的在产品数量一致,有利于各步骤在产品的实物管理和资金管理。

2. 逐步结转法的缺点。逐步结转法不利于简化和加速成本计算工作,原因如下:①下一步骤的成本计算有待上步骤成本计算完成之后才能进行,步骤过多时必然会因为相互等待而影响成本的及时计算;②在综合结转的情况下,不能直接提供按规定成本项目反映的成本资料,往往还需要根据要求进行成本还原。

3. 应用要求。运用逐步结转法的要求如下:①应根据计算半成品成本的实际需要合理地划分生产步骤,不可过多,以减少因相互等待对成本计算工作的影响;②在需要按规定成本项目反映成本资料的情况下,尽量不采用综合结转的方法。

(三)逐步综合结转的优缺点和应用要求。

1. 逐步综合结转的优缺点。此方法具有如下优点:①按实际成本综合结转,半成品成本的结转和登记工作可以简化,各步骤成本计算单可以专项反映所耗半成品费用,便于考核和分析完工产品成本中所耗半成品费用的水平;②按计划成本综合结转,在半成品种类较多情况下,还可以简化和加速半成品收发的凭证计价和登记工作;③各步骤所耗半成品成本,按计划成本和成本差异分别反映,还可以看出上一步骤半成品成本节约或超支对各步骤的影响,便于成本的分析和考核。

2. 逐步综合结转法的缺点。此方法不能避免繁重的成本还原工作,目前可以实际运用的成本还原方法也不能保证还原结果完全合理。

3. 应用要求。运用逐步综合结转法的要求如下:①在管理上要求计算各步骤所耗半成品费用,而不要求进行成本还原的情况下,采用逐步综合结转的方法较为适宜;②由于不能直接反映企业产成品成本的分项结构,需加强对各月实际发生的生产费用进行分析的工作。

(四)逐步分项结转法的优缺点和应用要求

1. 逐步分项结转法的优点。此方法可以直接提供按规定成本项目反映成本资料,不需要进行还原,简便、直接。

2. 逐步分项结转法的缺点。此方法具有如下缺点:①半成品成本结转登记工作量较大;②各步骤完工产品成本中不能专项反映所耗上一步骤的半成品费用,不利于进行成本分析。

3. 应用要求。运用逐步分项结转法的要求如下:①在管理上不要求分别提供各步骤完工产品所耗半成品费用和本步骤加工费用资料,但在要求按规定成本项目反映产品成本资料的情况下,采用这一方法较为适宜;②更应合理划分生产步骤,避免因步骤过多而加重半成品结转和登记工作;③还需要对各步骤之间结转的半成品成本加强分析和考核。

第五节 产品成本计算的分类法

一、分类法的特点及其适用范围

产品成本计算分类法是指先按产品类别归集产品费用,计算各类完工产品的总成本,然后再按一定的标准分配计算类内各种或各规格产品成本的一种成本计算方法。

分类法的特点主要体现在成本计算对象的选择上。作为品种法的延伸,它是按一定的标准将若干品种或规格的产品归为一类,按产品的类别(将类别作为品种)计算各类产品的总成本,然后再采用适当的方法进行类内分配,分别计算出类内各种或各规格完工产品成本。相对品种法、分批法、分步法三种基本方法而言,分类法是成本计算的一种辅助方法,它主要是为了满足简化产品成本计算的需要。

分类法一般适用于使用同样原材料,通过基本相同的加工工艺过程,所生产的产品品种规格、型号繁多,可按一定标准予以分类的企业。通过采用分类法,可适当减少成本计算对象,简化成本计算工作。

分类法具体适用的情况有:

第一,相同原料、相同工艺生产出来的不同品种、规格、型号的产品。如食品厂生产的不同规格的饼干、面包,电子器件厂生产的不同规格的电容、电阻等电子器件。

第二,联产品的生产。即用同一原料进行加工,同时产出几种主要产品(联产品),如原油加工同时炼出汽油、煤油、柴油、石蜡、沥青等产品。

第三,主副产品生产。即主要产品生产过程中附带生产出的非主要产品(副产品),如炼铁过程中生产的高炉煤气、面粉厂中的麦皮等。

主要产品以外的零星产品生产,虽然其所耗材料、加工工艺不大相同,但为了简化成本计算工作,按照会计核算重要性要求,也可将其归为上述几类计算成本。

二、分类法的基本核算程序

首先,根据合理的标准划分类别,以产品类别作为成本计算对象开立产品成本明细账(产品成本计算单),归集生产费用。

其次,采用一定的方法对每类产品归集的生产费用进行完工产品和在产品的费用分配。

最后,采用适当的分配标准将各类完工产品总成本在类内进行分配,计算类内各品种、规格或型号产品的总成本和单位成本。

三、分类法下产品类别的划分

分类法按类别设置产品成本计算单,其目的是为了在保证产品成本资料相对准确的基础上,减少成本计算对象,简化生产费用的分配工作,因此,产品类别的划分应恰当。产品分类的要求有:

第一,应依据各种产品的性质、结构、用途等特点,把所耗原材料、加工工艺过程基本相同或相近的产品归为一类,以免存在不可比性,导致成本信息失真。

第二,类距划分要适当,既要防止类距划分过大,影响到类内各种或各规格、型号产品成本计算的相对准确性,又要防止类距划分过小,起不到简化核算工作的作用。

在多品种的情况下恰当的分类应既能合并成本计算对象,又能使产品成本的核算科学合理;在多规格多型号的情况下,恰当分类是分类法核算的前提。

四、类内完工产品成本在各产品之间的分配

按类计算出各类产品完工总成本之后,要将各类产品完工总成本,按照一定标准,采用适当方法在类内各品种、规格、型号产品之间进行再分配,以便计算出各品种、规格、型号的完工产品的总成本与单位成本。

(一)分配标准的选择

类内成本分配应选择与产品成本高低有密切联系的标准,主要有以下三类:

1. 与产品技术特征有关的标准,如性能、质量、重量、长度、体积等。
2. 与产品的消耗定额有关的标准,如定额消耗量、定额工时,定额成本等。

3. 与产品的经济价值有关的标准,如产品的货价等。

为使分配结果符合实际,必须尽量选择与产品成本高低有密切因果关系的前两类标准,在没有与产品成本高低有密切联系的标准时,可选用经济价值标准分配。不同的成本项目可选用不同的标准,分配标准确定后不宜经常变动,以免影响各期产品成本的可比性。

(二)成本划分方法

1. 定额比例法。在分类法下,对某类产品的总成本按照类内各种产品定额标准比例进行分配的方法称为定额比例法。采用定额比例法,要求企业具有比较齐全、稳定可靠的消耗定额。定额比例法的计算要点如下:

(1)分别成本项目,计算出各类产品的本月定额成本或定额消耗量总数。在实际工作中,为简化核算,通常只计算原材料的定额耗用量(定额成本)和定额工时,各成本项目分别根据原材料定额耗用量(定额成本)和定额工时的比例进行分配。

(2)分别成本项目求得各类产品的本月实际成本,并计算各成本项目的费用分配率。

$$某类产品某项费用分配率 = \frac{该类产品该项费用总额}{\sum 类内某产品产量 \times 该产品单位定额标准}$$

(3)将一类产品中各种产品分别成本项目计算的定额耗用量或定额成本乘以该项费用分配率,即可求得各产品的实际成本。

$$类内某产品某项费用实际成本 = 该产品产量 \times 该产品单位定额标准 \times 该项费用分配率$$

2. 系数法。采用分类法将各类产品的总成本在类内各产品之间分配时,将分配标准折合为相对固定的系数进行分配称为系数法。

系数法的计算要点如下:

(1)确定标准产品。在同类产品中选择一种产量大、生产稳定、规格比较适中的产品作为标准产品。

(2)确定各产品系数。将标准产品分配标准额确定为系数"1"。将其他产品的分配标准与标准产品的分配标准额相对比,分别求出各自分配标准额的系数。

这里的系数有单项系数和综合系数之分:单项系数是指用于分配不同成本项目的系数;综合系数是指适用于各成本项目分配的系数。

$$某产品单项系数 = \frac{该产品某项单项指标(如材料定额成本、定额工时等)}{标准产品该单项指标(如材料定额成本、定额工时等)}$$

$$某产品综合系数 = \frac{该产品单位定额成本(或售价)}{标准产品单位定额成本(或售价)}$$

(3)计算总系数。将各种产品的实际产量乘以该产品分配标准额的系数称为总系数或标准产品产量总数,即将各种产品的实际产量折合成标准产品的产量。

$$总系数(标准产品产量) = \sum (各产品实际产量 \times 该产品单项或综合系数)$$

(4)计算分配率。公式为:

$$某类产品某项费用分配率 = \frac{该类产品该项费用总额}{总系数(类内标准产品产量)}$$

(5)计算类内各产品成本。计算公式是:

某产品负担的费用 = 该产品产量 × 该产品系数 × 分配率

五、分类法核算举例

某工厂生产的甲类产品,包括 A、B、C 三种不同规格的产品,按系数法计算成本。甲类产成品的总成本已计算完毕(见甲类产品成本计算单)。在 A、B、C 三种产品中分配成本时,由于原材料消耗与产品重量有直接关系,因此其费用按重量系数进行分配,其他费用按定额工时比例分配。有关资料见表3-36 和表3-37。

表3-36 重量系数计算表

产品名称	单位产品重量(千克)	重量系数
A(标准产品)	2	1
B	2.4	1.2(2.4/2)
C	1.8	0.9(1.8/2)

表3-37 甲类产品成本计算单　　　　　　　　　单位:元

摘要	直接材料	燃料和动力	直接人工	制造费用	合计
月初在产品成本	26 000	2 352	1 930	2 455	32 737
产成品总成本	23 440	2 171	1 837	2 338	29 786
月末在产品成本	2 550	181	93	117	2 941

根据表3-36、表3-37 编制产品成本计算单,见表3-38。

表3-38 甲类完工产品成本计算单　　　　　　　　　单位:元

产品	产量(件)	直接材料(分配率40)			其他成本项目					总成本	单位成本
		分配标准		应分配金额	分配标准		应分配标准				
		系数	总系数		单件工时定额(小时)	定额工时总数(小时)	燃料和动力(分配率1.3)	直接人工(分配率1.1)	制造费用(分配率1.4)		
A	100	1	100	4 000	3.5	350	455	385	490	5 330	53.30
B	180	1.2	216	8 640	4	720	936	792	1 008	11 376	63.20
C	300	0.9	270	10 800	2	600	780	660	840	13 080	43.60
合计	—		586	23 440	—	1 670	2 171	1 837	2 338	29 786	—

六、联产品、副产品、等级品成本计算

(一)联产品成本计算

联产品是指企业利用同种原材料、在同一生产过程中生产出来的使用价值不同的几种主要产品。如原油经过提炼同时生产出的汽油、煤油、柴油等各种燃料油,甘蔗通过压榨等工序同时生产出白砂糖和砂糖等。

联产品的生产是联合生产,其特征是:同一资源在同一生产过程中投入,分离出两种或两种以上的主要产品,其中个别产品产出必然伴随其他联产品的同时产出。在联合生产过程中,个别产品的生产与否、生产数量多少无法与所耗资源个别确认。

各种联产品的产出,有的要到生产过程终了时才能分离出来,有的也可能在生产过程的某步骤就先分离出来,有些产品分离后可能还需要继续加工。分离点是联产品联合生产过程结束、各种产品可辨认生产的交界点。

联产品在分离前的联合生产过程中所发生的一切费用称为联合成本。它不可能按各产品分别归集生产费用并计算其成本,而只能将各产品作为一类产品,综合归集生产费用,并根据联产品生产的特点,采用具体的成本计算方法计算出它们的总成本,然后采用适当的分配方法,在分离点将成本在联合生产的各产品之间进行分配,以计算出各产品分离前的成本。至于有些联产品分离后可能继续加工的费用,可按分离后各产品分别归集。分离后的成本称为可归属成本。可归属成本加上联合成本在分离点分配给各联产品的成本,就构成该种产品整个生产过程的生产成本。

联产品成本计算与一般产品成本计算不同,要分为三个部分进行:①联产品分离点前联合成本的计算;②分离点联合成本的分配;③分离点后可归属成本的计算。

综上所述,联产品联合成本的计算和分配只能采用分类法,但与典型分类法不同,由于联合生产过程决定了无法准确找出联合成本发生与每种联产品产出之间的因果关系,所以从理论上讲,联合成本是不可分的。在实务中对联合成本的分配,其目的是对各联合产品存货进行估价,以确定净收益。对联合产品成本的分析,也只能按其全部产品的联合成本进行综合的分析。

(二)副产品成本计算

副产品是指使用相同原材料,在生产主要产品的同一生产过程中自然地附带生产出的非主要产品,如在提炼原油过程中附带生产出的沥青、原料油和漆油等。副产品与联产品相同之处在于两者都是联合生产过程的产出物,都不可能按每种产品归集生产费用,因而其成本计算都只能采用分类法。二者的区别主要在于它们价值的大小。联产品的单位价值大,在企业全部产品中所占比重也较大,是企业生产活动的主要目的;副产品一般单位价值低,在企业产品中所占比重小,是随主要产品生产附带产出的,不是企业生产活动主要目的。联产品和副产品的划分并没有一个绝对标准,应根据不同企业、不同时间的具体情况而定。

副产品成本计算主要是副产品的计价。由于副产品和主产品是在同一生产过程中生产

出来的,发生的生产费用难以划分清楚,所以从分离点前发生的联合成本中扣除的副产品成本往往采取简便方法计价。主要的计价方法有三种:一是不计算副产品的成本;二是将销售价格作为计价依据,销售价格减去因销售该副产品将发生的销售费用、税金以及分离后的加工成本和正常利润后,作为副产品应负担的成本从联合成本中扣除,这种方法通常适用于价值较高的副产品成本计价;三是按固定价格或计划成本计价。

(三)等级品成本计算

等级品是指品种相同但质量有所差别的产品,如纺织品、搪瓷器皿、电子器件等就常有等级品的生产。等级品与联产品、副产品相同之处在于都使用同种原材料,是经过同一生产过程而产生的。不同之处在于联产品、副产品之间产品的性质、用途不同,属不同品种产品,而等级品性质、用途相同,是同种产品。联产品、副产品的质量比较一致,其销售单价相同,而等级品不同等级质量间存在差异,其销售单价也不同。

等级品与非合格品也是不同的概念。等级品质量上的差别一般是在设计允许的范围内,不影响产品的使用价值;非合格品是等级以下的产品,其质量标准达不到设计的要求,属于废品范畴。等级品成本计算方法应根据企业具体情况和生产等级品的具体原因而确定。如果等级品是由技术操作不当或管理不善等主观原因导致的,在成本计算上不应有区别,应采用实物量分配法使各等级品的单位成本相同。对等级较低产品因售价低而造成的损失应如实反映,不能以盈补亏掩盖这种损失。如果等级品是由所用原材料质量或生产技术条件等客观原因造成的,在各等级品售价相差较大时,可以单位售价作为分配标准,采用系数法分配计算各等级品的成本。

思考与练习题

1. 馨园食品厂设有一个基本生产车间,生产饼干和面包两种产品,其生产工艺过程属于单步骤生产,根据生产特点和管理要求,确定采用品种法计算产品成本。假设有车间产生原材料、燃料和动力、直接人工和制造费用四个成本项目。该企业另设维修车间和运输部门两个辅助生产单位,为基本生产车间和管理部门提供劳务。20××年10月有关成本计算资料如下。

各种生产费用的分配方法:

(1)原材料费用的分配,按各种产品定额消耗量比例分配。本月两种产品定额消耗量分别为:饼干2 250千克,面包1 250千克。

(2)燃料和动力费用按产品定额消耗量比例分配。

(3)直接人工按生产工时比例分配。

(4)辅助生产费用采用直接分配法分配。

(5)制造费用按生产工时比例分配。

(6) 月末完工产品和在产品按约当产量比例法分配。

20××年10月产量资料为：本月入库产品产量为饼干2 500千克，面包1 800千克。月末在产品产量为饼干800千克，面包450千克。饼干月末在产品的完工程度为50%，面包月末在产品的完工程度为60%，饼干本月实际生产工时为4 400小时，面包为4 000小时。

月初在产品成本资料见表1。

表1　月初在产品成本资料

产品名称	直接材料	燃料和动力	直接人工	制造费用	合计
饼干	15 405	6 185	3 778.40	3 598	28 966.40
面包	12 350	2 026	3 255	1 437	19 068

该厂10月份发生的生产费用资料如下：

根据领退料凭证，汇总本月发出原材料共计99 350元，见表2发料凭证汇总表，原材料在生产开始时一次投入。

表2　发料凭证汇总表

20××年10月　　　　　　　　　　　　　　　单位：元

领料部门和用途	主要材料				辅助材料	包装物	修理用备件	合计
	面粉	白糖	奶油	鸡蛋	香精			
基本生产车间								
饼干产品耗用	20 000	5 000	5 000	20 000	500	3 500		54 000
面包产品耗用	10 000	4 000	4 500	10 000	400	3 800		32 700
两种产品共同耗用						8 050		8 050
基本车间一般耗用							2 000	2 000
维修车间耗用							1 000	1 000
运输部门耗用							1 200	1 200
厂部管理部门耗用						400		400
合计	30 000	9 000	9 500	30 000	900	15 750	4 200	99 350

月末，根据煤气表、电表度数和单位煤气价格、单位电价，本月应付外部煤气费7 000元，由饼干和面包两种产品共同承担；电费14 540元，其中饼干、面包生产动力用电12 250元，维修车间耗电650元，运输车间耗电540元，生产车间照明用电675元，管理部门照明用电425元。

根据本月工资结算单和工资汇总表，本月应付工资总额32 840元，其中，基本生产工人的工资为21 840元，车间管理人员工资1 800元，维修车间人员工资2 400元，运输部门人员工资3 200元，厂部管理人员工资3 600元。按工资总额的14%计提职工福利费。

根据固定资产折旧计算表,本月应提折旧 7 460 元。

根据"待摊费用"账户记录,本月应分摊财产保险费 3 195 元,其中基本生产车间 1 195 元,维修车间 800 元,运输部门 600 元,厂部管理部门 600 元。根据预提费用明细账,20××年第四季度预计借款利息为 1 440 元,每月预提利息 480 元。

本月以现金支付的费用有:基本生产车间办公费 378 元,维修车间办公费 318 元,运输部门办公费 172 元。

本月维修车间提供修理工时 720 小时。其中,为基本生产车间提供 600 小时,为运输部门提供 40 小时,为行政管理部门提供 80 小时。本月运输部门提供运输劳务量 2 400 吨千米。其中,为基本生产车间提供 810 吨千米,为维修车间提供 100 吨千米,为行政管理部门提供 1 490 吨千米。

要求:根据上述资料,采用品种法,登记产品成本明细账,计算各品种产品的完工产品成本和月末在产品成本,并列示成本核算过程和相关会计分录。

2. 某工业企业生产甲、乙两种产品,生产组织属于小批生产,采用分批法计算成本。20××年 10 月份有关资料如下:

0901 批号甲产品 10 台,9 月份投产,本月完工。

0902 批号甲产品 20 台,本月投产,完工 12 台,未完工 8 台。

0903 批号乙产品 10 台,本月投产,计划下月完工,月末提前完工 3 台。

0901 批号甲产品的月初在产品费用为:直接材料 8 000 元,直接人工 2 500 元,制造费用 3 000 元。

各批产品本月发生的生产费用如表 3 所示。

表 3　10 月各批产品生产费用表

批号	直接材料	直接人工	制造费用	合计
0901		1 500	1 500	3 000
0902	15 000	7 000	5 000	27 000
0903	6 000	2 500	4 000	12 500

0902 批产品的原材料在生产开始时一次投入,完工产品与月末在产品之间采用约当产量比例进行分配,在产品的完工程度为 40%。

0903 批号乙产品按计划成本结转,每台计划成本为:原材料 1 000 元,直接人工 400 元,制造费用 600 元。

要求:根据上述资料,采用分批法登记产品成本明细账,计算各批甲、乙产品的完工产品成本和月末在产品成本,并编制结转完工产品成本的会计分录。

3. 某企业生产甲产品。生产分为两个步骤,分别由两个车间进行。第一车间本月投入生产 1 000 件,完工半成品 900 件,之后直接转入第二车间继续加工,经第二车间加工完成,入库产成品800件。原材料于生产开始时一次投入。两个车间月末在产品的加工程度均为50%。本月发生费用如表4所示(无月初在产品费用)。

表4 生产甲产品发生费用

项目	直接材料	直接人工	制造费用
第一车间	200 000	95 000	142 500
第二车间		29 000	18 000

要求：

(1)按逐步综合结转分步法计算甲产品的半成品和产成品成本,完成两个车间的产品成本明细账(采用约当产量比例法分配完工产品与在产品费用)。

(2)对本月完工产品进行成本还原。

4.某企业生产甲产品分为两个生产步骤,分别由两个车间进行。第一车间生产半成品,交半成品库验收;第二车间按所需数量从半成品库领用,所耗半成品费用按全月一次加权平均单位成本计算。两个车间的月末在产品均按定额成本加价。第一车间和第二车间的基本生产明细账资料如表5、表6、表7所示。

表5 产品成本明细账

20××年11月

车间名称:第一车间　　　　产品名称:甲半成品　　　　产量:1 000件

项目	直接材料(元)	直接人工(元)	制造费用(元)	合计
月初在产品成本	32 000.00	6 000.00	2 000.00	40 000.00
本月生产费用合计	48 000.00	14 000.00	12 000.00	74 000.00
生产费用合计	80 000.00	20 000.00	14 000.00	114 000.00
结转完工半成品成本	72 000.00	18 000.00	12 000.00	102 000.00
月末在产品成本	8 000.00	2 000.00	2 000.00	12 000.00

表6 自制半成品明细账

半成品名称:甲半成品　　　　　　　　　　　　　　　　　计量单位:件

项目	数量	直接材料	直接人工	制造费用	合计
月初余额	500	42 000	12 000	6 000	60 000
本月增加					
合计					
单位成本					

续表

项目	数量	直接材料	直接人工	制造费用	合计
本月减少	1 200				
月末余额	300				

表7 产品成本明细账

20××年11月

车间名称：第二车间　　　　　产品名称：甲产品　　　　　产量：800件

项目	直接材料(元)	直接人工(元)	制造费用(元)	合计(元)
月初在产品成本(定额成本)	12 000	3 500	5 500	21 000
本月本步骤生产费用		8 000	15 000	23 000
本月耗用半成品费用				
合计				
产成品成本				
月末在产品成本(定额成本)	6 000	1 200	2 800	10 000

要求：

(1) 根据上述资料，登记完成产品成本明细账和自制半成品明细账，按逐步分项结转分步法结转半成品成本，计算产成品成本。

(2) 编制结转入库半成品成本和产成品成本的会计分录。

5. 某企业生产甲产品经过两个生产步骤，第一步骤为第二步骤提供半成品，第二步骤将半成品加工为产成品，直接材料在第一步骤开始时一次投入，成本计算采用平行结转分步法。各步骤计入产成品成本的费用采用定额比例法进行计算。某年11月份完工产量为500件，有关资料如表8和表9所示。

表8 第一步骤产品成本明细账

项目	直接材料		定额工时(小时)	直接人工(元)	制造费用(元)	合计(元)
	定额(元)	实际(元)				
月初在产品成本		10 400		6 200	6 800	
本月生产费用		58 000		19 000	20 800	
合计						
分配率						
应计入产成品成本份额	60 000		44 000			
月末在产品成本	12 000		16 000			

表9 第二步骤产品成本明细账

项目	直接材料		定额工时(小时)	直接人工(元)	制造费用(元)	合计(元)
	定额(元)	实际(元)				
月初在产品成本				1 008	960	1 968
本月生产费用				7 200	6 678	13 878
合计						
分配率						
应计入产成品成本份额			9 000			
月末在产品成本			2 400			

要求:

(1)根据上述资料,登记完成产品成本明细账和产品成本汇总表,并按平行结转分步法结转半成品成本。

(2)编制完工产品成本的会计分录。

拓展与感悟

智慧能源云平台促企业降本增效

智慧能源云平台以全国工业用能用户为目标客户,建立用能大数据平台,以数据为驱动,实现配售业务和综合能源数据服务的协同发展,为客户提供一站式智慧能源集成解决方案。通过整合更多资源和数据,实现横向多源互补,纵向"源—网—荷—储"协调,共享融合的新型能源体系,提高能源转化和使用效率。该智慧能源云平台将通过"线上数字云平台+线下采集服务"的模式为工业企业提供包括能源交易、节能环保、负荷管理、安全运行在内的全方位能源需求服务。该平台在企业降本增效中的应用非常广泛,主要集中于企业节能应用、企业降本应用和企业增效应用三个层级。

智慧能源云平台在企业节能应用领域中,主要以工业企业的能耗节能、生产线工序节能、设备节能等为重点应用领域,均可通过能源数据提供节能改造依据,利用能源数据报告提供相应能耗节能、生产线工序节能、设备节能的专业化服务,实现企业节能应用的目标。例如:四川南充某纺织厂,年用电量2 000万千瓦小时,通过企业智慧能源云平台的全面接入,利用数据分析,在变压器低压侧安装中央节能保护装置,从而提高了电能质量,节约了10%的电费支出成本,约120万元。

智慧能源云平台在企业降本应用领域中,主要以工业企业的能源交易、设备运维、资产管理等为重点应用领域,均可通过能源数据提供降低成本的依据,利用能源数据报告提供相应能源交易、设备运维、资产管理的专业化服务,实现企业降本应用的目标。首先,以能源交易最先实现降成本的目标,通过能源交易可普遍实现企业降低能源价格成本的5%。其次,利用能源数据进行设备运维,可节省运维团队的人员成本和维护成本,可节省运维人员维护成本10万元。最后,可实现降低企业资产管理的成本。通过能源数据化24小时在线监测,实时诊断企业设备状态,减少设备故障率,降低资本维护成本。

智慧能源云平台在企业增效应用领域中,主要以工业企业的重点能耗设备利用率、工艺改善、用能方式优化、能耗费节省等为重点应用领域,均可通过能源数据提供增效的依据,利用能源数据报告提供相应能源管理、用能改善等专业化服务,实现企业增效应用的目标。企业通过能源数据体检报告,提高重点能耗设备的利用率,增加工作小时数,优化设备运行方式,改善设备功率因素,可提高企业主要设备运行效率。设备的安全运行和效率运行也将实现企业的效益增加,单位产品使用能源成本更低,提升了产品的竞争力与价值,同时传导到企业的生产效益更好。

智慧能源云平台通过企业节能应用、企业降本应用和企业增效应用三个层级实现企业价值最大化,有助于实现社会主义核心价值观之"富强"目标。

参考资料:

[1]余蔚平.认真贯彻企业产品成本核算制度稳步推进管理会计体系建设[J].齐鲁珠坛,2014(1):2.

[2]梁竹.智慧能源云平台在企业降本增效中的应用研究[D].成都:西南石油大学,2019.

第四章

作业成本法

导 读

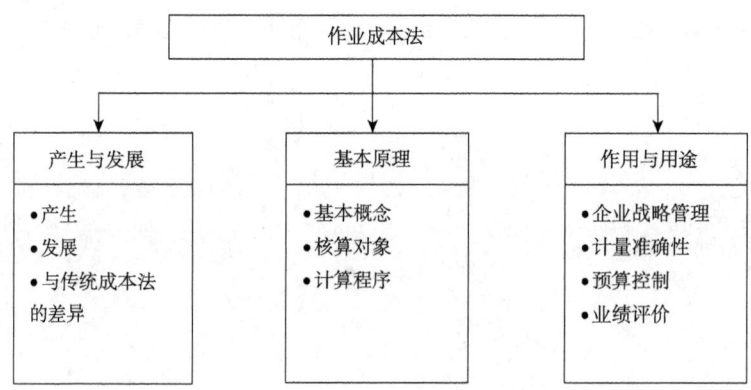

说明:

作业成本法是将间接费用更准确地分配到作业、生产过程、产品及服务中的一种成本计算方法,它不仅能提供相对准确的成本信息,还能提供改善经营管理的非财务信息。本章从作业成本法的产生与发展过程入手,对作业成本法的有关基本概念、程序及作用做了全面的分析。通过本章的学习,要求掌握作业成本法的基本理论,了解作业成本法对传统成本管理会计的冲击以及其在企业经营管理中的作用。

第一节 作业成本法的产生与发展

自 20 世纪初管理会计诞生以来,先后出现了"标准成本""预算控制""差异分析""成本性态分析""变动成本法""本量利分析""责任会计"等成本管理方法。它们的出现对提高会计与管理的相关性起到了重要的作用。但近二十年来,在电子技术革命的基础上产生了高度自动化的先进制造企业,带来了管理观念和管理技术的巨大变革,适时制(JIT)采购与制造系统以及与其密切相关的零库存、单元制造、全面质量管理等崭新的管理观念与技术应运而生。在先进的制造环境下,许多人工已被机器取代,因此直接人工成本比例大大下降,固定制造费用大比例上升。例如,在 70 年前大多数公司的间接费用仅为直接人工成本的 50%~60%,今天却为直接人工成本的 400%~500%;以往直接人工成本通常占产品成本的 40%~50%,而今天不到 10%,甚至仅占产品成本的 3%~5%。产品成本的结构变化如此重大,使得传统的"数量基础成本计算"方法(如以工时、机时为基础的成本分摊的方法)不能正确反映产品的消耗,从而不能正确核算企业自动化的效益,不能为企业决策和控制提供正确有用的会计信息,其最终后果是企业总体获利水平下降。

作业成本法(activity-based costing,ABC)是西方国家 20 世纪 80 年代末开始研究并于 90 年代在先进制造企业首先应用起来的一种全新的企业管理理论和方法。

作业成本计算与传统成本计算不同的是,分配基础(成本动因)不仅发生了量变,而且发生了质变。它不再仅限于传统成本计算所采用的单一数量分配基准,而是采用多元分配基准;它不仅局限于多元分配基准,而且集财务变量与非财务变量于一体,并且特别强调非财务变量(产品的零部件数量、调整准备次数、运输距离、质量检测时间等)。这种量变和质变、财务变量与非财务变量相结合的分配基础,由于提高了其与产品实际消耗费用的相关性,能使作业成本会计提供"相对准确"的产品成本信息。

作业成本法是为了改进成本核算信息的准确性而产生的,但作业成本法的发展促使成本核算和成本管理的范围与企业经营管理的范围相一致,推动了企业整体管理水平的提高。作业成本法不仅可以保证成本信息的准确性,同时还可以使成本管理方法在较低层面获得相关的成本信息,大大提高了成本管理的有效性。从这个角度讲,作业成本法改变了成本管理方法的信息基础,在新的成本信息支持下,对传统成本管理方法进行了批判继承,提供与企业管理和决策相关的成本信息,为企业改善经营管理提供非财务信息。作业成本法突破了"成本会计与生产相连"的传统观点,使成本会计在非制造行业和企业里得到了推广和应用。目前,不仅制造业在应用作业成本法,金融类公司、健康卫生业、商业批发及零售公司等也都在应用它。

第二节 作业成本法的基本原理

一、作业成本法的有关基本概念

作业成本法是一个以作业为基础的管理信息系统。作业成本计算法是把企业消耗的资源按资源动因分配到作业,然后将作业收集的成本按成本动因分配到成本对象(产品)的核算方法。所谓资源动因,是指资源被各作业消耗的方式和原因。资源动因反映了作业对资源的消耗状况,因而是把资源库价值分解到各作业库的依据。

作业成本法的理论基础是:生产导致作业的发生,作业消耗资源并导致成本的发生,产品消耗作业。因此,作业成本法下成本的计算程序就是把各资源库成本分配给各作业,再将各作业成本库成本分配给最终产品或劳务。

作业成本法通过对作业及作业成本的确认、计量,最终计算出相对真实的产品成本;同时,作业成本法也通过对所有与产品相关联作业活动的追踪分析,为尽可能消除"不增值作业"、改进"增值作业"、优化"作业链""价值链"以及增加"顾客价值"提供有用信息,使损失、浪费减少到最低限度,提高决策、计划、控制的科学性和有效性,最终达到提高企业的盈利能力和市场竞争能力,提升企业价值的目的。

(一)作业的概念

作业是工作的各个单位(units of work)。作业的划分是从产品设计开始,到物料供应,再到生产工艺流程(各车间)的各环节及质量检验、总装、发运销售的全过程。作业的类型和数量会随着企业的不同而不同。常见的分类方法是将作业按作业水平的不同,分为单位水平作业(unit level activities)、批水平作业(batch level activities)、产品水平作业(product level activities)及维持水平作业(facility level activities)四类。

单位水平作业是生产单位产品时所从事的作业,如直接材料和直接人工成本等。这种作业的成本与产量等成比例变动,即如果产量增加1倍,直接人工成本也会相应增加1倍。

批水平作业是生产每批产品而从事的作业,如对每批产品的机器准备、订单处理、原料处理、检验及生产规划等。这种作业的成本与产品批数成比例变动,是该批产品所有单位产品的固定(或共同)成本。例如,机器从生产某批产品,转向生产另一批产品时,就需要进行准备。生产批数越多,机器准备成本就越多,但与产量多少无关。

产品水平作业是为支援各种产品的生产而从事的作业,这种作业的目的是服务于各项产品的生产与销售,如对一种产品编制材料清单、数控规划、处理工程变更、测试线路等。这种作业的成本与单位数和批数无关,但与生产产品的品种成比例变动。

维持水平作业是为维持工厂生产而从事的作业,如工厂管理、供暖气、照明及厂房折旧等。这种作业的成本,为全部生产产品的共同成本。

(二) 成本动因

成本动因是决定执行作业所需的工作量和工作耗费的因素,这些因素既包括本作业与前一作业相关的因素,也包括本作业内部的因素。成本动因解释了作业(或作业链)发生的原因。例如,搬运工作的发生,是因为在生产布局时,车间与仓库没有安排在一起。或者说,由于车间与仓库之间存在距离,引起搬运工作的发生。作业的发生也可由前一事件引起。例如,顾客的订单引起生产一批零件的计划。成本动因不仅能解释作业产生的原因,还能解释执行工作所需耗费的增减变动,如从前一作业收到的零件有缺陷会增加本作业所需的耗费。

(三) 价值链

价值链是开发、生产、营销和向顾客交付产品与劳务所必须进行的一系列作业的价值。价值链的形成过程与作业链的形成过程是一致的。根据作业成本法原理,产品消耗作业,作业消耗资源,具体关系是:每完成一项作业就消耗一定量的资源,同时又有一定价值量的产出转移到下一个作业,直至最后一个步骤——将产品提供给顾客。伴随作业的转移,价值也在转移,作为全部作业的集合体的产品,同时也表现为全部作业的价值集合。通过进行价值链分析,企业可以清楚地认识到每一价值链活动所产生的成本,再将其与竞争对手相应价值链成本进行对比分析,可以找出降低成本的策略,进而获得成本优势,在竞争中处于有利地位。

二、作业成本法的核算对象

在作业观念下,企业的生产经营过程被区分为互补互斥的若干作业,这些作业分别以各自不同的形式耗费资源价值,又分别以不同的方式为最终产出提供服务。产品成本表现为各类资源流出的价值经由作业流入产品这个物质聚合体的价值和。由于每种资源被多种作业吸纳,每项作业又服务于多种产品,因此,要计算产品成本,并同时满足成本控制和生产过程分析的要求,资源、作业、最终产品等都有必要作为成本计算对象,成为归集和分配价值耗费的独立环节。

第一,以资源作为成本计算对象是指在资源层次对资源进行分类,为每类资源设立资源库,从而在价值形成的最初形态上反映被最终产品吸纳的各类资源耗费价值。资源是企业生产耗费的最原始形态。如果把整个企业看成是一个与外界进行物质交换的投入产出系统(作业系统),所有进入该系统的人力、物力、财力等都属于资源范畴。因此,资源可以简单地区分为货币资源、材料资源(对象资源)、人力资源、动力资源(手段资源)等几类。把资源作为成本计算对象,有利于在资源层次把握各类耗费的合理有效性。资源是一个物质范畴,资源进入作业系统,并非都被消耗,即使被消耗,也不一定是对最终产出有意义的消耗。因此,在计算产品成本时,一般只把有意义的资源耗费价值计入作业成本,无益于产品形成的资源耗费价值应通过期间费用汇集,不计入作业成本。

第二,作业无疑是作业成本计算法下最基本的成本计算对象。在作业分类的基础上,应对各项作业设立成本库,汇集各项作业实际吸纳的有效资源耗费价值。由于作业可从被区分为增值作业和非增值作业,同样,我们一般也只将增值作业耗费价值计入产品成本,而将非增值作业耗费价值计入期间费用。以作业作为成本计算对象不仅有利于相对准确地计算产品成本,还有利于成本分析和考核。既然作业吸纳了资源,那么搞清了作业状况就等于搞清了资源耗费状况,而减少了作业,就堵塞了资源耗费的渠道,因此,以作业为成本计算对象,有利于企业降低产品成本。

第三,最终产品作为成本计算对象体现了成本计算的终极目标,应分别不同产品开立成本计算单,按作业种类设立成本项目来汇集参与该产品制造的各作业转入的价值。

需要指出的是,以上分析只是就小规模制造企业而言的。大型制造企业一般都可以按产品系族划分为若干个制造中心,每个制造中心一般只生产某一系族产品,每个制造中心即相当于一个集供、产、销于一体的小型企业。如果某个企业或制造中心包含的作业种类很多,我们还可以依据工作组合的可独立性和工作组合内容的可分解性将这些作业区分为一个个作业中心,每个作业中心包含若干项同类项作业,共同负责完成某一项特定的产品制造功能。这时,作业中心和制造中心也应作为成本计算对象归集和分配价值耗费。在这种情况下,作业中心和制造中心既是成本计算对象,又是责任考核中心。

三、作业成本计算的程序

第一步:确认和计量各种资源耗费,将资源耗费价值归集到各资源库。资源是企业生产耗费的最原始形态。有关各类资源耗费的信息可以从一个企业的总分类账中得到。值得一提的是,作业成本计算法并不改变企业所耗资源的总额,它改变的只是资源总额在各种产品之间的分配额以及资源总额在存货和销售成本之间的分配额。

第二步:把资源分配到各作业成本库。作业量的多少决定着资源的耗用量,资源耗用量的高低与最终的产出量没有直接关系。这种资源耗用量与作业量的关系一般被描述为资源动因。确立资源动因的原则是:若某一项资源耗费能直观地确定其为某一特定产品所消耗,则直接计入该特定产品成本,此时资源动因也是作业动因,该动因可以认为是"终结耗费",材料费往往适用该原则;如果某项资源耗费可以从发生领域上划分为各作业所耗,则可以直接计入各作业成本库,此时资源动因可以认为是"作业专属耗费",各作业各自发生的办公费一般适用这种原则,各作业按实付工资额核定应负担工资费时,也适用这一原则;如果某项资源耗费从最初消耗上呈混合耗费形态,则需要选择合适的量化依据将资源耗费分解、分配到各作业,这个量化依据就是资源动因,如动力费一般按各作业实用电力度数分配,等等。

在成本计算过程中,各资源库价值应根据资源动因一项一项分配到特定范围内各作业成本库中去,将每个作业成本库中转入的各项资源价值相加就形成了作业成本库价值。

第三步:选择作业动因,将各作业成本库价值分配计入最终产品或劳务成本计算单,计算完工产品或劳务成本。该成本计算步骤应遵循的作业成本计算规则是:产出量的多少决定着作业的耗用量,这种作业消耗量与产出量之间的关系也就是作业动因。

作业动因是将作业成本库成本分配到产品或劳务中去的标准,也是将作业耗费与最终产出相沟通的中介。如订单作业是批次动因作业,我们只需将该作业成本库成本除以当期订单份数得到分配率,再将此分配率乘以某批产品所用订单份数,即可得到应计入该批产品成本计算单"订单"成本项目中的价值。

把成本库成本计入各产品成本计算单以后,如何得出完工产品成本是一个简单问题。如果把作业成本计算法应用于财务会计,在期末有必要在完工产品与在产品之间分配成本,此时,应根据成本计算单分别计算各作业项目,将各作业项目价值除以该作业处理该产品约当产量数即可得到单位产品成本中该作业项目要素价值,各作业项目要素价值相加即为单位完工产品成本。

影响作业成本计算法下的成本计算程序的关键概念是资源动因和作业动因。资源动因和作业动因可以合称为成本动因。在成本会计中,正是由于作业观念的指导,可导入成本动因概念,成本计算方法被改良了,用改良后的方法计算出的成本会计信息的决策相关性极大地提高了。

【例4-1】某厂生产了两种产品A和B,20××年公司预计销售A产品50 000件和B产品150 000件。两种产品均消耗直接人工成本,该厂预计在20××年消耗200 000直接人工工时(50 000小时用于生产A产品;150 000小时用于生产B产品)。预计发生的间接费用为14 000 000元,目前该厂使用直接人工工时作为分配基础。由于要更准确地估计产品成本,拟建立作业成本体系来分配成本。产品A和产品B发生的直接成本如表4-1所示。虽然A产品和B产品所需的单位产品直接人工工时是一样的,但是A产品要更为复杂一点,需要耗费更多的机器工时、生产准备、测试和检测。

表4-1 直接成本统计表　　　　　　　　　　　　　　　　单位:元

成本类型	50 000件A产品		150 000件B产品		合计 (3)=(1)+(2)
	单位成本	总成本(1)	单位成本	总成本(2)	
直接材料	60	3 000 000	30	4 500 000	7 500 000
直接人工	20	1 000 000	20	3 000 000	4 000 000
总直接成本	80	4 000 000	50	7 500 000	11 500 000

为建立作业成本体系,首先辨识作业和作业成本库。公司采取了特定的分析程序来辨别成本库和成本动因。经辨识,该厂有七种作业成本库及成本驱动,按作业水平的不同可划分为四个层次(见表4-2)。

表 4-2 作业成本库与成本动因

作业类型	作业成本库	成本动因	解 释
单位水平作业	装配	机器工时	装配费用随着装配机器工时的增加而增加
批水平作业	生产准备	准备数量	准备作业的成本随着准备数量的增加而增加
	质量检验	检验时间	质量检验随着检验时间的增加而增加
	包装和运输	运输数量	准备运输批次的费用随着运输数量的增加而增加
产品水平作业	材料接收与处理	材料数量	材料接收与处理的费用随着接收材料数量的增加而增加
	产品检测	检测数量	产品检测发生的成本随着检测数量的增加而增加
维持水平作业	工厂管理	直接人工工时	管理部门支持直接生产人工,因此管理成本随着生产人工工时增加而增加

其次,按照作业成本法的计算步骤进行计算。

第一步:将间接费用 14 000 000 元分配到各个作业成本库[如表 4-3 中的(a)列所示]。

单位水平作业为装配,两种产品消耗的装配成本是 480 000 和 720 000 元,合计 1 200 000 元。

批次水平作业包括生产准备、质量检验、包装和运输,批次成本总共为 4 300 000 元。按照批次分配 2 200 000 元到生产准备、600 000 元到质量检验、1 500 000 元到包装和运输。

产品水平作业包括材料接收与处理以及产品检测,产品水平总共为 5 400 000 元,按照产品水平分配 3 000 000 元到材料接收与处理,分配 2 400 000 元到产品检测。

维持水平作业分配给工厂管理 3 100 000 元。

第二步:用总费用与成本动因的比值计算作业成本率,如表 4-3 中的(c)列所示。

表 4-3 作业成本率计算表   单位:元

作业成本库	期望的费用 (a)	期望的作业水平——成本动因			成本动因描述	作业成本率 (c)=(a)÷(b)
		A 产品	B 产品	合计(b)		
装配	1 200 000	100 000	150 000	250 000	机器工时	4.8 元/小时
生产准备	2 200 000	2 000	2 000	4 000	准备数量	550 元/次
质量检验	600 000	25 000	50 000	75 000	检验时间	8 元/小时
包装和运输	1 500 000	1 000	1 500	2 500	运输数量	600 元/批
产品编制材料清单	3 000 000	500 000	750 000	1 250 000	材料数量	2.4 元/件
产品检测	2 400 000	25 000	5 000	30 000	检测数量	80 元/件
工厂管理	3 100 000	50 000	150 000	200 000	直接人工工时	15.5 元/小时
合计	14 000 000	—	—	—		

第三步:将各作业成本库价值分配计入最终产品,计算程序如表 4-4 所示。

表 4-4　作业成本法成本分配表　　　　　　　　　　　　　　单位:元

作业成本库	A 产品		B 产品	
	期望作业水平(1)	成本(1)×(c)	期望作业水平(2)	成本(2)×(c)
装配	100 000	480 000	150 000	720 000
生产准备	2 000	1 100 000	2 000	1 100 000
质量检验	25 000	200 000	50 000	400 000
包装和运输	1 000	600 000	1 500	900 000
产品编制材料清单	500 000	1 200 000	750 000	1 800 000
产品检测	25 000	2 000 000	5 000	400 000
工厂管理	50 000	775 000	150 000	2 325 000
总费用		6 355 000		7 645 000
产量		50 000 件		150 000 件
每单位费用		127.10		50.97

在单位水平作业上,生产每单位 A 产品消耗 2 个机器工时,生产每单位 B 产品消耗 1 个机器工时,所以 A 产品消耗 100 000 小时机器工时(2 小时/件×50 000 件),B 产品总共消耗 150 000 小时机器工时(1 小时/件×150 000 件)。

在批水平作业上,无论批次中包含的产品个数为多少,单位批次成本是固定的,因此总批次成本随着批次增加而增加。由于 A 产品的生产更为复杂,所以 A 产品需要更多的准备数量、检验时间和运输数量。根据表 4-4,产品 A 和 B 的"生产准备""质量检验""包装和运输"的成本计算可得:A 产品单位批次成本 38.00 元/件[(1 100 000+200 000+600 000)÷50 000],比 B 产品的 16.00 元/件[(1 100 000+400 000+900 000)÷150 000]更高。

在产品水平作业上,工程师花费更多时间在 A 产品上,更频繁而系统地检测产品。因此,更多成本发生在 A 产品上。

在维持水平作业上,维持水平上的成本与两条生产线没有直接的因果关系,因此该厂可选择的作业分配基础非常多,在本例中选择了直接人工工时,但是其他分配基础也是合适的,例如产量、机器工时等。

根据作业成本法分配之后的间接费用汇总形成成本统计表,如表 4-5 所示。A 产品的单位成本为 207.10 元/件,B 产品的单位成本为 100.97 元/件。

表 4-5　作业成本法计算的总成本表　　　　　　　　　　　　单位:元

成本类型	50 000 件 A 产品		150 000 件 B 产品		合计(3)=(1)+(2)
	单位成本	总成本(1)	单位成本	总成本(2)	
直接材料	60	3 000 000	30	4 500 000	7 500 000
直接人工	20	1 000 000	20	3 000 000	4 000 000

续表

成本类型	50 000 件 A 产品		150 000 件 B 产品		合计(3)=(1)+(2)
	单位成本	总成本(1)	单位成本	总成本(2)	
总直接成本	80	4 000 000	50	7 500 000	11 500 000
间接费用	127.10	6 355 000	50.97	7 645 000	14 000 000
合计	207.10	10 355 000	100.97	15 145 000	25 500 000

具体分配过程可总结如下(见图 4-1)。

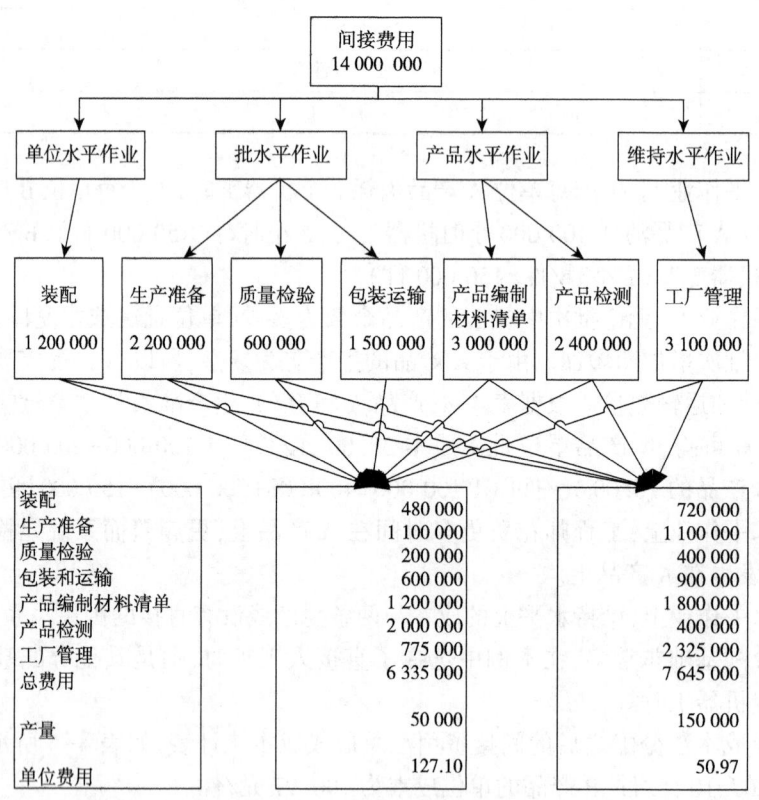

图 4-1 间接费用分配过程

在传统成本法下,使用直接人工工时作为分配基础,间接费用的分配率为 70 元/小时 (14 000 000÷200 000),因此计算的 A 产品的单位成本为 150 元/件,B 产品的单位成本为 120 元/件,如表 4-6 所示。

表 4-6　传统成本法计算的单位成本　　　　　　　　　　　　　　单位:元

成本类型	50 000 件 A 产品		150 000 件 B 产品		合计(3)=(1)+(2)
	单位成本	总成本(1)	单位成本	总成本(2)	
直接材料	60	3 000 000	30	4 500 000	7 500 000
直接人工	20	1 000 000	20	3 000 000	4 000 000
制造费用	70	3 500 000	70	10 500 000	14 000 000
合计	150	7 500 000	120	18 000 000	25 500 000

通过比较不同方法下的结果,可以看出,A 产品以作业为基础的分配结果(207.10 元)与以工时为基础的分配结果(150 元)发生了 38% 的差异,这表明产量低、复杂程度高的 A 产品所负担的间接费用在传统成本制度下被少计了很多,反之产量高、复杂程度低的 B 产品所负担的间接费用在传统成本制度下被多计了。

四、作业成本核算与传统成本核算的区别

在传统成本核算制度下,成本计算的目的是通过各种材料、费用的分配和再分配,最终计算出产品生产成本(见图 4-2);在作业成本制度下,发生的间接费用或间接成本先在有关作业间进行分配,建立成本库,然后再按各产品耗用作业的数量,把作业成本计入产品成本(见图 4-3)。它们的区别主要表现为:

第一,成本核算对象不同。传统产品成本核算对象是产品,作业成本的核算对象是作业。作业是企业为提供一定量的产品或劳务所消耗的人力、技术、原材料、方法和环境的集合体。

第二,成本计算程序不同。在传统成本核算制度下,所有生产有关成本都分配到产品中去,其程序是"资源—成本—产品"。与传统成本制度相比,作业成本制度要求首先确认费用单位从事了什么作业,计算每种作业所发生的成本;然后,以这种产品对作业的需求为基础,将成本追踪产品,其计算程序是"资源—作业—产品"。作业成本采用的分配基础是作业的数量化,是成本动因。

第三,成本核算范围不同。在传统成本核算制度下,成本的核算范围是产品成本。在作业成本制度下,成本核算范围有所拓宽,建立了三维成本模式:第一维是产品成本,第二维是作业成本,第三维是动因成本。作业成本核算下的这三维成本信息,不仅消除了传统成本核算制度扭曲的成本信息缺陷,而且信息本身能够使企业管理当局改变作业和经营过程。

第四,费用分配标准不同。在传统成本核算制度下,间接费用或间接成本的分配标准是工时或机器台时。在作业成本核算制度下,首先要确认费用单位从事了什么作业,计算每种作业所发生的成本;然后,以产品对这种作业的需求为基础,经过原材料、燃料和人力资源转换成产成品的过程,将成本追踪到产品,因而作业成本采用的分配基础是作业的数量化,是成本动因。图 4-2、图 4-3 清楚地说明了这一区别。

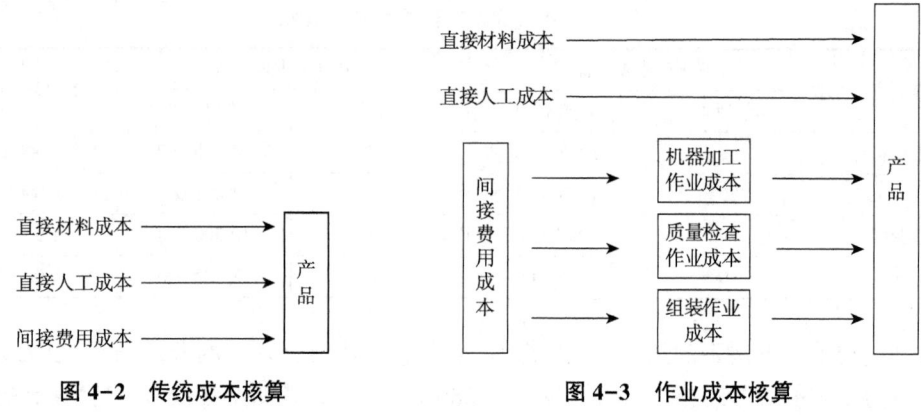

图 4-2　传统成本核算　　　　图 4-3　作业成本核算

第三节　作业成本法的作用

一、作业成本法有利于企业战略管理

战略管理是对企业的生产经营活动实行总体性管理的过程,是企业制定和实施战略的一系列管理决策与行动,其核心问题是使企业自身条件与环境相适应,求得企业的生存与发展,以期达到企业的预期目标。作业成本法将企业作为一个职能价值链来看待[①],这个职能价值链是由研究与开发、产品及服务或生产过程的设计、生产、营销、配送、客户服务这样一系列企业职能组成,企业通过这些职能逐步使其产品或劳务具有有用性,并以多职能为中心进行管理。传统成本法主要关注企业的生产职能,忽视了企业的其他职能。有资料表明:产品成本的 60%~80%,在产品设计阶段就已经确定了;产品成本的 90%~95%,在产品工艺流程阶段就已经确定了。因此,产品一旦投入生产,降低成本的潜力就不大了。作业成本法把企业看作是多职能组合的价值链,立足于这种价值链进行管理。它将成本视野向前延伸到产品的市场需求,分析相关技术的发展态势;向后延伸到顾客的使用、维修及处置阶段,尤其重视在产品投产前设计阶段的成本控制,这样有利于企业实施战略管理。

二、作业成本法下的成本信息具有"相对准确性"

在传统的成本制度下,对于产量高、复杂程度低的产品,其核算成本高于实际发生的成本,而产量低、复杂程度高的产品成本往往低于其实际发生的成本,所以产品成本的准确性

---

① 亨格瑞.成本会计[M].刘力,黄慧馨,译.北京:中国人民大学出版社,1998.

受到很大影响。在作业成本法下,产品成本的核算是以活动量成本驱动因素作为产品成本计算的基础,使成本核算与作业的分析有机结合,提高了成本信息的相对准确性,从而提高了企业管理当局生产经营决策的科学性和正确性。

三、作业成本法有利于完善传统管理会计的预算控制及业绩评价系统

传统的预算控制制度是以标准和计划为依据,以差异分析为基础。费用分配基础的单一化,使得费用分析和业绩报告缺乏可信性。作业成本法下的预算和控制系统将预算建立在作业分析的基础之上,使得以单一数量为基础的差异分析转向以成本动因为基础的多因素分析。同时,企业内部的业绩评价指标也由仅仅是单一的财务指标分析,发展成财务指标与非财务指标相统一的分析体系。

总之,作业成本法给传统管理会计带来了冲击,促使管理会计范围、对象、目的进一步得到扩展,理论体系得以进一步完善,使成本管理会计内容更加具有综合性,计量的适用单位更具多样化,除货币量度外,时间、实物量成为必要的补充。管理会计的分析方法从主要重视定量分析发展到定量与定性分析相结合,甚至更加重视定性信息,以"增加作业价值"的管理思路代替了传统的单一的"降低成本增效"观念。作业成本法势必成为我国未来成本管理的核心方法。

思考与练习题

1. 某企业的作业成本数据如表 1 所示:

表 1　某企业成本数据　　　　　　　　　　　　　　　　单位:元

间接人工	32 000
供电费用	13 900

作业成本库的相关数据如表 2 所示:

表 2　作业成本库相关数据　　　　　　　　　　　　　　单位:%

作业成本库	产品转换	机械制造	其他	合计
间接人工	30	69	1	100
供电费用	21	65	14	100

作业成本库的"其他"是由闲置生产能力和组织维护成本构成的,因此不分摊到产品成本中。

要求:

(1)计算分摊到机械制造中的间接人工和供电费用。

(2)计算不会被分摊到产品中的间接人工和供电费用。

2.某咨询公司使用作业成本法来分摊成本,其中有三个作业成本库。这家公司提供了如表3所示的成本和作业成本体系的数据。

表3 作业和作业成本体系数据　　　　　　　　　　　　　单位:元

项目	成本
薪酬费用	560 000
差旅费用	140 000
其他费用	160 000
合计	860 000

资源消耗分配比例如表4所示。

表4 资源消耗分配比例　　　　　　　　　　　　　单位:%

项目	项目作业	业务拓展	其他	合计
薪酬费用	40	30	30	100
差旅费用	55	35	10	100
其他费用	15	45	40	100

要求:
(1)计算分摊到项目作业中的成本。
(2)计算分摊到业务拓展中的成本。
(3)计算分摊到其他业务中的成本。

3.某企业使用作业成本法将成本分摊到产品中,单位作业成本如表5所示:

表5 某企业单位作业成本数据

作业成本库	作业成本率
建立批处理	30.11元/批
装配产品	3.04元/小时
处理客户订单	81.86元/单

企业生产两种产品A和B,它们消耗的作业动因如表6所示:

表6 A、B两种产品的消耗动因

作业动因	产品A	产品B
批次	74	26
装配小时	239	208
客户订单	72	5

要求:
(1)用作业成本法计算分摊到产品 A 的间接成本。
(2)用作业成本法计算分摊到产品 B 的间接成本。

4.某企业生产两种产品:产品 F 和产品 G。公司期望今年生产和销售 2 600 件产品 F 和 6 000 件产品 G。企业使用作业成本法计算单位产品成本,作业成本库的数据如表 7 所示。

表 7 某企业作业成本库数据

作业成本库	间接成本(元)	作业动因		
		产品 F	产品 G	合计
设备重设	10 400	80	180	260
采购订单	88 440	810	1 200	2 010
装配产品	65 340	2 340	3 600	5 940

要求:使用作业成本法计算单位产品的间接费用。

5.某企业提供房屋清扫服务。它使用作业成本法核算间接费用,具体作业成本体系的数据如表 8 所示。

表 8 具体作业成本体系的数据

作业成本库	总成本(元)	成本动因
清洁作业	442 068	78 800 小时
业务支持	52 801	1 900 次
客户支持	9 170	350 位
其他	110 000	—
合计	614 039	—

作业成本库的"其他"是由闲置生产能力和组织维护成本构成的,因此不分摊到产品成本中。

某客户一年需要46次业务,共计 92 小时的清洁作业。企业对这个客户收取 2 230 元的费用。

要求:
(1)计算作业成本率(保留小数点后两位小数)。
(2)使用作业成本法,计算该客户的边际贡献(保留小数点后两位小数)(客户的边际贡

119

献是从客户取得的收入减去为其提供服务花费的成本)。

(3)假设企业使用传统成本体系来分摊成本,用清洁时间作为分摊基础。请计算上述客户的边际贡献(保留小数点后两位小数)。

拓展与感悟

环境成本核算中的作业成本法

2020年9月22日,习近平在第75届联合国大会一般性辩论上发表讲话强调,要树立人类命运共同体意识和合作共赢理念,坚持走多边主义道路,改革完善全球治理体系,并宣布中国二氧化碳排放力争于2030年前达到峰值,努力争取2060年前实现碳中和。

在"双碳"目标的战略布局中,环境会计备受关注,而企业环境成本的战略控制可从产品生命周期成本管理、作业成本管理、物质流成本核算———资源损失定量分析和实施环境成本控制的激励评价机制等方面具体实施(谢东明和王平,2013)。对于作业成本管理,可通过作业成本动因将环境成本分配到产品上,并重点评估、分析非增值作业,通过改善作业流程和产品生产工艺来消除非增值作业,减少资源损耗和废弃物的排放,以降低环境成本。与传统的成本核算方法相比,作业成本法具有两个特点:一是通过环境成本动因将环境成本合理地分配到作业中,再通过作业将环境成本和产品紧密联系起来,大大提高了环境成本的归属性;二是作业成本法能够针对环境成本的复杂性、隐蔽性和难以计量的特点,用科学的成本核算方法在各种产品之间分配环境成本,为产品的合理定价和生产经营决策提供有用的信息。

运用作业成本法核算环境成本可分为四个步骤:

第一步,归集环境成本,即确认环境成本。

第二步,根据环境耗费的简单和复杂情况合理确定环境作业,并按照作业属性的异同建立环境作业成本库。

第三步,确定企业的环境成本动因,成本动因一定要是企业最重要或最主要的成本耗费影响因子,环境成本动因一般按照废弃物或排放物的实物量、所含的浓度、增量环境影响和处理成本四种方法来进行选择。

煤炭企业的环境成本动因库结合了煤炭企业的主营业务、主要生产工艺以及各流程环境污染物产生情况,将煤炭企业主要产品分为商品煤、动力煤、煤基化工产品三大类,根据各主要产品的主要环境成本动因可建立如下煤炭企业的环境成本动因库(见表9)。

表9 煤炭企业环境成本动因库

主要产品	主要产出工序	主要环境成本动因库(每核算当量单价)
商品煤	矿井建设 作业面建设 原煤开采 煤炭运输 煤炭洗选	SO_2:3.057元 粉尘:2.662 1元 COD:3.186 2元 固体废弃物:5~25元 SO:3 057元
电力	原料煤运输装卸 动力煤配比初加工 锅炉内燃煤 蒸汽发电 余热回收	NO_x:3.158 6元 粉尘:2.662 1元 COD:3.186 2元 固体废弃物:5~25元 SO_2:3.057元
煤制烯烃	原料煤初加工 空气分离 原料煤气化 甲醇合成 甲醇制烯烃	NO_x:3.158 6元 粉尘:2.662 1元 COD:3.186 2元 固体废弃物:5~25元

第四步,计算企业的环境成本动因分配率,并将作业成本库的成本追溯分配到各产品。基于环境成本核算,企业可从两方面实施环境成本的作业价值分析并进行环境成本战略控制:一方面,企业可根据生产流程确定内部作业价值链,重点评估分析增值作业和非增值作业以及必要作业和不必要作业,要在确保不削弱产品价值的基础上尽可能消除非增值作业中的不必要作业,降低非增值作业的影响程度,减少不必要的作业环节,通过合理扩大生产经营规模来提高增值作业的利用效率,进而降低环境成本,充分发挥作业成本作为战略性管理决策工具的作用;另一方面,企业可以利用作业成本管理提供的资源消耗信息,改善作业流程和产品生产工艺,重构企业价值,提高资源配置效率,减少资源损耗和废弃物的排放,从而降低环境成本。

可见,作业成本法遵循企业环境成本控制的作用机理——把环境成本控制的重点主要放在控制环节,而非处理环节,力争使环境总成本等于控制成本,使损害成本达到最低值。在加快我国"生态文明建设"和创造"美丽中国"的宏伟蓝图中,管理会计也可以贡献一份绿色的力量。

参考资料:

[1]谢东明,王平. 生态经济发展模式下我国企业环境成本的战略控制研究[J]. 会计研究,2013(3):88-96.

[2]张利,蔡诚功,杜俊儒,等. "双碳"目标下煤炭企业环境成本核算与应用探析[J]. 财会通讯,2022(4):170-176.

第二篇
管理决策系统

第五章

成本性态分析与变动成本法

导　读

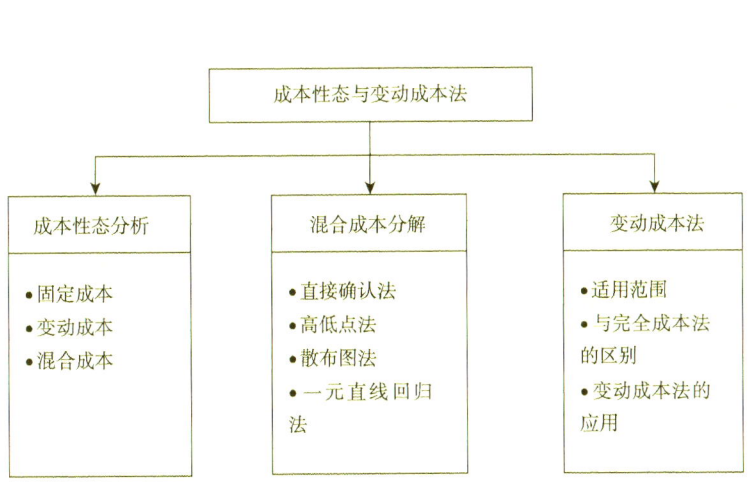

说明：

本章从分析成本与业务量之间的依存关系开始,介绍不同的成本性态(如固定成本和变动成本)。成本性态分析是管理会计预测、决策和控制的主要基础。本章在介绍构成产品成本和期间费用的各项成本费用在各种产品之间分配方法的基础上,围绕财务会计和管理会计在产品成本构成和期间损益计算方面的差异,重点介绍完全成本法和变动成本法在损益计算以及存货价值确认计量方面的异同。

通过本章的学习,应了解和掌握成本按照不同标准的分类、间接费用的分配方法、变动成本法和完全成本法产品成本构成内容的异同以及变动成本法和完全成本法期间损益出现差异的原因。本章是进行短期决策、长期投资决策、规划控制以及业绩评价的坚实基础。

第一节 成本分类与成本性态分析

在会计学中,成本是指一定条件下企业为生产一定产品所发生的各种耗费的货币表现。在管理会计中,成本是指企业在生产经营过程中对象化的、以货币表现的、为达到一定目的而应当或可能发生的各种经济资源的价值牺牲或代价。

企业在生产过程中发生的各种成本费用,都要被分配到各种产品、劳务及管理所需的对象上去。成本分配过程的改进及其精细化已经成为近年来管理会计领域的一个主要进展,其目的在于不断提高成本分配的准确性,为决策者提供质量更高的信息,帮助决策者进行更为准确的决策。

要准确地分配各项成本费用,首先必须将成本进行必要的分类。

一、成本分类

(一)成本按可辨认性分类

成本的可辨认性是指成本的发生与特定的归集对象之间的联系。按照这一标志可以将成本分为直接成本和间接成本两大类。

直接成本是指那些与特定的归集对象有直接联系,能够明确判断其归属对象的成本。例如,生产某种产品的原材料成本。

间接成本是指那些与特定的归集对象并无直接联系或无法追踪其归属对象的成本。对于这类成本需要采用一定的方法在各受益对象之间进行分配。例如,同时生产几种产品的工人的工资就属于间接成本。

(二)成本按经济用途分类

成本按经济用途不同可以分为生产成本和非生产成本两大类。这种分类是其他各种分类方法的基础。

1.生产成本。生产成本是指在生产过程中为制造产品而发生的成本,其中包括直接材料、直接人工和制造费用三大项目。

(1)直接材料,是指生产过程中用于生产直接构成产品实体的主要部分的原材料成本。

(2)直接人工,是指在生产过程中对原材料进行直接加工,使之成为产成品所耗用的人工成本。

(3)制造费用,又被称为间接制造费用。它是指在生产过程中发生的不能归入直接材料、直接人工的所有其他成本支出,通常包括间接材料、间接人工、其他间接费用三个部分。例如,生产使用的固定资产折旧费、机器设备维护修理费,以及生产使用的照明费、动力费和设备保险费等。

随着企业生产机械化、自动化水平的不断提高,制造费用在产品成本中所占的比重不断增加。对于一个在生产过程中采用先进生产技术的企业,其影响之一就是改变了产品的成本结构。例如,一个传统的人工密集型企业的成本结构可能是:直接材料占45%,直接人工占45%,制造费用占10%。同样还是这个企业,在采用了先进技术、实行了自动化生产后,成本结构就可能发生如下变化:直接材料占30%,直接人工占30%,制造费用占40%。

2.非生产成本,亦称为非制造成本。它是指生产成本以外的成本,包括推销成本和行政管理成本两大类。

(1)推销成本,是指在流通领域中为推销产品而发生的各项成本费用。我国现行的企业会计制度将其称为销售费用。它包括广告费、送货运输费、销售人员工资、销售佣金以及专设销售部门费用(办公费、差旅费、修理费)等。

(2)行政管理成本,是指企业行政管理部门为组织生产所发生的成本。我国现行企业会计制度将其归入管理费用和财务费用。

成本按经济用途分类是完全成本计算法进行损益计算的基础。

(三)成本按性态分类

这里所说的成本性态,是指成本总额与特定业务量之间的依存关系。换言之,成本性态是指成本在业务量变化时所表现出的某种特性。此处的业务量通常指产量或销量。

研究成本对于业务量的依存性,进行成本性态分析,从数量上具体掌握成本与业务量之间的规律性的联系,可以帮助企业正确地进行最优管理决策和改善经营管理绩效。

进行成本性态分析就是要在对成本与业务量之间的依存关系研究的基础上,按照一定方法,最终将全部成本区分为固定成本和变动成本两大类,并建立起相应的数学函数模型。通过成本性态的分析研究,进而把握成本与业务量之间的变动规律,这是我们开展成本性态分析的目的所在。

1.固定成本的特性及其内容。固定成本是指在相关范围内,其总额不随业务量变化发生增减变化的那部分成本。它具有以下两个特性:

(1)固定成本总额具有不变性。将固定成本的这一特性绘制在直角坐标图上,是一条平行于 x 轴的直线。如果固定成本总额为 a,则固定成本总额为 $y=a$(如图5-1所示)。

(2)单位固定成本(以下用 a/x 表示)在业务量变化时,具有反比例变动性。

由于固定成本总额的不变性,在业务量增加时,单位产品所负担的固定成本必然会随着业务量的变动呈现出反比例变动趋势。单位固定成本模型为 $y=a/x$,绘制在直角坐标图上是一条反比例曲线(如图5-2所示)。

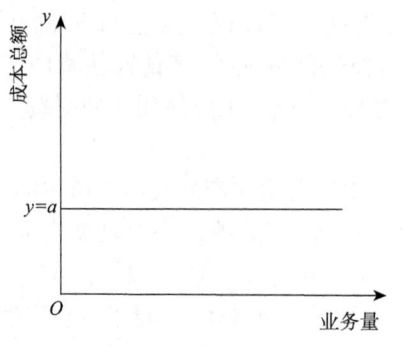

图 5-1　固定成本总额性态模型　　　　图 5-2　单位固定成本性态模型

为了进一步说明固定成本总额及单位产品固定成本分摊数额的特性,现举例予以说明。

【例 5-1】某电器公司生产热水器,每台热水器使用管径为 76mm 的金属管,切割金属管所用的切割机是企业租用的,年租金为 60 000 元,切割完成共 240 000 只金属管。

从表 5-1 可知,产量在 0~240 000 只的范围内变动时,租金总额保持不变。随着产量的增加,每只产品所负担的固定成本数额(即单位固定成本)却发生了变化,在 60 000~240 000 只范围内,每只金属管分摊的租金成本从 1 元降至 0.25 元。可见,单位固定成本随着产量的增加而呈现出递减的反比例变动趋势。

表 5-1　固定成本总额及单位固定成本与产量的关系

76mm 金属管的产量(只)	机器年租金 (固定成本总额,元)	单位产品固定成本分摊额 (单位固定成本,元/只)
0	60 000	—
60 000	60 000	1.00
120 000	60 000	0.50
180 000	60 000	0.33
240 000	60 000	0.25

固定成本总额及单位固定成本数额的变动规律可以简单归结,如表 5-2 所示。

表 5-2　固定成本变动规律归纳表

项目	产量增加	产量减少	结论
固定成本总额	不变	不变	与产量无关
单位固定成本	下降	上升	与产量成反比

在我国,固定成本主要指制造费用中不会随着产量的变动而发生变动的办公费、差旅费、折旧费、劳动保护费、管理人员工资、租赁费等费用;销售费用中不受销售数量影响的销

售人员的工资、广告费、折旧费;管理费用中不受产量和销售量影响的企业管理人员的工资、折旧费、租赁费、保险费、土地使用税等。

(3)固定成本的进一步分类。固定成本按照其是否受管理当局短期决策行为的影响,还可以进一步区分为约束性固定成本和酌量性固定成本两类。区分这两类成本的意义有助于不断寻求降低固定成本的正确途径。

①约束性固定成本。约束性固定成本是指不受管理当局短期决策行为影响的那部分固定成本。这类成本反映的是形成和维持企业最起码生产经营能力的成本,也是企业经营业务必须负担的最低成本,如厂房、机器设备折旧费、保险费、不动产税、管理人员薪金等都属于这一类成本。

由于企业的生产经营能力一旦形成,在短期内就不能轻易削减,因此这类成本具有很大的约束性。除非要改变企业的经营方向,否则在实务中不能轻易从总额上采取措施来降低这类成本。只能从合理充分的利用其创造的生产经营能力的角度着手,通过提高产品的产量,来相对降低其单位成本数额。

②酌量性固定成本。酌量性固定成本是指受管理当局短期决策行为的影响,可以由管理当局决定其在不同经营时期内,发生数额大小的那部分固定成本。这类成本包括:根据企业的经营状况、经营方针而确定的,在一定预算期间内安排开支的广告费、新产品研制开发费、经营性租赁费以及职工培训费等。由于这类成本在一定的预算执行期内是固定不变的,与当期产量无关;在尚未预算编制之前,又可以由企业管理当局根据企业发展的需要和企业的财力来进行安排,因此,人们也称它为可调整固定成本。

对于这部分固定成本,可以从降低其成本发生总额的角度予以考虑。也就是说应该在预算编制时做到精打细算、认真决策,在保证生产经营高质量、高效率运行的前提下,尽量减少这部分成本的支出总额。通常情况下我们提到的降低固定成本总额,就是针对酌量性固定成本而言的。

2.变动成本的特性及其内容。变动成本是指在一定条件下,其总额会随着业务量的变动成比例变动的那部分成本。例如,在前面我们提到过的直接材料、直接人工的发生额就是随着业务量的变化正比例变动的成本。变动成本具有如下两个特性:

(1)变动成本总额(用 bx 表示)的正比例变动性。将变动成本的这一特性反映在直角坐标图上,是一条以单位变动成本 b 为斜率的经过原点的直线。变动总成本性态模型的方程式为:$y=bx$,如图5-3所示。

(2)单位变动成本(用 b 表示)的不变性。由于变动成本总额是按照一个固定的比率随着产量的递增(或递减)而呈正比例变动,这个固定的比率就是单位变动成本。因此单位变动成本不受产量增减变动的影响,它是固定不变的,这一特性反映在直角坐标图上,是一条平行于横轴的直线,所以单位变动成本的性态模型应为:$y=b$,如图5-4所示。

仍然沿用上述热水器生产企业的案例。假设一个规格为76毫米(mm)金属管在切割时需要耗用电力资源,而电力资源的消耗成本为:切割每一段钢管需要耗电0.1千瓦小时,电费为2元/千瓦小时。这样,每一段钢管的电力成本为0.2元。金属管段在不同生产量下的电力成本如表5-3所示。

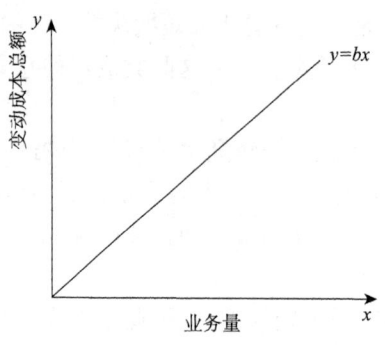

图5-3 变动成本总额性态模型

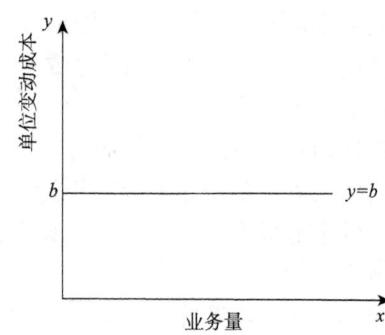

图5-4 单位变动成本性态模型

表5-3 变动成本总额及单位变动成本与产量的关系

76mm管段产量(只)	电力成本(变动总成本,元)	单位变动成本(元/只)
0	0	0.20
60 000	12 000	0.20
120 000	24 000	0.20
180 000	36 000	0.20
240 000	48 000	0.20

可见,随着76毫米管段产量的增加,电力总成本(即变动总成本)呈直线正比例上升趋势,单位变动成本数额则一直保持不变。

在我国,企业生产成本中的变动成本主要是指直接用于产品制造的、与产量成正比例变动关系的原材料成本、燃料及动力成本、外购半成品成本;按生产量方法计提的折旧费和计件工资形式下的生产工人工资,以及与销售量成正比例变动关系的销售费用和管理费用。

在管理会计中,固定成本的水平一般是以其总额的形式表现出来的,而变动成本的水平一般是以单位数额的形式表现的。因为在相关范围内,单位变动成本不受业务量变动的影响,它能够直接反映直接材料、直接人工和变动性制造费用的消耗水平。所以,要降低变动成本,就应从降低单位产品变动成本的消耗量着手。

(3)变动成本的进一步分类。变动成本还可以按照其发生的原因进一步划分为技术性变动成本和酌量性变动成本:

①技术性变动成本是指其单位成本受客观因素决定、其消耗量由技术因素决定的那部分变动成本。例如:热电厂的锅炉必须使用某地生产的燃烧值在一定千卡以上的工业用精煤,在这种情况下,燃烧成本就成了随发电量正比例变动的技术性变动成本。

技术性变动成本是一种单价一定、消耗量随着产量发生变动的变动总成本。因此要想降低这类成本,我们就应该从消耗量入手,努力减少、控制消耗量从而达到降低这类变动总成本的目的。通常采用的做法有:改进设计,改革工艺技术,实现技术革命和技术革新;提高材料的综合利用率,提高劳动生产率、产出率和合格品率;避免浪费,降低单耗。

②酌量性变动成本,是指当单耗受客观因素决定,而其单位成本主要受企业管理部门短期决策行为影响的那部分成本。例如,在原材料的质量能够得到保障,而单位消耗量不变的前提下,企业可以从不同的地区或不同的供货渠道采购到价格水平不同的某种原材料,企业采购原材料的成本消耗就属于酌量性变动成本。

可见酌量性变动成本与技术性变动成本正好相反,它是消耗量一定,而单价受到短期决策行为影响的变动成本。因此要想降低这类成本,应从单价着手,有效地控制单价水平。其具体做法有:降低原材料采购成本,严格控制制造费用开支以及改善承保效益的关系。

3.混合成本的特点。混合成本是介乎于固定成本和变动成本之间,既随着业务量变动而变动,但又不成正比例变动关系的那部分成本。这类成本通常同时包含固定成本和变动成本两种因素。

从混合成本的定义可见,混合成本与业务量之间的关系比较复杂。按照混合成本的不同变动趋势,可以将混合成本进一步划分为阶梯式混合成本、标准式混合成本、延期变动成本和曲线式混合成本等四类。

(1)阶梯式混合成本。这类成本的特点是:当业务量在一定范围内增长变化时,成本总额不变,此时类似于固定成本;当业务量增长突破一定产量范围时,成本总额会突然跳跃上升,并且在新的业务量范围内保持固定不变,直到出现下一个新的跳跃为止。将此类混合成本的变动趋势反映在坐标图上,其成本总额随着业务量的增长呈现出阶梯状增长趋势(见图5-5)。

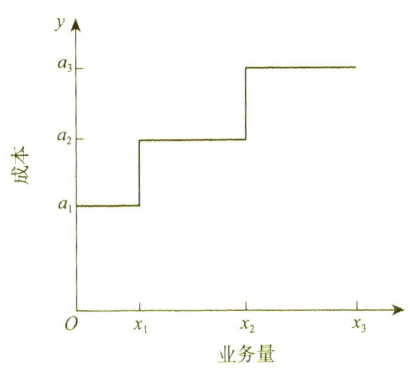

图5-5 阶梯式混合成本性态模型

在企业中,质量检查人员的工资属于阶梯式混合成本。当企业业务量的增长超过一定限度时,就要增加新的质检人员,因此,质检人员的工资总额就会出现跳跃上升的情况。

【例5-2】某企业销售数量在1 000件以内时,需要租用一台卡车,每台卡车租金为2 000元,以后每增加1 000件产品的销售量,就需要在原有基础上增加租入一台卡车,这样,卡车的租金总成本就呈阶梯状上升趋势(见图5-5)。

阶梯式混合成本可视其相关范围的大小,设法用一个直线方程式 $y=a+bx$ 来模拟它。

(2)标准式混合成本,其特点是由明显的固定成本和变动成本两部分合成。它通常有一个初始量,这是这类成本的固定部分。在此基础上,随着产量的增加,成本呈正比例增长,这是标准式混合成本的变动部分。其性态模型如图5-6所示。

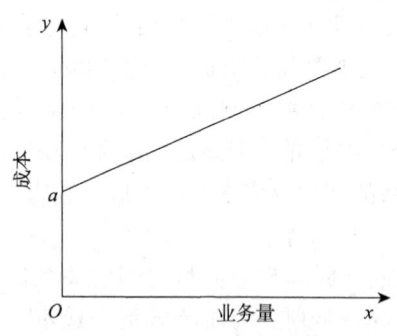

图5-6　标准式混合成本性态模型

在企事业单位中,电话月租费属于标准式混合成本,其费用由按固定数额计收的月租费和按通话时间计算的通话费两部分混合而成。另外,包括机器设备的维护、修理费,公用事业服务费(包括水、电、蒸汽、冷气、电话及其他有关服务)等费用基本上都属于这种成本。这些费用中的固定部分代表着提供服务所必需的最基本和最低的支出部分,变动部分则属于随着服务的实际耗用量的增加而增长的部分。对生产设备的维护保养和修理费而言,为了保障生产设备经常处于完好和随时可开动的状态,就需要发生一定量的必不可少的维护保养费;设备开动以后,随着运转时数的增加,保养、维护费也会随之相应增加。这项费用的前一部分为最低的基本开支,后一部分是在前一部分的基础上,随着产量的增长而呈正比例递增的变动成本。所以,上述费用都符合标准式混合成本的模式。

(3)延期变动成本。这类成本的特点是:当业务量在一定范围内变动时,其成本总额保持不变;当业务量突破这个限度,其超额部分的成本相当于变动成本。例如,一些企业实行以固定工资加超额计件奖励工资作为工资总和时,职工在完成正常工作定额之前,不论其产量完成多少,都只能取得固定工资;职工完成的产量超过正常定额时,除了可以取得基础工资之外,还会得到按超额产量件数计算的超额工资。此外,基本工资加加班工资以及基本工资加浮动工资也属于这类成本类型。此类成本的性态模型如图5-7所示。

(4)曲线式混合成本。这类成本的特点是:通常有一个初始量,相当于固定成本。在此基础上,成本随着产量的增加而增加,但成本与产量之间并不存在线性关系,在坐标图上通常表现为一条抛物线。曲线式混合成本具体又可以分为递减型曲线式混合成本和递增型曲线式混合成本两种。递减型曲线式混合成本的特点是成本的增长幅度小于产量的增长幅度;总成本线的斜率随着产量的增长而呈递减趋势,反映在坐标图上是一条凸形曲线,如图5-8所示。递增型曲线式混合成本的特点是:成本的增长幅度随着产量的增长呈现出更大幅度的增长;成本的斜率随着产量的增长呈递增趋势,反映在坐标图上为一凹形曲线,如图5-9所示。

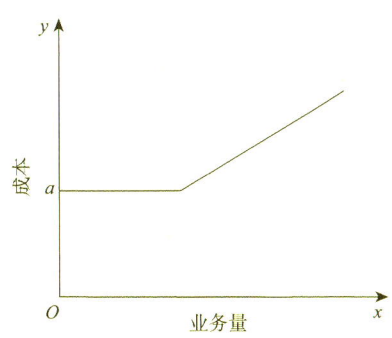

图 5-7　延期变动成本性态模型

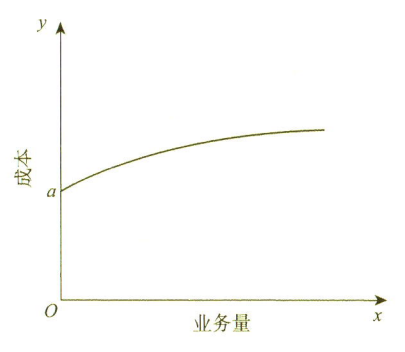 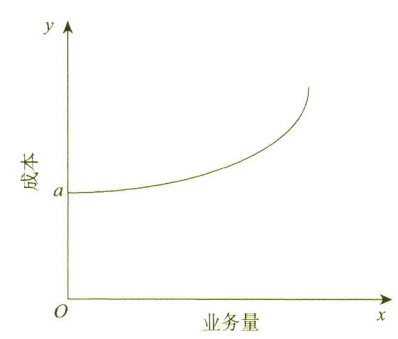

图 5-8　递减型混合成本性态模型　　图 5-9　递增型混合成本性态模型

上述各种混合成本,都可以直接或者间接的用一条直线方程 $y=a+bx$ 去模拟它。让混合成本等于或近似等于 $y=a+bx$(标准式混合成本方程式),进而起到简化混合成本分解过程的作用,为进一步分析、研究混合成本奠定基础。

成本按照三种不同的标准可以划分为:直接成本和间接成本,生产成本和非生产成本,固定成本、变动成本和混合成本。这些分类是对同一成本数据(如固定资产折旧、生产工人工资、动力费等)按照不同的标准所进行的分类,而不是对三种不同的成本所进行的分类。

将成本按照性态进行分类是管理会计一系列重要方法的基础所在,因此它在管理会计中是一个非常重要的基础概念。在成本按照性态进行分类时,我们曾经提到过成本在业务量变动时所表现出的不同特性是有一定的前提条件的。这里所说的前提条件就是相关范围。

二、相关范围及其意义

研究成本性态,必须充分考虑相关范围的影响。相关范围是指不会改变固定成本和变动成本性态的有关期间、业务量的特定变动范围。换句话说,只要在相关范围内,不论时间多长、产量增减变动幅度多大,固定成本总额的不变性和变动成本总额的正比例变动性都将存在;但是如果超出这一特定范围,成本的特性就有可能发生变化。因为从较长时期看或者从产量的无限变动看,没有绝对不改变数额的成本,也不可能存在绝对成比例变动的成本。

(一)固定成本的相关范围

固定成本的相关范围表现在:固定成本总额的不变性不仅受业务量的影响,而且还会受到期间的影响。例如:某企业租用设备一台,每年租金30 000元,这台设备的年产量为12 000件。企业若增加租入一台设备,年租金会上升到60 000元,企业的最高年产量可达24 000件;若企业决定放弃这种产品的生产,租金成本则会降为零。上述固定成本针对不同的产量和不同的期间所表现出的特性,可通过图5-10予以描述。从图5-10可见,企业生产产品在0~12 000件时,租金成本为30 000元,产量在此范围内波动,成本总额将保持不变,此时租金成本为固定成本。这个产量范围就是使租金成本总额保持固定不变的相关范围。当产量超过12 000件时,租金成本将会发生变动。此外,从不同的年度来看,第一年租入设备一台的租金成本总额为30 000元,但是到了第二年会由于通货膨胀等原因,同样租入一台设备的租金成本总额有所上升,而第三年可能会由于技术进步(设备老化)等原因,同样租入一台设备的租金总额有所下降,此时的租金成本总额就可能会低于30 000元。因此,固定成本总额为30 000元的相关范围为一年期限,若超出了一年的期限,成本总额就有可能发生

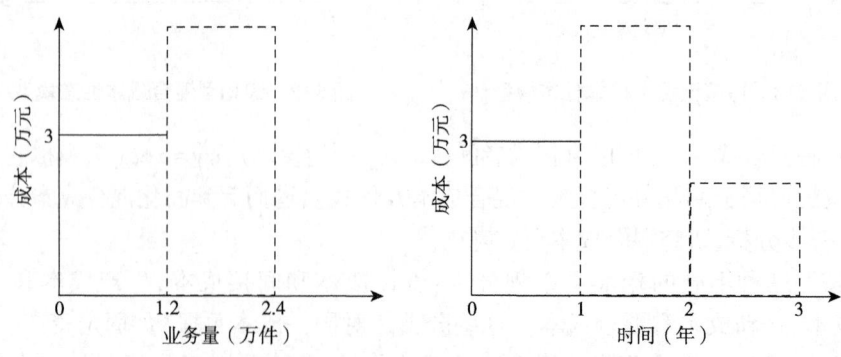

图5-10　固定成本的相关范围

变化。

(二)变动成本的相关范围

变动成本的相关范围具有的内涵和表现为:一旦超过相关范围,变动成本也不再表现为完全的线性关系,而是非线性关系。以某企业原材料消耗数额为例,企业在投产的初期和生产批量较小时,可能会由于工人的劳动熟练程度较低或企业的劳动生产率较低等原因,原材料单位消耗量较高,废品和不合格品也可能会较多。随着工人生产经验的不断积累以及业务量的不断增加,这种局面会逐步得到改善,使得单位产品所消耗的原材料数量和人工成本呈逐渐下降趋势。这时,这些成本的总额将会表现为一条凸形曲线。当生产量继续增长到一定水平后,各种原材料消耗及人工效率水平会相对稳定在一个固定水平上,并且在一定业务量范围内,有关的单位成本不再随着业务量的变化而发生改变。此时,有关成本总额表现为一条正比例直线,此项成本成为真正意义上的变动成本。我们就将这个能够使成本总额保持正比例递增关系的业务量变动范围称为变动成本的相关范围。如果业务量继续增长突破相关范围则可能会出现一些新的不经济因素,例如,随着产量继续加大,工人劳动强度增加,使得废品率上升等,这些因素使得单位成本重新出现逐渐上升的趋势,这时,这些成本的总额将会表现为一条凹形曲线。

以上我们研究的是变动成本的总额。如果从变动成本的单位数额来看,在相关范围内外,变动成本的单位数额的变化趋势也会在业务量变化时表现出不同的趋势。这种成本随着业务量的变化而呈现出的不同变化趋势,可以用图 5-11 来表示。

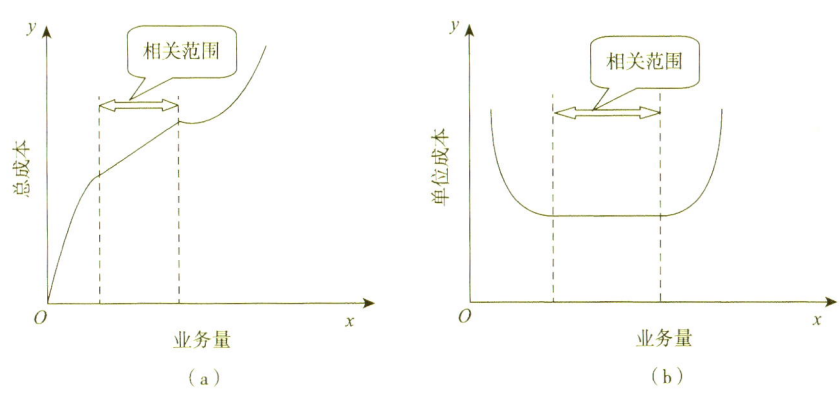

图 5-11 变动成本的相关范围

(三)研究相关范围的意义

从以上论述可以看出,固定成本和变动成本的特性都是在相关范围内存在的,这就告诉我们各项成本的特性具有相对性、暂时性和可转化性。因此,要根据客观情况,对成本性态做出正确的判断,而不应对成本性态形成一成不变的预期。

由于成本性态具有相对性,因此不能盲目照抄成本性态分析结论;同时,成本性态具有暂时性,因此不能机械地把过去的成本性态分析结论看成是一成不变的;成本性态还具有可转化性,即使是在同一时空条件下,某些成本项目也会在固定成本和变动成本之间相互转化,所以应及时调整已经变化了的成本性态,灵活、准确地进行成本性态分析。

第二节 混合成本的分解

混合成本作为企业成本中的一种形态,兼有固定成本和变动成本两种因素。为了适应管理上多方面的需要,企业必须采用适当的方法对混合成本进行分解,从而使得企业的全部成本最终都归属于固定成本与变动成本两大类。混合成本分解常见的方法有以下四种。

一、直接确认法

直接确认法是指在掌握有关成本费用性态的基础之上,在其发生的当时,对每项成本费用的具体内容进行直接分析确认,将其分为固定成本和变动成本。从理论上讲,该方法最为精确、最为细致,但是在实际操作中工作量较大,而且还要求分析者必须具有一定的专业知识,掌握大量的第一手资料。因此该方法只适用于规模较小的企业及对个别成本费用性态的分析。

二、高低点法

高低点法是分解混合成本时最常用的一种简便方法。在几何学中,我们曾经学过"两点确定一条直线"的定律,即只要知道直线上的两个点,直线方程就可以求出。高低点法正是利用这一基本定律来求解混合成本的直线方程式的。高低点法具体的方法是:将最高业务量的混合成本和最低业务量的混合成本之差额,除以最高与最低业务量的差额,求出单位变动的成本;然后将求出的单位变动成本代入混合成本的函数式中求出固定成本。这里需要注意两点:

其一,高低点的选择应以业务量的高低为标准。

其二,利用求出的单位变动成本求解固定成本,只限于高低两点下的混合成本。

其具体计算公式如下:

$$b = \frac{高点低点成本之差}{高点低点业务量之差}$$

$$a = 最高点的混合成本总额 - b \times 最高点的产量$$

或

$$a = 最低点的混合成本总额 - b \times 最低点的产量$$

【例5-3】已知A公司某年上半年生产准备成本及工时数如表5-4所示,要求用高低点法进行混合成本分解。

表 5-4 高低点法资料表

月份	产量 x(件)	混合成本 y(元)
1	4	120
2	5	140
3	6	170
4	7	190
5	9	230
6	8	235

解题步骤：

(1)设混合成本方程式为 $y = a + bx$。根据上述资料可以断定，最高点坐标(x,y)为$(9,230)$，最低点坐标(x,y)为$(4,120)$。

(2)将高低点坐标代入公式：

$$b = \frac{230 - 120}{9 - 4} = 22(元/件)$$

(3)将最高点坐标$(9,230)$及$b = 22(元/件)$，代入公式计算 a。

$$a = 230 - 22 \times 9 = 32(元)$$

(4)答：该项混合成本的成本性态模型为：$y = 32 + 22x$，其中固定成本部分为 32 元，变动成本部分为 $22x$，单位变动成本为 22 元/件。

高低点法的优点在于：分解计算简便易行，便于理解。但本法是以全部业务量中的高低两个点的坐标来确定一条直线，并用这条直线来模拟全部历史成本资料的。这样建立起来的直线方程式不具有代表性，从而导致较大的计算误差。因此本法只适用于成本变化趋势比较稳定的企业。

三、散布图法

此法是将观察得到的历史成本数据描绘在坐标图上，并用坐标图的横轴代表业务量，纵轴代表混合成本数额，这样历史成本数据就形成若干个散布在坐标图上的点，由此绘制的图形即为散布图。

散布图法的成本分解步骤如下：

(1)首先将各期业务量以及相应的混合成本数据的历史资料作为点坐标，标注在平面直角坐标图上。

(2)然后画出一条直线，使其尽可能通过或接近所有坐标点。

(3)接下来将画出的直线向 Y 轴做延长线，读出这条线和 Y 轴交点的数值，此数值即为混合成本总额中的固定成本部分，即 a。

（4）再在直线上任意取一点 $P(x_0, y_0)$，将这一点的坐标带入下列公式计算单位变动成本 b：

$$b = \frac{y_0 - a}{x_0}$$

（5）将 a, b 数值代入下式，写出混合成本分解后的方程式：

$$y = a + bx$$

【例5-4】仍以前例5-3所示的表5-4资料为例，用散布图法进行混合成本的分解。

解：首先将六期的成本点坐标分别标注在坐标纸上，绘制出散布图，如下图5-12所示。

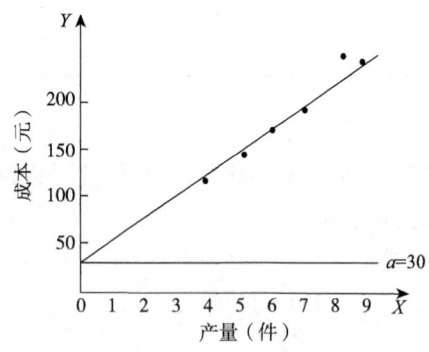

图5-12　散布图

然后画出一条成本直线，此直线在 Y 轴上的截距 $a=30$；并在直线上任取一点 P，测定其坐标为 $(7, 190)$，于是可以计算求出：

$$b = \frac{190 - 30}{7} = 22.86(元／件)$$

所以，该项混合成本分解后的成本模型为：$y = 30 + 22.86x$。

从数学上讲，我们绘制出的这条混合成本直线和在直角坐标图上所标注出的历史成本点之间应满足如下关系：坐标图上各个历史成本点到达这条成本直线的垂直距离之和最小。若能满足上述条件，我们即称这条成本直线为最适当的成本直线。

由于散布图法是在考虑所有历史资料基础之上绘制出成本直线的，因此其图形可以反映全部成本的变动趋势，具有形象直观、易于理解的特点，较高低点法只使用两点来确定一条直线的做法更为科学准确。

四、一元直线回归法

前面已经提及，与散布图中所示各点最为接近的直线是最适当的成本直线，即这条直线最能代表所有成本点的发展趋势。那么，如何才能得到这条最适当的成本直线呢？答案就是利用数学上的一元直线回归法来进行成本分解。

所谓一元直线回归法，就是利用微分极值的原理对若干期业务量和成本的历史资料进行计算处理，利用数学公式计算出固定成本（或混合成本中的固定部分）a 和单位变动成本

(或混合成本中的变动部分之单位数额)b 的一种成本分解方法。

其具体计算公式如下：

$$a = \frac{\sum_{i=1}^{n} x_i^2 \sum_{i=1}^{n} y_i - \sum_{i=1}^{n} x_i \sum_{i=1}^{n} x_i y_i}{n \sum_{i=1}^{n} x_i^2 - \left(\sum_{i=1}^{n} x_i\right)^2}$$

$$b = \frac{n \sum_{i=1}^{n} x_i y_i - \sum_{i=1}^{n} x_i \sum_{i=1}^{n} y_i}{n \sum_{i=1}^{n} x_i^2 - \left(\sum_{i=1}^{n} x_i\right)^2}$$

【例 5-5】仍沿用例 5-3 资料来说明一元直线回归法的计算及成本分解过程。

(1) 根据历史资料观察数据列表，计算出 n，$\sum_{i=1}^{n} x_i$，$\sum_{i=1}^{n} y_i$，$\sum_{i=1}^{n} x_i y_i$，$\sum_{i=1}^{n} x_i^2$ 和 $\sum_{i=1}^{n} y_i^2$ 的数值 (见表 5-5)。

表 5-5　计算结果

月份	产量 x_i(件)	混合成本 y_i(元)	$x_i y_i$	x_i^2	y_i^2
1	4	120	480	16	14 400
2	5	140	700	25	19 600
3	6	170	1 020	36	28 900
4	7	190	1 330	49	36 100
5	9	230	2 070	81	52 900
6	8	235	1 880	64	55 225
合计	$\sum_{i=1}^{n} x_i = 39$	$\sum_{i=1}^{n} y_i = 1\,085$	$\sum_{i=1}^{n} x_i y_i = 7\,480$	$\sum_{i=1}^{n} x_i^2 = 271$	$\sum_{i=1}^{n} y_i^2 = 207\,125$

(2) 按照下列公式求出直线方程系数 a，b 值：

$$\begin{cases} a = \dfrac{\sum_{i=1}^{n} x^2 \sum_{i=1}^{n} y - \sum_{i=1}^{n} x \sum_{i=1}^{n} xy}{n \sum_{i=1}^{n} x^2 - \left(\sum_{i=1}^{n} x\right)^2} \\ b = \dfrac{n \sum_{i=1}^{n} xy - \sum_{i=1}^{n} x \sum_{i=1}^{n} y}{n \sum_{i=1}^{n} x^2 - \left(\sum_{i=1}^{n} x\right)^2} \end{cases}$$

代入上表相关数值后 a，b 值为：

$$a = \frac{271 \times 1\,085 - 39 \times 7\,480}{6 \times 271 - 39^2} \approx 22.05(元)$$

$$b = \frac{6 \times 7\,480 - 39 \times 1\,085}{6 \times 271 - 39^2} \approx 24.43(元)$$

（3）混合成本分解所得到的方程为 $y = 22.05 + 24.43x$，可见，其中固定成本部分为 22.05 元，变动成本部分为 $24.43x$，单位变动成本为 24.43 元/件。

由于本法采用了微积分极值的原理，因此，它的计算结果较高低点法和散布图法更为准确，但是本法计算工作量较大，过程比较烦琐，随着电算化技术的不断普及，本法将会得到更加广泛的应用。

以上得到的是成本性态分析的最终结论。由此可见，成本性态分析和成本按性态所进行的分类有所不同，现将两者加以比较。

（1）联系：①两者对象都是企业成本；②成本性态分类是成本性态分析的基础，分析是分类的发展和最终目的。

（2）区别：①性质不同——分类属定性研究范畴，分析除定性研究之外，还包括定量研究内容；②结果不同——成本性态分类结果是三类成本，成本性态分析的结果是将全部成本最终分解为两类成本加一个成本方程式 $y=a+bx$，即只有固定成本和变动成本存在。

第三节　变动成本法

一、变动成本法的概念

变动成本法是以成本性态分析为前提，在计算产品成本时，只将变动生产成本计入产品成本中，而将固定生产成本以及非生产成本全部作为当期的期间费用，即在损益表中作为收入项目的一个直接扣减项目来进行处理的一种成本计算方法。

变动成本法的理论依据是：固定生产成本是为企业提供一定的生产经营条件，以保持生产能力而发生的成本。这部分成本同产品的产量没有直接关系，它既不会随产量的增加而增加，也不会随产量的减少而减少，因而不应将其计入产品成本。由于固定生产成本的发生是与生产经营期间相联系的，并随着时间的消逝而逐渐丧失，所以我们应将其作为期间费用进行处理。由此可见，变动成本法中的产品成本是与产品实际生产具有直接联系，并且与产量的增减变化有着密切关系的成本。

变动成本法产生以后，人们把传统的成本计算方法称为完全成本法或者吸收成本法。

完全成本法是指在组织成本计算过程中，以成本按照经济用途的分类为前提，将全部生产成本作为产品成本的构成内容，而将非生产成本作为期间费用，按照传统式损益确定程序计量损益的一种成本计算方法。也就是说,在计算产品成本时,将包括生产过程中所消耗的全部生产成本,即直接材料、直接人工和制造费用的全部,统统计入产品成本,而将非生产成本作为期间费用处理。这样,完全成本法计算出来的产品成本既包括变动生产成本,也包括固定生产成本。

变动成本法计算出来的产品成本是会计提供的一项新信息,即贡献边际的基础。贡献边际或边际贡献是指销售收入减去变动成本后的余额,这一指标能够反映产品的盈利能力,但它不是企业最终的利润。该项指标有利于企业进行本量利分析,有利于企业进行预测决策和生产经营的预算与控制,其具体作用的内容将在以后有关章节中予以介绍。

二、变动成本计算法与完全成本法的区别

(一)产品成本构成内容方面的区别

变动成本法要求将所有的成本划分为变动成本和固定成本两大类。其中:生产成本中的变动成本作为产品成本的构成内容,它们包括直接材料、直接人工和变动制造费用三项。生产成本中的固定成本(固定制造费用)和非生产环节发生的全部费用一并作为期间费用处理。

而在完全成本法下,企业发生的全部成本被划分为生产成本和非生产成本两类。生产成本包括生产环节发生的全部成本,即直接材料、直接人工和制造费用的全部(其中既有变动制造费用,又有固定制造费用),而只有非生产成本才作为期间费用处理(见表5-6)。

表5-6 变动成本法与完全成本法的区别

项目	变动成本法	完全成本法
成本划分	变动成本 { 变动生产成本 { 直接材料, 直接人工 }, 变动制造费用, 变动销售费用, 变动管理费用 } 固定成本 { 固定生产成本——固定制造费用, 固定销售费用, 固定管理费用 }	生产成本 { 直接材料, 直接人工, 制造费用 } 非生产成本 { 销售费用, 管理费用 }
产品成本包括的内容	变动生产成本 { 直接材料, 直接人工, 变动制造费用 }	生产成本 { 直接材料, 直接人工, 制造费用 }
期间费用包括的内容	变动非生产成本 { 变动销售费用, 变动管理费用 } 固定成本 { 固定制造费用, 固定管理费用, 固定销售费用 }	非生产成本 { 销售费用, 管理费用 }

变动成本法的特点只有与传统的完全成本法相比较才会显现出来。为了更加清晰地说明变动成本法的特点,可以结合实例来进行阐述。

【例5-6】假设某企业本期生产20件产品,耗用直接材料100元,直接人工120元,发生变动制造费用80元,固定制造费用60元。当期销售18件,期末产成品库存数量为2件。产品的销售单价为25元/件,变动销售及其管理费用为2元/件,固定销售及管理费用为50元/月。

解:(1)采用完全成本法计算,则:

$$产品总本 = 100 + 120 + 80 + 60 = 360(元)$$
$$产品单位成本 = 360/20 = 18(元/件)$$

(2)采用变动成本法计算:

$$产品总成本 = 100 + 120 + 80 = 300(元)$$
$$产品单位成本 = 300/20 = 15(元/件)$$

(二)销售成本和存货估价方面的区别

采用完全成本法时,各会计期间发生的全部生产成本要在完工产品和在产品之间进行分配。完工产品在销售时将全部成本在已销产品和库存产成品之间进行分配,这样,已销产品、库存产成品和在产品存货是按照全部成本计价的,其中既有变动生产成本(直接材料、直接人工和变动制造费用),又有固定制造费用。

采用变动成本法时,由于只将变动生产成本计入产品成本中,无论是在产品、库存产成品还是已销产品中都只包含变动生产成本,所以,期末在产品和产成品存货的价值均不包含固定制造费用。

综上所述,可以得到如下结论:采用变动成本法时的期末在产品和库存产成品的计价金额,必然会低于采用完全成本法时的计价金额。

【例5-7】承例5-6,假设本期20件产品在当期销售18件,期末产成品库存数量为2件,当期期初没有存货,在完全成本法和变动成本法下的计算如下。

(1)完全成本法下:

$$当期销售成本 = 18 \times 18 = 324(元)$$
$$期末存货价值 = 18 \times 2 = 36(元)$$
$$当期固定制造费用分配率 = 60/20 = 3(元/件)$$

两件存货共吸收固定制造费6元。

(2)变动成本法下:

$$当期销售成本 = 15 \times 18 = 270(元)$$
$$期末存货价值 = 15 \times 2 = 30(元)$$

以上计算说明:完全成本法下的期末存货吸收了6元固定制造费用,而变动成本法下的期末存货中没有包含固定成本。

综上所述,我们可以得到如下结论:采用变动成本法时的当期销售成本和期末存货成本的计价金额,必然会低于采用完全成本法计算下的销售成本和存货成本。

(三)损益计算方面的区别

由于变动成本法与完全成本法对生产环节发生的固定制造费用的处理不同,所以,它们计算出来的损益也会不同。

【例 5-8】若例 5-6 中产品的销售单价为 25 元/件,变动销售及管理费用为 2 元/件,固定销售及管理费用为 50 元/月,则损益计算见表 5-7。

表 5-7 损益计算表(完全成本法)　　　　　　　　单位:元

销售收入(25×18)		450
减去:销售成本		
期初存货:	0	
+)本期生产成本:(20×18)	360	
可供销货成本:(0+360)	360	
-)期末存货(18×2)	36	324
毛利		126
减去:销售及管理费用(2×18+50)		86
利润		40

完全成本法损益计算的公式为:

$$销售毛利 = 销售收入 - 销售成本$$

式中:

$$销售成本 = 期初存货成本 + 本期生产成本 - 期末存货成本$$

$$营业利润 = 销售毛利 - 非生产成本$$

变动成本法计算损益的公式为:

$$利润 = 边际贡献总额 - 固定成本$$

式中:边际贡献总额=销售收入-已销产品的变动成本。

由于两种成本计算方法对于生产环节发生的固定制造费用的处理不同,因此,他们计算出来的损益也会不同。在前述例题 5-8 中,采用完全成本法计算出的利润数额为 40 元,而采用变动成本法计算出的利润数额为 34 元,两者相差 6 元。

两种成本计算方法结果显示:采用变动成本法计算的损益,比采用完全成本法计算的损益少 6 元。其原因在于:完全成本法下的期末存货的成本比变动成本法下的期末存货成本多出 6 元[(18-15)元/件×2 件],这样就使得完全成本法计算出的利润比变动成本法多出 6 元。如果这两件存货将在下一个期间被销售,这 6 元就将由下一个会计期的损益来负担,本期损益只负担了当期发生的 60 元固定制造费用中的 54 元(60 元-6 元)。采用变动成本法时,期末产品存货不会负担固定制造费用。换句话说,本期发生的 60 元固定制造费用将全部与本期的收入进行抵减,而不会向以后的会计期间进行结转。这样,在变动成本法下,当期转销的全部成本就比完全成本法多了 6 元,从而使得计算出的利润比完全成本法少了 6 元。

采用变动成本法时,损益计算表的编制格式有两种:变动成本法损益表和边际贡献式损益表。后一种形式在计算边际贡献时不仅要扣除生产过程中发生的变动成本,而且还要扣除销售及管理环节发生的变动成本,由此而得出的边际贡献称为"产品"边际贡献,即:

$$\begin{cases} 收入 - 变动生产成本 = 制造边际贡献 \\ 收入 - 变动生产成本 - 变动销售及管理成本 = 产品边际贡献 \\ 制造边际贡献 - 变动销售及管理成本 = 产品边际贡献 \end{cases}$$

表 5-8 　损益表(边际贡献式) 　　　　　　　　　　　　单位:元

销售收入:(25×18)		450
减:变动成本		
变动生产成本(15×18)	270	
变动销售及管理成本(2×18)	36	306
贡献边际(产品)		144
减:固定成本		
固定制造费用	60	
固定销售及管理费用	50	110
利润		34

下面用一组连续实例来说明变动成本法的特点。

【例 5-9】仍然沿用前例 5-6 的有关资料,但是假定销售及管理环节发生的成本全部是固定性成本,金额为 86 元。如果将例 5-6 中的资料假定为第一期,本期为第二期,它的下一期为第三期,并以此类推。假定第二期生产量仍然为月产 20 件,当期销售 20 件,期末存货计价采用先进先出法。计算两种方法下的损益。

采用完全成本法,期初存货在本期被销售掉时会释放出固定制造费用,从而增加本期的固定制造费用总额;期末存货则会吸收固定制造费用,从而减少本期的固定制造费用总额。

$$\begin{cases} 第二期期初存货: \\ \quad 2 件存货释放固定制造费用 = 3×2 = 6(元) \\ 第二期期末存货: \\ \quad 2 件存货吸收固定制造费用 = 3×2 = 6(元) \\ \quad 第二期的固定制造费用分配率 = 60/20 = 3(元/件)。 \end{cases}$$

所以,期初存货释放固定制造费用,会增加本期的固定制造费用总额,使得本期固定制造费用总水平达到 66 元(60 元+6 元);期末存货吸收固定制造费用,从而减少本期的固定制造费用总额,使得本期固定制造费用总额从 66 元又下降到 60 元。期初、期末释放和吸收的固定制造费用数额相等,使得完全成本法下,计入当期损益表的固定制造费用数额与当期发生的固定制造费用数额 60 元刚好相等。

而在变动成本法下,计入损益表的固定制造费用永远都是当期发生的数额,因此变动成本法的固定制造费用每月都是60元(假定固定制造费用永远没有发生变化)。所以我们得出以下结论:当期初存货释放的固定制造费用等于期末存货吸收的固定制造费用时,完全成本法的利润相当于变动成本法的利润(见表5-9和表5-10)。

表5-9 损益计算表(完全成本法第二期情况) 单位:元

销售收入(25×20)		500
减:销售成本		
期初存货(18×2)	36	
+本期生产(18×20)	360	
可供销货(36+360)	396	
-期末存货(18×2)	36	360
毛利		140
减:期间费用		86
利润		54

表5-10 损益计算表(变动成本法第二期情况) 单位:元

销售收入(25×20)		500
减:变动成本		
变动生产成本(15×20)		300
变动销售及管理费用		36
边际贡献		264
减:固定成本		
固定制造费用	60	
固定销售及管理费用	50	110
利润		54

【例5-10】假设例5-6的企业在第三期产品的月产量上升为30件,本期的期末存货仍然为2件,其他条件不变,则:

第三期初:
  2件存货释放固定制造费用=3×2=6(元)
第三期末:
  2件存货吸收固定制造费用=2×2=4(元)
  第三期固定制造费用分配率=60/30=2(元/件)

所以,期初存货释放的固定制造费用大于期末存货吸收的固定制造费用,其结果是:采用完全成本法计算损益时记入当期损益计算表中的固定制造费用总水平高于本期固定制造费用的发生额,即实际计入数额为62元(60元+6元-4元),完全成本法计入当期损益的总成本就比变动成本法高出2元。这样,完全成本法的利润会小于变动成本法的利润,两种方法计算的损益差为2元(见表5-11、表5-12)。

表5-11 损益计算表(第三期完全成本法)   单位:元

销售收入(25×30)		750
减:销售成本		
期初存货(18×2)	36	
+本期生产(17×30)	510	
可供销货(36+510)	546	
-期末存货(17×2)	34	512
毛利		238
减:期间费用		
销售及管理费用		86
利润		152

表5-12 损益计算表(第三期变动成本法)   单位:元

销售收入(25×30)		750
减:变动成本		
变动生产成本(15×30)		450
变动销售及管理费用		36
边际贡献		264
减:固定成本		
固定制造费用	60	
固定销售及管理费用	50	110
利润		154

【例5-11】假设第四期产品的月产量为15件,期末总存货量仍然为2件,则:

第四期初:
　　存货释放固定制造费用=2×2=4(元)
第四期末:
　　存货吸收固定制造费用=4×2=8(元)
　　第四期固定制造费用分配率=60/15=4(元/件)

此时,期初存货释放的固定制造费用小于期末存货吸收的固定制造费用,其结果是:计入完全成本法损益计算表中的固定制造费用总额为56元(60元+4元-8元),此时变动成本法损益计算表中固定制造费用总额仍然为60元,两种成本计算法下固定制造费用差额为4元。这样,完全成本计算法下计入当期的成本总额小于变动成本计算法下计入当期的成本总额。所以,此时完全成本法的利润高于变动成本法的利润,其差额为4元(见表5-13、表5-14)。

表 5-13 损益计算表(完全成本法第四期情况)   单位:元

销售收入(25×15)		375
减:销售成本		
期初存货(17×2)	34	
+本期生产(19×15)	285	
可供销货(34+285)	319	
-期末存货(19×2)	38	281
毛利		94
减:期间费用		
销售及管理费用		86
利润		8

表 5-14 损益计算表(变动成本法第四期情况)   单位:元

销售收入(25×15)		375
减:变动成本		
变动生产成本(15×15)		225
变动销售及管理费用		36
边际贡献		114
减:固定成本		
固定制造费用	60	
固定销售及管理费用	50	110
利润		4

　　从以上连续几个期间的损益计算结果中可以看出:两种成本计算方法出现差异,主要原因在于期初、期末存货价值的变化,它会引起当期损益表中的固定制造费用水平发生变化,从而导致了两种方法计算的利润出现差异。如果期初、期末存货释放和吸收的固定制造费用水平相等,那么,两种成本计算法计算的当期利润就应该是相同的。

　　可见,在变动成本法下,营业利润真正成了反映企业销售量多少的晴雨表,销售量大的一期利润就高;销售量小的一期利润就低;前后两期销售量相同,就会产生相同的利润数额。这有利于促使企业重视市场销售环节。但是完全成本法确定的营业利润指标不具备这个功能,因为其利润不仅受到销售量的影响,还受到生产量及存货价值变动的影响。

三、变动成本法的应用

　　变动成本法的基本原理是美国学者哈里斯(M.J.Harris)在1936年首先提出来的,至今已经有半个多世纪了。在当时,这种成本计算方法并没有引起广泛的重视,因此也很少有企业应用这种方法。直到20世纪50年代末期,企业内部决策的重要性日益突显,加之企业也广泛开展预算管理,强烈要求会计部门能够提供与之相适应的成本核算资料,至此,变动成本法才被世人所瞩目。20世纪70年代以后,变动成本法在西方国家的应用已相当普遍,它对于加强企业内部的经营管理发挥了良好的作用。

(一)采用变动成本法的必要性

经营管理者通常认为,在成本水平不变的情况下,多销售就可以多得利。这种观念符合经济学理论的价值原理。但是完全成本法所确定的利润会受到存货价值变动的影响,使得在销售量不变的情况下,利润也会产生很大的波动。这种现象不仅使经理人员深感迷惑,而且也使得他们在确定销售量时难以把握预期的利润。

下面将列示对比两种方法的长期损益计算表,以说明这一点。

【例题5-12】某企业生产产品A,产品单位售价为10元/件,单位变动生产成本为4元/件,该企业固定生产成本发生额为24 000元/年,连续三年的销售量均为6 000件,近三年的产量分别为 6 000件、8 000件和4 000件(见表5-15),销售及管理费用年发生额为6 000元。如果采用完全成本法,各年产量不同,各年产品单位成本也会有所不同。具体计算结果如下:

$$第一年产品单位成本 = 4 + 24\,000/6\,000 = 8(元/件)$$
$$第二年产品单位成本 = 4 + 24\,000/8\,000 = 7(元/件)$$
$$第三年产品单位成本 = 4 + 24\,000/4\,000 = 10(元/件)$$

表 5-15　A 产品产销量

产销数量	第一年	第二年	第三年	合计
生产量(件)	6 000	8 000	4 000	18 000
销售量(件)	6 000	6 000	6 000	18 000

这三年的比较损益表如表5-16、表5-17所示,从中我们可以清楚地看到以下规律。

表 5-16　完全成本法下的比较损益表　　　　　　　　　　单位:元

项目	第一年	第二年	第三年	合计
生产量(件)	6 000	8 000	4 000	18 000
销售量(件)	6 000	6 000	6 000	18 000
单位产品成本(元/件)	8	7	10	—
销售收入	60 000	60 000	60 000	180 000
减:销售成本				
期初存货	0	0	14 000	—

续表

项目	第一年	第二年	第三年	合计
本期生产	48 000	56 000	40 000	144 000
可供销货	48 000	56 000	54 000	158 000
期末存货	0	14 000	0	—
	48 000	42 000	54 000	144 000
毛利	12 000	18 000	6 000	36 000
减:销售及管理费用	6 000	6 000	6 000	18 000
利润	6 000	12 000	0	18 000

表 5-17 变动成本法下的损益计算表　　　　　单位:元

项目	第一年	第二年	第三年	合计
生产量(件)	6 000	8 000	4 000	18 000
销售量(件)	6 000	6 000	6 000	18 000
期初存货量(件)	0	0	2 000	0
期末存货量(件)	0	2 000	0	0
单位产品成本(元/件)	4	4	4	—
销售收入	60 000	60 000	60 000	180 000
减:变动生产成本				
期初存货	0	0	8 000	0
本期生产	24 000	32 000	16 000	72 000
期末存货	0	8 000	0	0
	24 000	24 000	24 000	72 000
变动销售及管理费用	0	0	0	0
边际贡献	36 000	36 000	36 000	108 000
减:固定成本				
固定制造费用	24 000	24 000	24 000	72 000
固定销售及管理费用	6 000	6 000	6 000	18 000
	30 000	30 000	30 000	90 000
利润	6 000	6 000	6 000	18 000

从以上采用两种方法计算的比较损益表中,我们可以发现如下规律:

(1)当产销量平衡时,两种成本计算法计算出的利润相等。因为当产品的生产量与销售量平衡时,固定生产成本总额会作为两种成本计算法下的当期成本或费用冲抵收入。而且,从这三年总的产销量平衡关系来看,虽然两种成本法计算的各年利润可能会存在差异,但三年利润总额是相等的(因为三年内总产量等于总销量)。

(2)当生产量大于销售量,即存货增加时,用完全成本法计算的营业利润会大于变动成本法计算的营业利润。这是因为在完全成本法下,当期固定生产成本中的一部分被计入期末存货成本中,而变动成本法是将当期的固定生产成本的总额,全部作为期间费用列示在损益表中以冲抵当期收入。两种方法计算的损益差额就是完全成本法下期末存货吸收的固定生产成本数额(即单位产品固定生产成本×期末存货数量)。本例中第二年年末的存货数量为2 000件,这2 000件存货共吸收固定生产成本6 000元,所以两种方法的利润差额为6 000元。

$$24\ 000/8\ 000 \times 2\ 000 = 6\ 000(元)$$

(3)当销售量大于生产量,即存货减少时(第3年),用完全成本法计算的营业利润将小于变动成本法计算的营业利润。因为在完全成本法下,已销产品的成本不仅要包括当期发生的固定生产成本,还会包括期初存货中的固定生产成本。在变动成本法下,只将当期发生的固定生产成本列示在损益表中,以冲抵当期收入,而期初存货中不包含上期的固定生产成本。两种成本计算法的利润差额应为当期销售的期初存货量与期初存货中单位产品固定生产成本的乘积。由于本例中第三年实现销售的期初存货数量为2 000件,因此两种方法计算的利润差额为6 000元。

$$24\ 000/8\ 000 \times 2\ 000 = 6\ 000(元)$$

(4)当前后两期销售量相等时,采用变动成本法计算的营业利润会完全相等(本例中,连续三年的销售量相同时,采用变动成本法计算出的利润各年相同,都是6 000元)。这是因为,变动成本法的营业利润在各期单价及成本水平不变的情况下,不受存货变化的影响,换句话说,它不会受生产数量多少的影响。但是在同样的情况下,完全成本法计算出的营业利润,将受到生产量多少及存货数量变化的影响,因此会得到不同的营业利润数额。

通过以上分析可以得知:在两种成本计算方法下,对于同一期经营情况进行计算所得出的营业利润不同的根本原因在于:两种成本计算法计入当期损益的固定生产成本水平出现了差异,这种差异具体表现为完全成本法下期末存货吸收的固定生产成本与期初存货释放的固定生产成本之间的差异。因为在变动成本法下,计入当期损益表中的只是当期固定生产成本,而在完全成本法下,计入当期损益表中的固定生产成本不仅要受到当期发生的固定生产成本水平影响,还要受到期初、期末存货水平的变动影响,用公式表示则为:

两种成本计算法下的利润差额 = 完全成本法下的利润 − 变动成本法下的利润

= (销售收入 − 销售成本 − 期间费用) − (销售收入 − 变动成本 − 固定成本)

= [销售收入 − (期初存货成本 + 本期生产成本 − 期末存货成本) − 期间费用] −
 [销售收入 − 变动生产成本 − 变动销售费用 − 变动管理费用 −
 (固定制造费用 + 固定销售费用 + 固定管理费用)]

= − (期初存货成本 + 本期生产成本 − 期末存货成本) −

（－变动生产成本－固定制造费用）

= 期末存货中吸收的固定制造费用－期初存货中释放的固定制造费用

= 期末存货量×本期单位固定制造费用－期初存货量×上期单位固定制造费用

注意：①各期变动生产成本不变；②存货的发出采用先进先出法。

我们根据上述公式计算两种方法的利润差额如下：

第一年，两种成本计算法计算的利润差额为：

期末存货数量×单位固定生产成本－期初存货数量×单位固定生产成本＝0

第二年，两种成本计算法计算的利润差额为：

2 000×24 000/8 000－0 = 6 000（元）

第三年，两种成本计算法计算的利润差额为：

0－2 000×24 000/8 000 = －6 000（元）

完全成本法的利润波动，有时甚至会使经营管理人员无所适从。因为在某一期销售数量增加的时候，不仅不会提高利润，反而会使利润下降。假设例5-13中，该企业第一年产品的生产数量为6 000件，销售数量为4 000件；第二年产品的生产数量为4 000件，销售数量为6 000件。那么，第二年的利润比第一年减少了4 000元。具体计算如表5-18所示。

表5-18 损益计算表（完全成本法） 单位：元

项目	第一年	第二年
生产量（件）	6 000	4 000
销售量（件）	4 000	6 000
销售收入（10元/件）	40 000	60 000
减：销售成本		
期初存货	0	16 000
本期生产	(8×6 000) 48 000	(10×4 000) 40 000
可供销货	48 000	56 000
期末存货	(8×2 000) 16 000	0
	32 000	56 000
毛利	8 000	4 000
减：销售及管理费用	6 000	6 000
利润	2 000	(2 000)

分析出现这种反常现象的原因，可以看到：固定成本计入产品成本中并随着存货跨越会计期间进行摊销，使得第二年的成本增加数额（24 000元）超过了销售收入的增加数额（20 000元）（见表5-19）。

表 5-19　利润变动原因分析　　　　　　　　　　　　　　　　　单位:元

销售收入增加(10×2 000)	20 000
销售成本增加	
其中:变动成本增加(4×2 000)	8 000
固定成本增加(本期 32 000－上期 16 000)	16 000
总成本增加	24 000
利润净增加	(4 000)

利润的这种异常波动,不仅会妨碍经营管理者正确地进行决策,而且对于企业的经营管理也是十分有害的。因为在其他条件不做任何改变的情况下,仅仅依靠增加存货的办法就能使企业的利润增加,这会助长盲目生产的现象发生,从而造成资金的浪费。

假设例 5-12 中的企业,预计当年的产销量均可达到 6 000 件。这时企业要想提高盈利水平,本应通过增加销售和降低成本来实现,但该企业在实际执行过程中,却采用了增加产量 2 000 件而产品销售量不变的做法,最终,同样可以使利润增加 6 000 元(见表 5-20)。

表 5-20　利润操纵分析　　　　　　　　　　　　　　　　　单位:元

项目	预算	实际
销售收入	60 000	60 000
减:销售成本		
期初存货	0	0
本期生产	48 000	56 000
可供销货	48 000	56 000
期末存货	0	14 000
	48 000	42 000
毛利	12 000	18 000
减:销售及管理费用	6 000	6 000
利润	6 000	12 000

原因分析:上述计算结果表明,采用完全成本计算法可以通过增产不增销的方法,将固定制造费用转入存货中,从而减少转销本期发生的固定生产成本数额,达到了减少当期销售成本总额的目的,使得当期的利润上升。

(二)变动成本法的优点和缺点

1. 变动成本法的优点。变动成本法是应企业加强内部管理的需求而产生的。由于它能够揭示出产量与成本之间的变化规律,因而有助于企业加强成本管理,强化预测决策各项管理职能。它的主要优点表现在以下几个方面:

(1)能够促使企业重视市场销售,做到以销定产。因为变动成本法利润直接反映企业经营状况好坏,这有助于促使企业树立市场观念,重视销售,努力开发市场,做到以销定产,减少和避免因盲目生产而造成的损失和浪费。

(2)简化了成本核算过程。采用变动成本计算法,将固定生产成本直接列入期间费用中,减少固定生产成本在已销产品和存货之间的分配过程,从而简化了核算,同时也减少了由于分配标准的多样性而产生的主观随意性,提高了核算资料的准确性。

(3)对于强化成本分析控制,有利于促进企业降低成本。一般来说,变动生产成本的升降,能够反映供应部门和生产部门的实际业绩,而变动销售费用和变动管理费用的高低,能够反映销售部门和管理部门的实际业绩。成本升降原因是多方面的,采用变动成本法计算的成本,不仅便于制定合理的标志来控制成本,而且便于分清有关因素对成本升降的影响,从而做到正确评价各部门的业绩,找到降低成本的途径和有力措施。

(4)便于开展本量利分析,从而为进行科学的预测和短期经营决策奠定了基础。变动成本法是本量利分析的前提;通过分析、利用变动成本法所提供的成本及边际贡献等有关指标,可以完成成本预测和短期经营决策等许多方面的工作。

2. 变动成本法的局限性。

(1)变动成本法的产品成本概念不符合公认的会计准则。按照公认的会计准则理解,成本是指生产者领域为生产产品而发生的全部生产成本,产品成本无疑应该包括固定生产成本。变动成本法提供的成本资料不符合这个定义。公认会计准则受到广泛的支持和认可,因此变动成本法所确定的有关资料,不能用于对外公开发布。

(2)变动成本法不能适应长期决策的需要。由于变动成本法是建立在成本性态分析的基础之上的,因此,本法适应相关范围假定是存在前提的。然而在长期决策当中,固定成本和变动成本的水平不可能维持长期不变,这种变化必然突破相关范围。因此变动成本法所提供的资料,不满足长期决策的需要。

(三)统一的成本计算系统

企业的会计系统具有对内和对外双向服务职能。企业一方面要定期发布各种财务报表,以便为企业外部利益集团服务,另一方面还要通过灵活多样的方式和方法,为企业内部经营管理服务。

通过前面的介绍已经知道,使用完全成本法为企业内部经营管理服务时具有很大的局限性,但是按照公认会计准则的要求,企业还是要提供符合完全成本法要求的会计报表。企业为了兼顾内部和外部两方面的需求,不能单纯使用变动成本法,而应该设法同时满足两方面的需求。

兼顾两方面的要求,并不意味着就要搞两套平行的成本计算系统,因为那样做工作量太大。最合理的解决办法是设立统一的成本计算系统,即以变动成本法为基础,同时对它做适当的调整和变通,以适应编制对外报表的需求。其具体做法是:

1. 把日常核算建立在变动成本法的基础之上,即"生产成本""产成品""产品销售成本"等账户都只登记变动成本。

2. 对于"制造费用"账户，开设"变动制造费用"账户，以此核算生产过程中发生的变动制造费用，期末将发生额汇总后转入"生产成本"账户。同时设置"存货中的固定制造费用"账户，用来归集、核算本期发生的固定制造费用。期末将已经实现销售的产品应分摊的固定制造费用从该账户的贷方直接转入"本年利润"账户的借方，用以抵减当期的销售收入，从而计算出当期实现利润的数额。可见，"本年利润"账户的期末余额反映的是按照完全成本法计算的本年内累计实现利润数额，应该由期末在产品和产成品负担的固定制造费用部分，则作为期末余额保留在"存货中的固定制造费用"账户上。

3. 根据有关账户资料加以调整，最终分别编制完全成本法的损益表和资产负债表，以及变动成本法的损益表和资产负债表。

思考与练习题

1. 某企业本期有关成本资料如下：单位直接材料成本为10元，单位直接人工成本为5元，单位变动制造费用为7元，固定制造费用总额为4 000元，单位变动销售管理费用为4元，固定销售及管理费用为1 000元。期初存货量为零，本期产量为1 000件，销量为600件，单位售价为40元。

要求：分别按两种成本法的有关公式计算下列指标：单位产品成本、期间费用、销售成本和营业利润。

2. 某厂只生产一种产品，第一年、第二年的产量分别为30 000件和24 000件，销售量分别为20 000件和30 000件，存货计价采用先进先出法，产品单价为15元/件，单位变动生产成本为5元/件，每年固定制造费用的发生额为180 000元，销售及管理费用都是固定性的，每年发生额为25 000元。

要求：分别采用两种成本计算方法确定第一年、第二年的营业利润（编制利润表）。

3. 某厂连续两年的产销量、成本和售价等资料如表1所示。

表1 某厂产销量、成本和售价等资料　　　　　单位：元

项目	第一年	第二年
生产量（件）	8 000	10 000
销售量（件）	8 000	6 000
单位产品变动成本（元）	15	15
固定制造费用（元）	40 000	40 000
销售和管理成本（元）	10 000	10 000
单价（元）	40	40

该厂按变动成本法计算的营业利润第一年为 150 000 元,第二年为 100 000 元,存货按先进先出法计价。

要求:用利润差额简算法计算完全成本法的各年营业利润。

4. 某厂生产甲产品,产品单位价格为 10 元/件,单位变动生产成本为 4 元,固定制造费用总额为 24 000 元,销售及管理费用为 6 000 元,全部系固定性的,存货按先进先出法计价,最近三年的产销量资料如表 2 所示。

表 2 某厂近三年的产销量资料   单位:件

项目	第一年	第二年	第三年
期初存货量	0	0	2 000
本期生产量	6 000	8 000	4 000
本期销售量	6 000	6 000	6 000
期末存货量	0	2 000	0

要求:
(1)分别按两种方法计算单位产品成本。
(2)分别按两种方法计算期末存货成本。
(3)分别按两种方法计算期初存货成本。
(4)分别按两种方法计算各年营业利润(编制利润表)。
(5)用差额简算法验证完全成本法下的各年利润。

拓展与感悟

制造业转型升级环境下成本核算方法的应用:变动成本法+作业成本法

提升自主创新能力,建立创新驱动的发展模式,是我国制造业转型升级的关键要素。智能制造将人工智能等技术普遍运用于生产制造的各个环节,减轻一线人员的工作强度,同时提高了生产效率和产品质量。智能制造对产业形态、企业体制和管理模式等方面都产生了重要的影响,原有资源配置结构改变,导致企业成本结构发生了诸如间接成本比重增加、成本核算范围变广、数据管理成本大幅增加、高素质人才引进成本增加等变化。

制造业转型升级对企业生产活动产生根本性变革,技能劳动密集型产业和技术劳动密集型产业逐渐取代普通劳动密集型产业。传统的完全成本法采用相对简单的分摊技术,缺点则变得更加明显。同时,随着大数据技术的广泛应用,企业收集和处理数据能力提高,数据处理成本下降,传统观念上所认为的作业成本法执行成本高的缺点也可以得到明显改善。

作业成本法可能更加适应智能化程度较高的制造业新环境,逐渐取代完全成本法。此外,变动成本法的优势也值得借鉴。变动成本法追求产品边际贡献,能够更加灵活地反映产品效益和市场动向,帮助企业做出更加准确的生产销售决策,建立企业核心竞争力。

  然而,没有一种成本核算方法可以做到十全十美,结合不同成本核算方法的优点是制造业转型升级下企业成本核算的趋势。罗伯特·卡普兰曾说过,"作业成本法与贡献毛益法相结合将是成本会计的总趋势"。一方面,在变动成本法的成本性态分析基础上,作业成本法通过将资源消耗与作业动因更好地匹配,可以提供更准确的变动成本信息,同时改进并消除生产流程中无法增值的环节;另一方面,变动成本法可以运用作业成本法思维对生产成本和期间费用进行更详细的划分,尤其是对被划分为固定成本的期间费用进行更精准的分析。如果能将变动成本法和作业成本法科学合理地结合,灵活合规地运用,这对企业适应制造业转型升级将会发挥重要作用。

参考资料:

  [1]张金若,隆雨."双循环"格局下制造业转型升级的成本核算与列报问题研究[J].苏州大学学报,2022(1).

第六章

本量利分析及利润规划

导 读

```
            ┌─────────────┐
            │  本量利分析  │
            └──────┬──────┘
    ┌──────────┬───┴───┬──────────┐
┌───┴───┐  ┌───┴───┐  ┌┴──────┐  ┌┴──────────┐
│边际贡献│  │盈亏平衡点│ │利润规划│  │利润敏感分析│
├───────┤  ├───────┤  ├───────┤  ├───────────┤
│•概念  │  │•产品保本点│ │•目标利润│ │•敏感度指标 │
│•计量  │  │•安全边际 │ │•经营杠杆│ │•利润的敏感性│
│•作用  │  │        │  │        │ │  分析      │
└───────┘  └───────┘  └───────┘  └───────────┘
```

说明：

边际贡献是在成本性态分析的基础上产生的揭示产品创利能力的盈利指标，该指标可以用于企业本量利分析；在本量利分析的基础上，进一步分析影响利润的各因素的变化程度，即敏感分析，敏感分析有助于企业进行利润规划，并在企业面对内外部因素变化时，调整企业的经营方针。

第一节　边际贡献与盈亏临界点

通过成本性态的分析,把企业全部成本最终分为变动成本和固定成本两大类,以便进行边际贡献、盈亏临界点等指标的计算。

一、边际贡献

边际贡献是指产品的销售收入扣除变动成本后的余额。它首先应该用于补偿固定成本,补偿固定成本之后还有余额,才能为企业提供利润。如果边际贡献不足以收回固定费用,企业将发生亏损。边际贡献有两种表现形式:一是单位边际贡献,即每种产品的销售单价减去各种产品的单位变动成本。二是边际贡献总额,即各种产品的销售收入总额减各种产品的变动成本总额。边际贡献是反映各种产品盈利能力的一个重要指标,是管理人员进行决策分析的一项重要信息。

建立本量利方程式涉及的基本因素通常包括五项,即售价 p、单位变动成本 b、产销量 X、固定成本总额 a,以及目标利润 E。依据上述诸因素即可建立有关本量利分析的基本方程式:

$$\begin{aligned}
目标利润 &= 销售收入 - 销售成本 \\
&= 销售收入 - (变动成本总额 + 固定成本总额) \\
&= 售价 \times 销售量 - (单位变动成本 \times 销售量 + 固定成本总额) \\
&= 边际贡献 - 固定成本
\end{aligned}$$

若以符号表述即为下述形式:

$$E = pX - (bX + a)$$

现举例说明如下:

【例 6-1】假设某公司在某月只出售一单位产品,该产品单价为 250 元,产品单位变动成本 150 元,固定成本总额 30 000 元,该公司的损益将如表 6-1 所示。

表 6-1　某公司的损益表　　　　　　　　　　　　单位:元

销售收入(1×250)	250
减:变动成本(1×150)	150
边际贡献	100
减:固定成本	30 000
净损失	29 900

上面计算说明,该公司每多出售一单位产品,就可多得边际贡献 100 元,可用于补偿固

定费用。

假若该公司再出售一单位的产品,就会再增加100元的边际贡献,此时该公司边际贡献的总额即为200元,净损失将减少100元,即为29 800元,损益如表6-2所示。

表6-2 损益表 单位:元

销售收入(2×250)	500
减:变动费用(2×150)	300
边际贡献	200
减:固定成本	30 000
净损失	29 800

假若有足够多的产品可以出售,使得边际贡献总额达到30 000元,则所有的固定成本都可以收回,该公司没有利润也没有亏损,刚好收回全部成本。

边际贡献率是指以单位边际贡献除以单位销售价格,或者以边际贡献总额除以销售收入总额。其计算公式是:

$$边际贡献率 = \frac{边际贡献}{销售收入}$$

现举例说明如下:

【例6-2】某公司生产和销售甲产品400件(假定产销平衡),每件单价250元,变动成本150元,固定成本总额35 000元。

根据上述资料,计算每件产品的边际贡献如下:

$$250 - 150 = 100(元)$$
$$边际贡献总额 = 400 × 100 = 40\ 000(元)$$

或

$$边际贡献总额 = (400 × 250) - (400 × 150)$$
$$= 100\ 000 - 60\ 000$$
$$= 40\ 000(元)$$
$$边际贡献率 = 100/250 = 40\%$$

或

$$边际贡献率 = 40\ 000/100\ 000 = 40\%$$

从上述计算结果可见,该公司的边际贡献率为40%,它说明了如果固定成本保持不变,销售收入每增加1元,边际贡献将增加0.40元(1元×40%),净收益也增加0.40元。

根据边际贡献率指标可以测算销售数额的变动对损益的影响。沿用上例,假定该公司预算下个月增加销售收入40 000元,则边际贡献总额可增加16 000元(40 000元×40%)。如果固定费用不变,净收益将增加同样的数额。

二、盈亏临界点

(一)盈亏临界点的含义

盈亏临界点,也称损益两平点或保本点。它是以盈亏临界点为基础,对成本、销售量、利润三者之间所进行的盈亏平衡分析。所谓盈亏临界点,是指在一定销售量下,企业的销售收入和销售成本相等,不盈也不亏。当销售量低于盈亏临界点的销售量时,将发生亏损;反之,当销售量高于盈亏临界点的销售量时,则会获得利润。可见,盈亏临界点是个很重要的数量指标。因为保本是获得利润的基础,任何一个企业要预测利润,从而把目标利润确定下来,首先要预测盈亏临界点,只有超过临界点后再扩大销售量,才可以获得利润。

(二)盈亏临界点的基本表达式

利润的计算公式可表述为:

$$E = pX - bX - a$$

而盈亏临界点是企业利润等于零时的销售量,即:

$$pX - bX - a = 0$$

因而得到:

$$BE = a/(p - b)$$

式中:E 代表利润;

　　X 代表销售量;

　　p 代表单位产品售价;

　　b 代表单位产品变动成本;

　　a 代表固定成本;

　　BE 代表盈亏临界点。

盈亏临界点的计算可以采用以下两种形式。

1. 按实物单位计算:

$$\text{盈亏临界点的销售量(实物单位)} = \frac{\text{固定成本}}{\text{单位产品销售收入} - \text{单位产品变动成本}} = \frac{\text{固定成本}}{\text{单位产品边际贡献}}$$

如前所说,式中的边际贡献是企业利润的源泉,它首先要用来补偿固定成本,补偿固定成本之后还有余额,才能为企业提供最终的利润,否则,就会发生亏损。

2. 按金额计算:

$$\text{盈亏临界点销售量(用金额表示)} = \frac{\text{固定成本}}{1 - \frac{\text{变动成本}}{\text{销售收入}}} = \frac{\text{固定成本}}{\frac{\text{边际贡献}}{\text{销售收入}}} = \frac{\text{固定成本}}{\text{边际贡献率}}$$

【例6-3】假设红光公司甲产品单位售价为10元,单位产品的变动成本为6元,全期固定成本为40 000元,则:

$$\text{盈亏临界点的销货量(实物单位)} = \frac{40\,000}{10 - 6} = 10\,000(\text{件})$$

$$\text{盈亏临界点的销货量(金额单位)} = \frac{40\,000}{40\%} = 100\,000(\text{元})$$

上述计算结果表明,该企业的销售量要达到 10 000 件,或者销售收入要达到 100 000 元,才能不盈不亏。

三、多种产品盈亏临界点

以上盈亏临界点分析是以企业只销售一种产品为前提的,当企业生产经营多种产品时,由于每种产品的边际贡献不同,因此,企业的盈亏临界点就不能以实物数量表示,而只能以销售收入金额来表示。下面我们介绍两种常用的计算多品种盈亏临界点的方法。

(一)加权平均法

在用加权平均法计算多种产品组合的盈亏平衡点时,依据的基本原理是:

$$\text{盈亏平衡点销售收入} = \frac{\text{固定成本}}{\text{边际贡献率}}$$

但是,在多品种组合中,由于各种产品的盈利能力不同(即其边际贡献率不同),因此,计算多产品的盈亏平衡点公式中的边际贡献率不能简单地以某种产品的边际贡献率为准,而应用各种产品边际贡献率的加权平均数计算,其权数是各种产品的销售比重。所以,多品种组合的盈亏平衡点计算的关键就在于求出各种产品的边际贡献率和各自的销售比重。下面介绍品种组合盈亏平衡点的计算步骤。

第一步,计算全部产品的销售收入总额:

$$\text{销售收入总额} = \sum(\text{各种产品的单价} \times \text{预计销售量})$$

第二步,计算各种产品的销售收入比重:

$$\text{各产品的销售收入比重} = \frac{\text{各种产品的销售额}}{\text{销售收入总额}}$$

第三步,计算各种产品的加权平均边际贡献率:

$$\text{加权平均边际贡献率} = \sum(\text{各种产品的边际贡献率} \times \text{各种产品的销售比重})$$

第四步,计算整个企业综合盈亏平衡点销售额:

$$\text{综合盈亏平衡点销售额} = \frac{\text{固定成本总额}}{\text{加权平均边际贡献率}}$$

第五步,计算各种产品盈亏平衡点销售额:

$$\text{各种产品盈亏平衡点销售额} = \text{综合盈亏平衡点销售额} \times \text{各种产品销售收入比重}$$

第六步,计算各种产品的盈亏平衡点销售量:

$$\text{各种产品盈亏平衡点销售量} = \frac{\text{各种产品盈亏平衡点的销售额}}{\text{各种产品的单位销售单价}}$$

现举一简例说明其计算原理

【例 6-4】设某公司生产并销售甲、乙、丙三种产品,产销平衡,固定成本总额为 300 000 元,其他有关资料如表 6-3 所示。

表 6-3　产品资料

项目	甲	乙	丙
产销量	100 000(件)	25 000(台)	10 000(套)
单位售价(元)	10	20	50
单位变动成本(元)	8.5	16	25

要求:用加权平均法计算该公司三种产品组合的盈亏平衡点。

根据以上资料和计算原理,该公司生产和销售三种产品组合的盈亏平衡点计算过程如下:

第一步,预计全部产品的销售收入总额:

$$销售收入总额 = \sum(各种产品的单价 \times 预计销售量)$$
$$= 100\,000 \times 10 + 25\,000 \times 20 + 10\,000 \times 50$$
$$= 2\,000\,000(元)$$

第二步,计算各种产品的销售收入比重:

$$甲产品销售收入比重 = \frac{甲产品销售额}{销售收入总额} = \frac{1\,000\,000}{2\,000\,000} = 50\%$$

$$乙产品销售收入比重 = \frac{乙产品销售额}{销售收入总额} = \frac{500\,000}{2\,000\,000} = 25\%$$

$$丙产品销售收入比重 = \frac{丙产品销售额}{销售收入总额} = \frac{500\,000}{2\,000\,000} = 25\%$$

第三步,计算各种产品的加权平均边际贡献率:

$$甲产品的边际贡献率 = \frac{10 - 8.5}{10} = 15\%$$

$$乙产品的边际贡献率 = \frac{20 - 16}{20} = 20\%$$

$$丙产品的边际贡献率 = \frac{50 - 25}{50} = 50\%$$

$$加权平均边际贡献率 = \sum(各种产品的边际贡献率 \times 各种产品的销售比重)$$
$$= 50\% \times 15\% + 25\% \times 20\% + 25\% \times 50\%$$
$$= 25\%$$

第四步,计算综合盈亏平衡点销售额:

$$综合盈亏平衡点销售额 = \frac{固定成本总额}{加权平均边际贡献率} = \frac{300\,000}{25\%} = 1\,200\,000(元)$$

第五步,计算各种产品的盈亏平衡点销售额:

$$甲产品盈亏平衡点销售额 = 综合盈亏平衡点销售额 \times 甲产品销售收入比重$$
$$= 12\,000\,000 \times 50\% = 600\,000(元)$$

乙产品盈亏平衡点销售额 = 综合盈亏平衡点销售额 × 乙产品销售收入比重

$$= 1\,200\,000 \times 25\% = 300\,000(元)$$

丙产品盈亏平衡点销售额 $= 1\,200\,000 \times 25\% = 300\,000(元)$

第六步,计算各种产品的盈亏平衡点销售量:

$$甲产品盈亏平衡点销售量 = \frac{甲产品盈亏平衡点的销售额}{甲产品销售单价}$$
$$= 600\,000 \div 10 = 60\,000(件)$$

$$乙产品盈亏平衡点销售量 = \frac{乙产品盈亏平衡点的销售额}{乙产品销售单价}$$
$$= 300\,000 \div 20 = 15\,000(台)$$

$$丙产品盈亏平衡点销售量 = \frac{丙产品盈亏平衡点销售额}{丙产品销售单价}$$
$$= 300\,000 \div 50 = 6\,000(套)$$

(二)联合单位法

运用联合单位法确定多品种盈亏平衡点的基本思路是:将多品种问题转化为"单一产品"问题,从而能直接使用盈亏平衡点计算公式计算多产品盈亏平衡点。具体步骤是:

第一步,确定用销售量表示的销售组合比。当企业同时销售多种产品时,各种产品销售量的相对比就是销售组合比。例如,某公司同时销售甲、乙两种产品,销售量分别为3 000件和5 000件,则此销售组合比就是3∶5。这意味着该企业每销售8个单位的产品组合中,就有3件甲产品和5件乙产品。

第二步,确定销售组合的联合单位边际贡献。为了方便和计算的需要,我们将一个销售组合的计量单位统一为虚拟的单位,即"联合单位",从而将多品种、多个计量单位的问题转化为单一产品问题。例如,在上例中的销售组合是8个联合单位,而其中甲产品的数量为3个联合单位,乙产品的数量为5个联合单位。在此基础上,销售组合的联合单位边际贡献的计算公式是:

$$销售组合的联合单位边际贡献 = \sum(各产品联合单位数 \times 各自的单位边际贡献)$$

第三步,确定盈亏平衡点的联合单位数。

$$盈亏平衡的联合单位数 = \frac{固定成本}{联合单位边际贡献}$$

注意:这时的盈亏平衡点销售量的计量单位不是实物单位,而是虚拟的"联合单位"。

第四步,确定各个产品在盈亏平衡点下的销售量。

$$平衡时的各产品销售量 = 各产品的联合单位数 \times 盈亏平衡的联合单位数$$

现举一简例说明其计算原理

【例6-5】仍以例6-4公司的数据为例,用联合单位法计算多种产品的盈亏平衡点。

第一步,确定用销售量表示的销售组合比。

由表6-3中的数据可知,甲产品的销售量为100 000件,乙产品的销售量为25 000台,丙产品的销售量为10 000套,故销售组合比为100 000∶25 000∶10 000,简化得10∶2.5∶1。

第二步,确定销售组合的联合单位边际贡献。

根据以上销售组合比、已知条件和有关计算公式,可以计算联合单位的边际贡献,用表 6-4 表示。

表 6-4　联合单位边际贡献　　　　　　　　　　　　　单位:元

产品	价格 (1)	单位变动成本 (2)	单位边际贡献 (3)=(1)-(2)	销售比 (4)	联合单位边际贡献 (5)=(3)×(4)
甲产品	10	8.5	1.5	10	15
乙产品	20	16	4	2.5	10
丙产品	50	25	25	1	25
合计					50

第三步,确定盈亏平衡点的联合单位数。由于固定成本总额为 300 000 元,联合单位边际贡献为 50 元,故:

$$盈亏平衡的联合单位数 = \frac{固定成本}{联合单位边际贡献} = \frac{300\,000}{50} = 6\,000(联合单位)$$

第四步,确定各个产品在盈亏平衡点下的销售量。利用以上计算结果可得:

$$盈亏平衡时甲产品销售量 = 甲产品的联合单位数 \times 盈亏平衡的联合单位数$$
$$= 10 \times 6\,000 = 60\,000(件)$$
$$盈亏平衡时乙产品销售量 = 乙产品的联合单位数 \times 盈亏平衡的联合单位数$$
$$= 2.5 \times 6\,000 = 15\,000(台)$$
$$盈亏平衡时丙产品销售量 = 丙产品的联合单位数 \times 盈亏平衡的联合单位数$$
$$= 1 \times 6\,000 = 6\,000(套)$$

用各产品的盈亏平衡点的销售量乘以各自的单价,即可得到各产品的盈亏平衡点销售额。

需要指出的是:在实际销售活动中,价格的变化会引起需求的变化,进而引起销售组合的变化。无论使用加权平均法还是联合单位法,都需要注意这一点。另外,以上例子只考虑最简单的销售组合情况,而在实际情况下,当企业销售的产品种类非常多时,人工计算会变得非常困难。但是使用计算机系统可以轻而易举地解决这个问题。

四、同盈亏临界点有关的指标

同盈亏临界点有关的指标有:达到盈亏临界点的作业率、安全边际、安全边际率和销售利润率等。现将这些指标的含义及计算方法说明如下。

(一)达到盈亏临界点的作业率

盈亏临界点的销售量(额)除以企业正常开工完成的销售量(额),称为达到盈亏临界点的作业率。其计算公式如下所示:

$$达到盈亏临界点的作业率 = \frac{盈亏临界点的销售量(额)}{正常开工的销售量(额)}$$

假设例6-3中盈亏临界点销售额为100 000元,企业正常开工完成的销售量为12 500件,销售收入为125 000元,达到盈亏临界点的作业率可计算如下:

$$达到盈亏临界点的作业率 = \frac{100\ 000}{125\ 000} = 80\%$$

它说明,该公司要获得利润,作业率必须提高到80%以上,否则,就会发生亏损。这个指标对安排生产有一定的指导意义。

(二)安全边际

安全边际是指盈亏临界点以上的销售量,也就是现有销售量超过盈亏临界点销售量的差额。这个指标说明从现有销售量或预计可达到的销售量到盈亏临界点还有多大的差距。这个差距说明现有或预计可达到的销售量再降低多少,企业才会发生损失。差距越大,说明企业发生亏损的可能性就越小,企业的经营就越安全。

安全边际可以用绝对数表示,也可以用相对数表示。用绝对数表示,其计算公式如下:

$$安全边际 = 现有的销售量(额) - 盈亏临界点的销售量(额)$$

用相对数表示,称为安全边际率,它是用安全边际除以现有或预计可达到的销售额所得的比率。其计算公式:

$$安全边际率 = \frac{现有的销售量 - 盈亏临界点的销售量}{现有销售量}$$

或

$$安全边际率 = \frac{安全边际}{现有的销售量(额)}$$

沿用例6-3,安全边际与安全边际率可计算如下:

$$安全边际 = 125\ 000 - 100\ 000 = 25\ 000(元)$$

$$安全边际率 = \frac{25\ 000}{125\ 000} = 20\%$$

上述计算结果说明,在现有销售收入125 000元中,有80%(125 000×80% = 100 000元)达到盈亏临界点销售额;还有20%补偿变动成本后(125 000×20% = 25 000元)才可提供利润。

(三)销售利润率

销售利润率是销售利润与销售收入的比率。其计算公式如下:

$$销售利润率 = \frac{销售收入 - 变动成本 - 固定成本}{销售收入}$$

沿用例6-3中的数字,代入上式可得:

$$销售利润率 = \frac{125\ 000 - (12\ 500 \times 6) - 40\ 000}{125\ 000}$$

$$= \frac{125\ 000 - 75\ 000 - 40\ 000}{125\ 000}$$

$$= \frac{10\,000}{125\,000}$$

$$= 8\%$$

销售利润率也可以按照下列公式计算：

$$销售利润率 = 安全边际率 \times 边际贡献率$$

$$= 20\% \times 40\%$$

$$= 8\%$$

上述计算结果说明，每实现一元钱的销售收入可获得利润0.08元。

五、盈亏临界图

盈亏临界图是围绕盈亏临界点将影响企业利润的有关因素及相互关系，集中在一张图上形象而具体地表现出来。利用盈亏临界图可以清楚地看到有关因素的变动对利润的影响，因而对于在经营管理工作中提高预见性和主动性具有较大的帮助。下面具体说明盈亏临界图的绘制方法以及其所揭示的有关成本、业务量与利润三者之间的规律性联系。

(一)盈亏临界图的绘制程序

在盈亏临界图上，一般以横轴表示销售量(用实物单位或金额表现)，以纵轴表示成本和销售收入的金额。

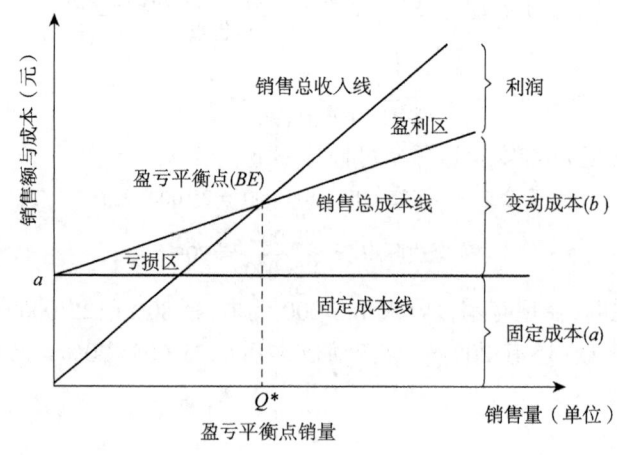

图6-1 盈亏平衡点(基本式)

(二)盈亏临界图的特点

从上述盈亏临界图中所反映的各有关因素之间的相互关系，可看出它们具有如下特点：

1. 盈亏临界点不变，销售量越大，能实现的利润越多，亏损越少；销售量越少，能实现的利润越小，亏损越多。

2. 销售量不变，盈亏临界点越低，能实现的利润越多，亏损越小；盈亏临界点越高，能实现的利润越小,亏损越多。

3. 在销售收入既定的条件下,盈亏临界点的高低取决于固定成本和单位产品变动成本的多少。固定成本越多,或单位产品变动成本越多,盈亏临界点越高;反之,盈亏临界点越低(单位产品变动成本的变动对盈亏临界点的影响是通过变动成本线斜率的变动而表现出来的)。

六、成本—产量—利润分析的基本假设

在进行盈亏临界分析中,往往以下面一些基本假设为前提,这些假设的主要内容有如下几个方面:

(1)假定产品的单位销售价格不变,企业的销售总收入同产品的销售量成正比例变动关系。

(2)假定所有的成本都划分为固定成本和变动成本两部分。其中,假定固定成本是处于"相关范围"内,其总额在全期内保持不变,不受销售量变动的影响;单位产品的变动成本不变,变动成本总额同产品的销售量成正比例变动关系。

(3)假定企业生产和销售一种产品,如果同时生产和销售多种产品时,其品种构成不变。

(4)假定全期内产品的生产量与销售量一致,不考虑产成品存货水平变动对利润的影响。

在实际工作中,以上基本假设不可能保持不变,所以必须分别计量它们对有关指标的影响程度。

第二节 目标利润的分析

上面所述的盈亏临界点的计算与分析对企业非常重要,它是企业维持简单再生产的基础。为了扩大再生产,企业还必须进一步进行盈利性分析。

一、目标利润

目标利润通常是企业在制订经营计划时所要考虑的重要因素。利用盈亏平衡点的计算原理可以帮助企业确定实现目标利润的产销计划。下面我们分两种情况介绍实现目标利润的销售量的计算方法。

(一)不考虑税收因素

企业必须通过销售活动来实现利润目标,所以目标利润也是需要用销售收入加以"补偿"的部分。因此,我们可以将目标利润视为固定成本的构成部分,用盈亏平衡点的计算公式来计算实现目标利润所需要的销售量,即:

$$实现目标利润的销售量 = \frac{目标利润 + 固定成本}{单位边际贡献}$$

$$\text{实现目标利润的销售收入} = \frac{\text{目标利润} + \text{固定成本}}{\text{边际贡献率}}$$

(二) 考虑税收的影响

以上目标利润没有考虑所得税因素,但在现实经济生活中,所得税是企业必须缴纳的,是影响企业现金流量的一个重要因素。因而,企业在制订利润计划时,主要考虑税后利润的情况。

因为:

$$\text{税后利润} = \text{税前利润} \times (1 - \text{所得税率})$$

故税后利润转化为税前利润的计算公式是:

$$\text{税前利润} = \frac{\text{税后利润}}{1 - \text{所得税率}}$$

$$\text{实现税后目标利润的销售量(实物单位)} = \frac{\dfrac{\text{税后的目标利润}}{1 - \text{所得税率}} + \text{固定成本}}{\text{单位边际贡献}}$$

$$\text{实现税后目标利润的销售收入} = \frac{\dfrac{\text{税后的目标利润}}{1 - \text{所得税率}} + \text{固定成本}}{\text{边际贡献率}}$$

【例6-6】承例6-3,假设红光公司20××年1月份的目标净利润为14 000元,所得税率为30%,其他条件不变。这时公司实现目标利润的销售量和销售收入应是多少?

根据以上资料和有关计算公式可以计算红光公司为实现20××年1月份的税后目标利润应达到的销售水平:

$$\text{实现税后目标利润的销售量(实物单位)} = \frac{\dfrac{\text{税后的目标利润}}{1 - \text{所得税率}} + \text{固定成本}}{\text{单位边际贡献}}$$

$$= \frac{\dfrac{14\,000}{1 - 0.3} + 40\,000}{4}$$

$$= 15\,000(\text{件})$$

$$\text{实现税后目标利润的销售收入} = \frac{\dfrac{\text{税后的目标利润}}{1 - \text{所得税率}} + \text{固定成本}}{\text{边际贡献率}}$$

$$= \frac{\dfrac{14\,000}{1 - 0.3} + 40\,000}{0.4}$$

$$= 150\,000(\text{元})$$

以上计算表明:红光公司要实现20××年1月份的税后目标利润,其销售量要达到15 000件,或销售收入达到150 000元。计算结果可以用贡献式损益表验证,见表6-5。

表 6-5　损益表:税后目标利润　　　　　　　　　　　单位:元

项目	金额
销售收入(15 000×10)	150 000
减:变动费用(15 000×6)	(90 000)
边际贡献	60 000
减:固定费用	(40 000)
税前利润	20 000
减:所得税(税率30%)	(6 000)
税后利润	14 000

二、经营杠杆分析

从财务的角度讲,经营杠杆是指在销售量变动时,由企业固定成本和变动成本相对组合比例的变化,而导致企业利润发生变化的程度。这就是说,经营杠杆与企业组织内部固定成本与变动成本的相对比例有关,管理者则要对这一比例进行权衡。当变动成本降低时,单位边际贡献会提高,从而大大增加了单位销售量的利润贡献水平。在这种情况下,如果企业的固定成本不变,意味着固定成本的相对比例提高了,销售量的波动对盈利水平的影响增强了。经营杠杆效应通常使用经营杠杆系数来表示。具体的计算公式为:

$$经营杠杆系数 = \frac{基期边际贡献}{基期利润}$$

以上公式表明,经营杠杆系数和边际贡献变动成正比,和利润变动成反比。经营杠杆系数越大,销售量变动对利润的影响也就越大。当销售量增加时,经营杠杆系数越大,利润增加的幅度越大;相反,销售量减少时,经营杠杆系数越大,利润的减少幅度也越大。下面举例说明经营杠杆的作用。

【例6-7】某玩具公司准备生产一种新产品。该公司在设备选型上有两种方案:全自动方案和手工方案。选择全自动方案固定成本较高而变动成本较低。假设该公司预计销售量为10 000个单位的新产品,相应的其他数据如表6-6所示。

表 6-6　产品收入与成本资料　　　　　　　　　　　单位:元

项目	全自动化方案	手工方案
销售收入(10 000×100)	1 000 000	1 000 000
减:变动成本	(500 000)	(800 000)
边际贡献	500 000	200 000
减:固定费用	(375 000)	(100 000)
税前利润	125 000	100 000
单价	100	100
单位变动成本	50	80
单位边际贡献	50	20

要求:计算在这两种方案下的经营杠杆,并说明如果销售收入增加40%时,它对该公司利润的影响。

根据以上数据和经营杠杆的计算公式,可计算两个方案下的经营杠杆系数如下:

$$经营杠杆系数(自动) = \frac{边际贡献}{利润} = \frac{500\,000}{125\,000} = 4(倍)$$

$$经营杠杆系数(手工) = \frac{边际贡献}{利润} = \frac{200\,000}{100\,000} = 2(倍)$$

在其他条件不变的情况下,如果该公司的销售收入预计增长40%,该公司在新的销售量水平下的损益如表6-7所示。

表6-7 新销售水平下的损益表　　　　　　　　　　单位:元

项目	全自动化方案	手工方案
销售收入(10 000×1.4×100)	1 400 000	1 400 000
减:变动成本	(700 000)	(1 120 000)
边际贡献	700 000	280 000
减:固定费用	(375 000)	(100 000)
税前利润	325 000	180 000

以上结果表明:在全自动方案下,经营杠杆是4倍,则利润会增长160%,增长额为200 000元(325 000元-125 000元);而在手工方案下,经营杠杆为2倍,利润增长80%,增长额为80 000元(180 000元-100 000元)。

以上经营杠杆信息,对该公司管理者进行设备购买决策非常有用。如果购买自动化系统的设备,其经营杠杆系数比手工系统高两倍;这时,如果实际的销售量确实增加了,杠杆效应会导致利润增长幅度比手工系统的情况更高。但是,如果实际销售量水平下降了,自动化系统下较大的杠杆效应会导致利润水平更大幅度地下降。另外,从盈亏平衡点来看,全自动化方案的盈亏平衡点为7 500个单位,而手工方案的盈亏平衡点为5 000个单位,显然全自动化方案的经营风险更高。

第三节　利润预测中的敏感分析

一、分析有关因素变动对实现目标利润的影响

企业的目标利润确定后,还要根据本企业的生产能力及市场预测的情况,进行利润的敏感分析,也就是分析各有关因素的变动对企业目标利润的影响程度。根据量、本、利分析的

基本公式:

$$E = pX - bX - a$$

上式中,E 代表目标利润;X 代表目标销售量;p 代表预计单位售价;a 代表固定成本;b 代表预计单位变动成本。

为保证目标利润的实现,我们可以逐一计算以确定各有关因素(销售量、单位销售价格、单位变动成本、固定成本等)。

【例6-8】某厂预计年产销甲产品 10 000 件,每件单位售价 100 元,单位产品变动成本 60 元,全年固定成本 300 000 元。原预计利润 100 000 元[E = 10 000 × (100-60) - 300 000 = 100 000(元)]。现根据市场预测,要求在现有基础上利润增加 60%,达到 160 000 元。为保证目标利润的实现,各个因素应如何变动。

根据以上资料,确定盈亏临界点的销售量和目标利润如下:

$$盈亏临界点的销售量 = \frac{300\ 000}{100 - 60} = 7\ 500(件)$$

$$目标利润 = 160\ 000(元)$$

计算各有关因素变动对实现目标利润的影响。

(1)单位售价变动的影响。在其他因素不变的情况下,单位售价提高将使产品的边际贡献增加,从而使盈亏临界点降低,目标销售量减少;反之,单位售价降低将使边际贡献减少,盈亏临界点提高,目标销售量也会增加。

本例中,其他条件不变,单位产品售价由 100 元提高到 106 元,必然会引起如下变动(见表 6-8)。

表 6-8　产品售价变动的影响

项目	原来	变动后
单位产品售价(元)	100	106
单位产品变动成本(元)	60	60
单位产品边际贡献(元)	40	46
盈亏临界点销售量(件)	300 000/40 = 7 500	300 000/46 = 6 521.7
实现目标利润的销售量(件)	(300 000+160 000)/40 = 11 500	(300 000+160 000)/46 = 10 000

上述计算表明,在其他条件不变的情况下,当单位产品售价由 100 元提高到 106 元时,单位产品的边际贡献由 40 元增加为 46 元,盈亏临界点销售量由 7 500 件减少到 6 521.7 件。这意味着在提高单位售价的条件下,要取得 160 000 元的目标利润,其销售量就要由原来的 11 500 件降低到 10 000 件。

(2)变动成本变动的影响。在其他因素不变的情况下,变动成本的变动,对边际贡献会产生影响,从而对盈亏临界点也必然发生影响。当单位产品的变动成本增加时,单位边际贡献按其增加额相应地减少,盈亏临界点必然提高,目标销售量将会随之提高。反之,单位产品变动成本减少时,单位边际贡献按其减少额相应地提高,盈亏临界点必然下降,目标销售量也减少。

本例中,其他因素不变,单位产品变动成本由原来的 60 元降低到 54 元,从而引起如下的变动(见表 6-9)。

表 6-9　单位产品变动成本变动的影响　　　　　　　　　　　　单位:元

项目	原来	变动后
单位产品售价	100	100
单位产品变动成本	60	54
单位产品边际贡献	40	46
盈亏临界点销售量(件)	300 000/40 = 7 500	300 000/46 = 6 521.7
目标销售量(件)	(300 000+160 000)/40 = 11 500	(300 000+160 000)/46 = 10 000

上述计算表明,在其他因素不变的情况下,单位产品变动成本由原来 60 元降低为 54 元,减少 6 元,单位边际贡献按其减少额相应地增加 6 元,即由原来的 40 元增加到 46 元,盈亏临界点销售量则由 7 500 件减少为 6 521.7 件,实现目标利润的销售量由原来的 11 500 件减少为 10 000 件。

(3)销售量变动的影响。本例中,在其他条件不变的情况下,销售量应在原有基础上,也就是从 10 000 件增加到 11 500 件,即 $[160\ 000 = X(100-60) - 300\ 000, X = 11\ 500\ 件]$,销售量增长 10%,才能保证目标利润的实现。

(4)固定成本变动的影响。在其他因素不变的情况下,固定成本增加或减少,对盈亏临界点和目标销售量均会发生影响。当固定成本增加时,盈亏临界点和目标销售量会增加;反之,当固定成本减少时,盈亏临界点和目标销售量则会减少。

假设在本例中,其他条件不变,仅固定成本由原来的 300 000 元降低为 240 000 元,即减少 60 000 元,盈亏临界点的销售量和目标利润的销售量将发生如表 6-10 所示的变化。

表 6-10　固定成本变动的影响

项目	原来	变动后
盈亏临界点销售量(件)	300 000/(100-60) = 7 500	240 000/(100-60) = 6 000
目标利润销售量(件)	(300 000+160 000)/(100-60) = 11 500	(240 000+160 000)/(100-60) = 10 000

上述计算结果说明,当固定成本减少时,盈亏临界点销售量即由原来的 7 500 件减少为 6 000 件,为实现目标利润,销售量也由原来的 11 500 件减少为 10 000 件。

(5)多因素同时变动的影响。以上所述的是为了保证实现目标利润,分项逐一计算各有关因素所应采取的相应措施。但在现实生活中,各有关因素往往不是孤立存在,而是相互制约、互为影响。因此,为如实反映客观实际情况,往往需要综合计算各有关因素同时变动的影响。

假设本例中，提高单位售价，由原来100元提高到106元，增加广告费支出6 000元，同时又千方百计降低单位产品变动成本，即由原来的60元降低为54元。现综合计算各因素同时变动的影响：

$$盈亏临界点的销售量(件) = \frac{300\,000 + 6\,000}{106 - 54}$$

$$= \frac{306\,000}{52}$$

$$= 5\,884.6(件) \approx 5\,885(件)$$

$$目标销售量(件) = \frac{300\,000 + 6\,000 + 160\,000}{106 - 54}$$

$$= \frac{466\,000}{52}$$

$$= 8\,961.5(件) \approx 8\,962(件)$$

以上计算结果表明，当单位售价提高、固定成本同时增加、单位产品变动成本降低时，盈亏临界点销售量由原来7 500件降低为5 885件，为实现目标利润，销售量也由原来的11 500件减少为8 962件。

(6)税率变动的影响。以上所述的各有关因素变动对实现目标利润的影响，一般是指税前利润，其实，从税后利润来进行目标利润的规划和分析，更符合企业生产经营的需要。所以，还要进一步分析税率变动对实现目标利润的影响。

上面所述的目标利润是指税前利润。如改为税后利润，其计算公式是：

$$税后利润 = 税前利润 \times (1 - 税率)$$

$$税前利润 = \frac{税后利润}{1 - 税率}$$

如果目标利润是按税后利润计算的，则实现目标利润的销售量应按下式计算：

$$实现税后目标利润的销售量(实物单位) = \frac{固定成本 + \dfrac{税后的目标利润}{1 - 税率}}{单位产品的边际贡献}$$

本例中，税前的目标利润为160 000元，所得税率为40%，现所得税率提高到50%，计算税率变化对实现目标利润需达到的销售量的影响。

计算税率为40%时的税后利润：

$$160\,000 \times (1 - 40\%) = 96\,000(元)$$

$$实现税后目标利润的销售量(实物单位) = \frac{300\,000 + \dfrac{96\,000}{1 - 40\%}}{100 - 60}$$

$$= \frac{300\,000 + 160\,000}{40}$$

$$= 11\,500(件)$$

如果所得税由原来的40%提高到50%,则为实现目标利润需要达到的销售量为:

$$\text{实现目标利润的销售量(实物单位)} = \frac{300\,000 + \dfrac{96\,000}{1-50\%}}{100-60}$$

$$= \frac{300\,000 + 192\,000}{40}$$

$$= 12\,300(\text{件})$$

二、利润的敏感性分析

利润的敏感性分析是指针对影响利润的各有关因素发生变动时,就其对利润的影响程度所进行的一种分析。依据前述本量利的基本方程式 $E=pX-bX-a$,不难看出影响利润的因素至少有四个,即售价、单位变动成本、产销量及固定成本。显然,上述四因素中的任何一个因素发生变动都足以导致利润额发生变动,那么这些因素在发生变化时,对利润额的影响程度如何? 研究、揭示这一问题即为利润的敏感性分析。不难理解,若某一因素略有变化即可引起利润额发生较大幅度的变动,对此我们可以说利润对该因素敏感程度较高;反之,某一因素虽然发生较大幅度的变动,但其变动后使利润额的变化甚小,对于这种情形,我们可以说利润对该因素的敏感度较低。研究利润对各有关因素的敏感程度,一方面,可为管理者提供实现目标利润应控制的重点信息;另一方面,也可利用利润与各有关因素的敏感度关系进行利润的预测与规划。

为了便于揭示利润对各有关因素的敏感程度,在进行敏感性分析时,通常需要建立如下假定:

(1)各因素单独变动假定。即假定上述因素中任何一项因素的变动均不会引起其他三项因素的变动。建立此假定的目的是为了清晰地反映出利润对各有关因素的敏感程度。

(2)各因素变动幅度相同假定。即假定各因素均以同等幅度变动。建立此假定的目的是为了使利润对各有关因素的敏感度分析建立在统一可比的基础上。

敏感度指标计算的基本公式为:

$$\text{利润对某项因素的敏感度指标} = \frac{\text{利润变动百分比}}{\text{某项因素变动百分比}} \times 100\%$$

若假定影响利润的诸因素即售价 p、单位变动成本 b、产销量 X、固定成本 a 分别按 1,2,3,4 先后排序,且各因素均向有利于企业经营的方向变动,并设利润对上述各因素的敏感度指标为 $S_i(i=1,2,3,4)$,则有关利润敏感度指标的具体计算公式如下:

$$\text{利润对价格敏感度指标}(S_1) = \frac{\text{销售收入总额}}{\text{利润基数}} = \frac{pX}{E}$$

$$\text{利润对单位变动成本敏感度指标}(S_2) = -\frac{\text{变动成本总额}}{\text{利润基数}} = -\frac{bX}{E}$$

$$\text{利润对产销量敏感度指标}(S_3) = \frac{\text{边际贡献总额}}{\text{利润基数}} = \frac{(p-b)X}{E}$$

利润对固定成本敏感度指标$(S_4) = -\dfrac{\text{固定成本总额}}{\text{利润基数}} = -\dfrac{a}{E}$

【例6-9】 假定某企业只产销一种产品,该产品售价为50元,单位变动成本为30元,固定成本总额为100 000元,若计划期预计产销产品10 000件,试计算完成计划时的利润额及利润对各有关因素的敏感度指标。

完成计划产销量的利润额 = (50 − 30) × 10 000 − 100 000 = 100 000(元)

利润对价格的敏感度指标$(S_1) = \dfrac{50 \times 10\,000}{100\,000} \times 100\% = 5$

利润对单位变动成本的敏感度指标$(S_2) = -\dfrac{30 \times 10\,000}{100\,000} \times 100\% = -3$

利润对产销量的敏感度指标$(S_3) = \dfrac{(50-30) \times 10\,000}{100\,000} \times 100\% = 2$

利润对固定成本的敏感度指标$(S_4) = -\dfrac{100\,000}{100\,000} \times 100\% = -1$

从上例资料的计算结果看,该企业利润对价格因素的敏感度最高,其次是单位变动成本,然后是产销量,而对固定成本的敏感度最低。若以字母表示上述各因素敏感度指标的绝对值,并从高到低顺序排列,即可写成下述形式:

$$S_1 > S_2 > S_3 > S_4$$

但是,应该看到利润对各有关因素的敏感度指标的这种排序并非是一成不变的。以本例来说,若单位变动成本小于单位边际贡献,则这种排序即应改写为下述形式:

$$S_1 > S_3 > S_2 > S_4$$

由此可见,敏感度指标的这种排序不是唯一的,它取决于影响利润诸因素值之间的某种配置。尽管如此,我们应看到它们之间仍存在着某种内在联系,对于这种联系,若仔细观察分析上述各敏感度指标的计算公式,即不难归纳出如下结论(敏感度指标的绝对值)。

(1) 当企业利润大于0时,利润对价格的敏感度指标总是最高的。

(2) 在盈利条件假定下,利润对产销量的敏感度指标总是大于其对固定成本的敏感度指标。

(3) 利润对价格的敏感度指标与利润对单位变动成本的敏感度指标之差等于利润对产销量的敏感度指标,即 $S_1 - S_2 = S_3$。

(4) 利润对产销量的敏感度指标与其对固定成本的敏感度指标之差等于1%,即 $S_3 - S_4 = 1$。

思考与练习题

1. 已知:某企业产销A,B,C三种产品的有关资料如表1所示。

要求:计算填列表中所缺数字。

表1 产品本量利分析

产品名称	销量	销售收入	变动成本总额	单位边际贡献	固定成本总额	利润
A	(1)	20 000	(2)	5	4 000	6 000
B	1 000	20 000	(3)	(4)	8 000	-1 000
C	4 000	40 000	20 000	(5)	9 000	(6)

2. 已知:某企业产销A,B,C三种产品的有关资料如表2所示。

要求:计算填列表中所缺数字。

表2 产品本量利分析

产品名称	销售收入	变动成本	贡献边际率	固定成本总额	利润
A	40 000	(1)	20%	(2)	2 000
B	(3)	28 000	(4)	12 000	30 000
C	56 000	39 200	(5)	6 800	(6)

3. 已知产品单价10元,单位变动成本6元,固定制造费用40 000元,年销量12 500件,请计算以下指标:单位边际贡献、边际贡献总额、边际贡献率、变动成本率、保本点销量、保本点销售额、安全边际销量、安全边际销售额、安全边际率、保本点作业率、利润、利润率。若目标利润为12 000元,计算实现目标利润的销量。若所得税率为30%,目标净利润为14 000元。

要求:请计算实现目标净利润的销量。

4. 已知多品种资料如表3所示。

表3 产品资料

品种	销量(件)	单价	单位变动成本	固定成本
A	120	4 000	3 200	
B	60	1 000	600	
C	130	2 000	1 400	
合计				19 800

要求:

(1)计算A,B,C各品种的销售比重。

销售比重A	
销售比重B	
销售比重C	

(2) 计算 A,B,C 各品种的边际贡献率。

边际贡献率 A	
边际贡献率 B	
边际贡献率 C	

(3) 计算加权边际贡献率。

(4) 计算综合保本点销售额。

(5) 计算 A,B,C 各品种的保本点销售额。

保本点销售额 A	
保本点销售额 B	
保本点销售额 C	

(6) 计算 A,B,C 各品种的保本点销售量。

保本点销售量 A	
保本点销售量 B	
保本点销售量 C	

(7) 计算 A,B,C 各品种的利润。

利润 A	
利润 B	
利润 C	

5. 某企业产销一种产品,基期固定成本为 80 000 元,销量为 500 件,营业利润为 20 000 元。

要求:
(1) 计算经营杠杆系数。
(2) 如果计划期预计销售增长 20%,其他因素不变,计划期利润将是多少?
(3) 如果计划期目标利润为 50 000 元,其他因素不变,计划期销售量应为多少?

拓展与感悟

改革开放四十多年来,中国经济持续高速增长,成功步入中等收入国家行列。但随着人口红利衰减、风险累积、国际经济格局调整等一系列内因与外因的作用,我国的经济发展正进入"新常态"。2015年11月10日,中央财经领导小组第十一次会议在研究经济结构性改革和城市工作时首次提出供给侧结构性改革。2015年12月18日至21日,中央经济工作会议提出,在供给侧结构性改革中,要抓好去产能、去库存、去杠杆、降成本、补短板五大任务。

当前,中国经济发展正处于新旧动能接续转换、经济转型升级的关键时期,新技术、新业态、新经济在快速增长。对于传统能源型企业来说,如何借助资本市场实现跨越式发展?过去几年,河南神火集团给出了答案。河南神火煤电股份有限公司成立于1998年8月31日,于1999年8月31日在深圳证券交易所上市(股票简称:神火股份,股票代码:000933)。该公司是河南神火集团的核心企业,主营业务为煤炭、发电、氧化铝、铝产品的生产、加工和销售,已形成比较完善的煤电铝材产业链。在2007年以前,神火股份的销售净利率保持在10%以上,从2008年开始逐年下降,到2015年销售净利率低至-10.48%,亏损超18亿元。2016年4月20日,神火股份被实行"退市风险警示"处理,股票简称由"神火股份"变更为"*ST神火"。之后,神火集团果断对亏损严重、失血较多或落后产能实施关停,先后对资源枯竭的葛店煤矿、边沟煤矿实施政策性关停,累计去产能108万吨;对合资的在建矿井新密地区和成矿、大磨岭矿停止建设投入,共压减产能105万吨;对规划建设的山西左权高家庄年产500万吨的矿井项目,果断转让退出。同时,神火股份积极推动煤炭产业"减头减面减系统、提速提质提效"。2017年5月2日,"*ST神火"自开市起被撤销退市风险警示,公司证券简称由"*ST神火"变更为"神火股份"。2021年年报显示,神火股份实现净利润30亿元。

破解传统能源产能过剩、可再生能源发展瓶颈制约、能源系统整体运行效率不高等突出问题,必须创新能源体制机制,大力推进能源供给侧结构性改革。我国可再生能源包括风电、太阳能、生物质能以及新能源、清洁能源。新一轮制造业等实体经济的高质量发展,必须有效地、高水平地从供给侧和政策保障上提供新能源的供给,同时尽早谋划火电和煤炭行业的创新发展出路,推动可再生能源和传统能源企业整合,鼓励燃煤电厂进行生物质能改造,实现"绿色转型"。

参考资料:

[1] 国家行政学院经济学教研部. 中国供给侧结构性改革[M]. 北京:人民出版社,2016.

[2] 上海证券交易所. 神火股份(股票代码:000933)年度报告[EB/OL]. [2022-11-20]. http://www.sse.com.cn/.

第七章

经营决策

导 读

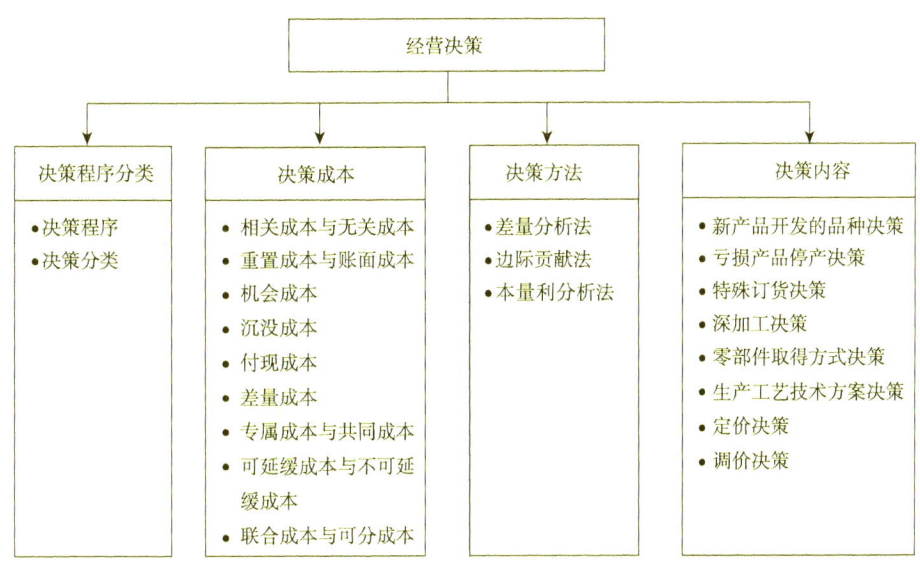

说明：

经营决策理论与方法是指在成本性态分析的基础上，对获得的信息和数据进行综合分析,最终形成企业经营决策的过程。经营决策中所涉及的成本超越了财务会计的事后实际成本的概念,以相关成本为经营决策基础,采用差量分析法、边际贡献法、本量利分析法等决策方法,分析和解决企业经营中的实际问题。

第一节 决策的程序和分类

一、决策的程序

决策是对不同方案通过定量和定性分析后做出的选择。经营决策是企业短期的决策。经营决策一定要服务于企业战略。企业战略是指企业如何将自身的能力与市场提供的机会相匹配以达成目标。具体的企业战略类型包括成本领先战略和产品差异化战略等。在进行决策的过程中有必要采用一定的程序以避免产生错误的决策。决策的程序具体包括以下几个步骤。

(一)调查研究企业面临的经营形势,明确经营问题

确定经营目标应以发现并明确经营问题为前提,这需要调查、研究、决策、分析出决策对象的外部环境及内部结构,根据理想与现实的差距进行企业诊断,找出存在的问题,为进一步开展决策分析工作创造条件。

(二)确定决策分析目标

针对经营存在的问题,应进一步确定经营的目标,即确定未来努力的方向。确定决策分析目标一般要注意处理好以下几点问题:

1. 目标具体化。这就是说确定的目标不能过于笼统抽象,应具体明确,以免被误解。
2. 目标定量化。决策应尽可能量化,这样才能使方案的选择具有确切依据。
3. 目标在主观、客观上具有现实可行性。如果决策目标的实现是有条件的,应充分揭示其约束条件。
4. 目标系统化。对于多目标决策,应首先分清主次,区别对待。例如,要注意区分战略目标与战术目标、长远目标与近期目标以及主要目标与从属目标等,进而理顺目标排列顺序,简化各种规定目标,使综合目标系统化。

(三)设计各种备选方案

在明确提出决策目标的前提下,应充分考虑现实与可能,设计各种可能实现决策目标的备选方案。备选方案的提出,一般要经过形成基本设想、做出初步方案、最后形成备选方案的反复补充修改的过程。在这一过程中,应充分体现解放思想、鼓励创新和集思广益的精神。

(四)广泛搜集与决策有关的信息

搜集信息是决策程序中的重要步骤,是关系决策成败的关键环节之一。所以,企业所搜集的信息必须符合决策所需的质量要求,这样才能使搜集的信息具有"决策有用性"。

(五)评价各方案的可行性

对于形成的各种方案,应采用定性、定量的方法,进行可行性研究论证,从不同的侧面分析评价各方案在技术和经济等方面的合理性、先进性与可能性。

(六)选定未来行动方案

在综合比较各方案优缺点的基础上,全面衡量利弊得失,按照一定的原则要求,确定最终选取的标准及有关方法,筛选出较为理想的最优方案。

前六个步骤均为计划,计划包括选择企业的目标和战略,预测为实现目标的不同方案的结果,决定如何实现目标,并将目标及其实现方案传递给整个企业。最重要的执行战略的计划工具就是预算。

(七)组织、监督方案实施并跟踪反馈

决策方案选定后,应将其纳入计划,具体组织实施。在方案实施过程中,应对实施情况进行监督检查,并将实施结果与决策目标进行比较,找出偏离目标的差异及其形成原因,做好信息反馈工作。决策者也要根据反馈的信息,及时采取相应的措施,必要时,还可以对原方案要求进行适当修正,使之尽量符合客观实际。本步骤体现的是控制,控制包括执行决策、评估业绩、反馈和学习等方法,以帮助未来决策。

二、决策的分类

决策贯穿于企业生产经营活动的全过程,涉及的内容较多,因此我们可以按照不同的标准将其分为若干个不同的类别。

(一)按决策规划时期的长短分类

按照决策规划设计时间的长短,可将决策分为短期决策与长期决策两类。

1. 短期决策。短期决策是指在一个经营年度或一个经营周期内能够实现其目标的决策,主要包括生产决策、成本决策和定价决策等。其主要特点是在充分利用企业现有资源的前提下,进行战术决策。该决策一般不涉及大量资金的投入,且一般见效较快。因此,短期决策又称为短期经营决策。

2. 长期决策。长期决策是指在较长时期内(超过一个经营年度或一个经营周期)才能实现其目标的决策。其主要特点是对长期的收支产生影响。该决策一般需要投入大量资金,且见效慢。因此,长期决策又称为长期投资决策或资本性支出决策。

(二)按决策的重要程度分类

按照决策的重要程度,可将决策分为战略性决策与战术性决策两类。

1. 战略性决策。这类决策是指关系到企业未来的发展方向、大政方针的全局性重大决策。例如,经营目标的制定、新产品的开发以及生产能力扩大等,这类决策取决于企业的长远规划和外部环境对企业的影响,其正确与否,对企业的成败具有决定性意义。

2. 战术性决策。这类决策是指为了达到预期的战略决策目标,对日常经营活动所采用方法或手段的局部性决策。例如,零部件的自制与外购,生产结构的安排以及短期资金的筹措等。这类决策主要考虑怎样使现有的人力、物力、财力资源得到最合理和最充分的利用,其正确与否,不会对企业的大局产生决定性的影响。

(三)按决策条件的肯定程度分类

按照决策条件的肯定程度,决策可以分为确定性决策、风险性决策和不确定性决策三大类。

1. 确定性决策。这类决策所涉及的各种备选方案的各项条件都是已知的,而且一个方案只有一个确定的结果。这类决策比较容易判定,只要进行比较分析即可。

2. 风险性决策。这类决策所涉及的各种备选方案的各项条件虽然也是已知的,但每一方案的执行都会出现两种或两种以上不同的结果,可以依据有关数据,通过预测来确定其客观概率。这类决策由于结果的不唯一,存在一定的风险。

3. 不确定性决策。与风险性决策不同,这类决策所涉及的各种备选方案的各项条件,只能以决策者经验判断确定的主观概率作为决策依据。做出这类决策的难度较大,需要决策人员具有较高的理论知识水平和丰富的实践经验。

(四)按决策方案之间的关系分类

按决策方案之间的关系不同,决策可分为接受或拒绝方案决策、互斥方案决策和组合方案决策。

1. 接受或拒绝方案决策。这是指只需要对一个备选方案做出接受或拒绝的决策,又叫作单一方案的决策。例如,亏损产品是否应停产的决策,是否应该接受特殊价格追加订货的决策等,都属于这类决策。

2. 互斥方案决策。这是指在两个或两个以上的备选方案中选出唯一的一个最优方案的决策。它属于多方案决策。例如,零部件、配件取得方式的决策,开发新产品的品种决策,转产或增产某种产品的决策等,都属于这类决策。

3. 组合方案决策。这是指在多个备选方案中选出一组组合方案的决策。它属于多方案决策。例如,多渠道融资决策等。

(五)决策的其他分类

决策除了按照上述标准分类外,还可以按其他标准进行分类。例如:按照决策者所处的管理层次的不同,决策可分为高层决策、中层决策和基层决策;按照内容的不同,决策可分为成本决策、生产决策、定价决策、存货决策;按照侧重点的不同,决策可分为计划决策和控制决策;等等。

我们研究决策的分类是为了从各个不同的侧面来认识决策。不同类别的决策常常相互联系,彼此并非独立无关。例如,短期决策通常属于战术决策,它往往是由中层管理者做出的决策;但有时这类决策也会涉及战略决策问题,并且由高层管理者亲自主持。

第二节 经营决策相关的成本概念

在决策分析和评价时,需要使用非常广泛的信息,其中成本信息占绝大多数。在财务会计中使用的一般成本概念,包括制造成本、销售成本、产品成本、期间成本以及前述内容中的固定成本、变动成本等。这些成本概念在决策中仍然会被使用。此外,为了适应不同类型的决策,人们还创造了许多成本概念,它们需要在账簿以外特别加以搜集和整理,或者根据一般成本资料进行加工处理,以适应决策的需要。这些成本概念主要有以下几种。

一、相关成本与无关成本

(一)相关成本与无关成本的概念

相关成本是指与特定决策方案相联系,能对决策产生重大影响,在经营决策分析中必须予以充分考虑的成本。如果某项成本只属于某个经营决策方案,即若该方案存在,就会发生这项成本,若该方案不存在,此项成本也不会发生,那么,这项成本就是相关成本。与此相反,与特定决策方案无关,在决策分析中可以舍弃而无需考虑的成本,称为无关成本。

(二)区分相关成本与无关成本的意义

区分相关成本与无关成本对于经营决策分析具有重要的意义。在经营决策分析中,并不是决策方案的所有成本资料都是有用的,只有那些与决策方案有关且符合决策需要的成本信息才具有决策价值,因此,必须对备选方案的成本资料进行分析取舍,舍弃与决策无关的成本,这样可大大提高决策分析的效率,保证决策的科学性、正确性。例如,对于某厂现有的设备是生产 A 产品还是生产 B 产品的决策,设备的折旧费对于两种产品的生产都是不可避免的(折旧数额相同),因而在决策中便可以对这项成本因素不予考虑,舍弃掉这一无关成本资料。这样,便可大大简化成本信息,提高决策效率,确保决策的正确性。因此,在决策分析中,必须正确区分相关成本与无关成本。

(三)如何正确区分相关成本与无关成本

举例说明:某企业生产中产出了一批残次品,对于它们的处理方案有两个:一个是降价销售,另一个是修复之后按正常价格再行出售。这批残次品的生产成本属于无关成本,因为它们是过去已经发生了的成本,无论采取哪个方案都无法改变其发生额。所有这种与方案选择无关的成本,我们就称为无关成本。因此,只有降价出售或修复后再行出售所得的收入,以及为修复而发生的修理费支出,才是与当前决策有关的因素。这些收入称为相关收入,而修理费支出称为相关成本。我们在进行决策时,只要分析研究相关成本和相关收入,而不必考虑非相关因素。

二、重置成本与账面成本

重置成本是指目前从市场上购买一项企业原有资产所需支付的成本,一般称为现实成本和变现价值。

重置成本直接对应的概念是账面成本,即一项资产在账簿中所记录的成本。企业中的资产通常是按照历史成本和实际成本记入账簿中的。

有些被选方案涉及动用企业现有资产的问题,在分析评价这类问题时,不能根据账面成本来估价,而应该根据重置成本来估价。换句话说,账面成本是无关成本,而重置成本才是与决策相关的相关成本。例如,某商业企业现有某种库存商品,其账面单位成本为100元/件,可是目前市场上的重置成本为150元/件,在制定这部分库存商品的售价时,如果按照历史成本来考虑售价,只要将售价定于120元/件,企业就可以认为获利20元/件。但是,在该商品售出后,若企业再按照重置成本补进同种商品时,就会发现企业原来制定的售价不仅不会使企业获得利润,还会使企业在每件产品的销售过程中亏损30元。由此可见,在制定售价时,应按照重置成本150元作为定价基础来考虑,才不致发生决策失误。

三、机会成本

机会成本是指放弃另一个方案提供收益的机会而实行本方案时所失去的潜在收益,就是实行本方案的一种代价。

例如,某企业目前有闲置资金10万元,可用于购买公开发行的企业债券,年利息率为10%,若购买这种债券,企业每年将获得利息收入1万元。该企业在做出是否购买这种债券的决策时,不能够孤立地只看到这样一个方案,还应分析判断有无其他投资机会,并估计确认其他投资机会的潜在收益会有多少。如果该企业还有一个购买金融债券的机会,债券年利息率为12%,每年可获利息收入1.2万元,这时企业就会认为购买企业债券不如购买金融债券合算,因为购买企业债券失去的潜在收益1.2万元大于可获得的收益1万元。即此时方案的机会成本已高于收益,那么,方案的优劣次序将会发生改变。也就是说,这时购买金融债券才是最优方案,而购买企业债券可得到的1万元利息收入就成为购买金融债券方案的机会成本。

机会成本不是我们通常意义上所说的成本,它不是一种实际支出和费用,而是失去的收益。这种收益不是实际的而是潜在的。机会成本总是针对某一个具体方案而言的,离开被放弃的那个方案,机会成本就无从确定。

机会成本在决策中的意义在于:它有助于我们全面考虑可能采取的各种方案,以便为有限的资源寻求最为有利的使用途径。

四、沉没成本

沉没成本是指已经发生而在以后决策中不能改变的成本。如果说沉没成本不受决策影响,那么它就是与决策无关的无关成本。例如,在上述直接出售还是修复后出售的决策中,在形成残次品的过程中发生的生产成本就属于沉没成本,这部分成本是过去已经发生的成本,对于目前的两个待决策方案来说都是不能改变的成本数额;而且这部分成本在两个待选方案中数额相同,不会形成两个方案比较中的增量成本,因此,它是与目前决策无关的成本。

五、付现成本

付现成本也称为现金支出成本,是指那些需要实际动用现金进行支付的成本。对于那些资金紧张的企业来说,在选择决策方案时,它们会把现金支出成本作为考虑问题的重点。在有些时候,企业的决策者宁可用付现成本最低的方案来取代总成本最低的方案。在这种情况下,付现成本比总成本指标意义更加重大。

六、差量成本

差量成本通常是指一个备选方案的预期成本同另一个备选方案的预期成本之间的成本差异数额。所谓两个备选方案,具有两种特定的含义;其一,是指具有不同内容的两个方案。例如,生产零件是自制还是外购的问题,"自制"是一个方案,"外购"是另一个方案。其二,是指具有相同的内容,只有业务水准不同(生产能力利用程度不同)的两个方案。这种业务量的多少导致的成本差额亦可视为差量成本。

需要注意的是:差量成本与变动成本是两个不同的概念,两者在量上并不一定相等。具体而言,对于具有相同内容但生产能力利用程度不同的两个方案,若固定成本在相关范围内保持不变,则差量成本等于变动成本的增减数额,即单位差量成本等于单位变动成本;若产量超过固定成本的相关范围,此时的差量成本等于变动成本增减额与固定成本增减额之和。

在短期经营决策的生产决策中,差量成本是较为常见的相关成本。例如,在是否增产某种产品或是否接受特殊价格追加订货的决策中,最基本的相关成本就是差量成本。在差量分析法中,差量成本是决策分析的重要基础和依据。

七、专属成本与共同成本

(一) 专属成本

专属成本是指那些能够明确归属于某一特定决策方案的固定成本和混合成本。它往往是为了弥补生产能力不足而增加有关设备等长期资产所发生的。专属成本的确认与上述设备的取得方式有关,若采用租赁的方式,专属成本就是与此相关联的租金成本。因此,专属成本的确认还需考虑设备本身的性质。如果取得的设备是专用的,即只能用于特定方法,专属成本就是这些设备的全部取得成本;如果取得的设备是通用的,专属成本就是与使用这些设备有关的主要使用成本(如摊销的折旧费等)。

专属成本在多数情况下是决策分析中应予以考虑的相关成本,但某些专属成本在特定的决策问题中也可能是无关成本。例如,若干年前购置的某种产品专用设备的折旧费,并不会因停产有关产品而消除,故在分析是否停产该产品时,应将其视为无关成本。

(二)共同成本

与专属成本相对应的是共同成本。它是指应由多个方案共同负担的注定要发生的固定成本或混合成本,也包括应由各联产品共同负担的联合成本。所谓的联产品是指企业利用同种原材料在同一生产过程中生产出来的使用价值不同的几种主要产品。它的发生与特定方案无关,属于比较典型的无关成本,因此在决策时可不予考虑。

八、可延缓成本与不可延缓成本

(一)可延缓成本

可延缓成本是指在短期经营决策中,对其暂缓开支而不会对企业未来生产经营产生重大不利影响的那部分成本。可延缓成本具有一定的弹性,在决策中应当予以充分考虑。例如,某企业已决定购买4台计算机,以便在财务部门推广管理会计信息系统,但因企业目前资金比较紧张,决定推迟购买日期。由于这一方案即使不立即实施,也不会对目前企业正常的生产经营活动产生重大不利影响,因此,同购买计算机有关的成本便被视为可延缓成本。

(二)不可延缓成本

与可延缓成本相对应的是不可延缓成本。它是指在短期经营决策中,若对其暂缓开支,就会对企业经营活动产生重大不利影响的那部分成本。不可延缓成本由于具有较强的刚性,注定要发生,所以必须保证它的支付,没有什么选择的余地。例如,某企业的一项关键性设备出现故障,如果不立即修复投入使用,企业将无法按期完成交货任务,这将使企业遭受重大的有形和无形损失,因此,同这一类决策方案相联系的成本就属于不可延缓成本。

必须指出的是,将成本区分为可延缓成本与不可延缓成本具有较大的现实意义。如果多种决策方案已经决定要采用,但受企业现有财力的限制而不可能同时全部付诸实施,就需要区分轻重缓急,确定哪些是不可延缓的,哪些是可延缓的,然后依次付诸实施,这样才有利于最经济、最有效地使用现有资源,取得最大的经济效益。

九、联合成本与可分成本

联合成本是指在未分离前的联产品生产过程中发生的,应该由所有联产品共同承担的成本;可分成本是指在联产品生产决策中必须考虑的,为了对已经分离的联产品进行深加工而追加的成本。例如,石油化工企业对开采原油进行裂化加工、分馏处理,可以生产出汽油、柴油、重油等产品,这些产品都属于联产品。汽油又可以进一步深加工,生产出各种标号的油品。此时,原油的开采费用属于联合成本,而对于汽油的进一步深加工所发生的费用便属于可分成本。可分成本的计算通常要考虑单位可分成本与相关的联产品深加工业务量两大因素。

第三节　短期经营决策的分析评价

在短期经营决策的分析评价中，主要采用利润作为评价方案的价值标准，但这并不意味着利润是唯一、绝对的择优标准。如果两个方案的预期收入相同，可以将成本作为替代的价值标准；如果两个方案的预期固定成本相同，可以将边际贡献作为替代的价值标准，但这些做法的实质仍然是以利润作为评价方案优劣的价值标准；实际决策时，决策者还应考虑非营利因素，如环境因素、企业社会责任因素、公司治理因素等。

经营决策分析评价所使用的方法灵活多样，其决策内容也是复杂多变的。我们在以下内容中重点介绍短期经营决策中常用的一些方法，如差量分析法、边际贡献法、本量利分析法等，并对这些方法在企业具体经营决策中的运用进行介绍。

一、短期经营决策所使用的方法

(一) 差量分析法

企业在进行决策分析时，要在若干个备选方案中选出对企业总体更为有利的最优方案。当两个备选方案具有不同的预期收入和预期成本时，根据比较不同方案之间的差量收入和差量成本后求得的差量损益来分析、选择最优方案的方法，我们称为差量分析法。如果差量收入大于差量成本，我们即可以得到差量收益，此时两方案比较，前者为优；反之，若差量收入小于差量成本，即为差量损失，此时用于比较的两方案后者为优。需要注意的是：计算差量收入和差量成本时，方案的前后排列次序必须保持一致。

备选方案如果只有两个，可以采用差别损益计算法，其格式可简单列示如表7-1。

表 7-1　差量分析表

项目	方案一	方案二	差额
相关收入	A_1	A_2	A_3
相关成本	B_1	B_2	B_3
差别损益			P_3

注：$A_3 = A_1 - A_2$；$B_3 = B_1 - B_2$；$P_3 = A_3 - B_3$。

上面的表 7-1 中，差别损益等于差别收入与差别成本之差，差别收入等于两个方案相关收入之差，差别成本等于两个方案相关成本之差。

在决策时，若差别损益数额大于零，方案一优于方案二；若差别损益数额等于零，说明两个方案效益相同；若差别损益数额小于零，方案二优于方案一。

差量分析法的主要思路是在进行决策分析时,只考虑受方案选择影响的那些收入和成本,而对于其他不相关的因素不予考虑,即在差量分析中起作用的只是能引起方案总收入和总成本增减变动的那些因素。在以下决策分析中,生产何种产品的决策、新产品开发的决策、接受追加订货的决策、半成品进一步加工或出售的决策等具体决策内容,可以使用差量分析法。

以下举例说明差量分析法的应用。

【例7-1】某公司有一套生产设备,既可以用于生产A产品,也可以用于生产B产品,销售量分别为2 000件和1 000件,销售单价分别为每件10元和每件15元。经过分析,两种产品的单位变动成本分别为8元和12元。要求利用差量分析法做出生产何种产品的决策。

利用差量分析法进行分析如下:

差量收入 = 2 000 × 10 − 1 000 × 15 = 5 000(元)
差量成本 = 2 000 × 8 − 1 000 × 12 = 4 000(元)
差量损益 = 差量收入 − 差量成本 = 5 000 − 4 000 = 1 000(元)

由于差量损益大于0,即差量收入大于差量成本,因此生产A产品比生产B产品要多盈利1 000元。

(二)边际贡献法

边际贡献法是通过对比各备选方案所提供的边际贡献总额大小来确定最优方案的一种决策方法。使用这种方法时,只需要对比不同方案的边际贡献总额便可以确定最优方案。其理论前提是:在生产经营决策中,一般不改变生产能力,固定成本总额通常稳定不变,我们可以将其视为无关成本,因而可以直接以边际贡献总额作为决策的标准。

这里需要指出的是:不同方案的边际贡献对比,是指边际贡献总额的对比,而不是产品单位边际贡献的对比。因为边际贡献总额是单位边际贡献与产量的乘积,而产品产量大小又会受到企业最大生产能力(人工和机器工时)及生产单位产品所需工时的影响,因而,单位边际贡献大的产品,其产量可能低于单位边际贡献小的产品,使得其边际贡献总额反而较小,所以,必须以边际贡献总额作为决策的判定标准,而不是以单位边际贡献为标准。

考虑到企业的资源(如原材料、人工工时或机器工时等因素)是有限的,除了可以使用边际贡献总额进行分析之外,还可以以单位资源边际贡献指标作为决策评价的判定标准。这是因为,单位资源边际贡献最大的方案,其边际贡献总额必然最大。当企业生产只受到某一项资源(如某种原材料、人工工时或机器工时)的约束,并且备选方案当中各种产品的单位边际贡献和单位产品资源消耗定额(如材料消耗定额、工时消耗定额)为已知条件,可以按下列公式计算单位资源所能创造的边际贡献,并以此指标作为决策的判定标准。

单位资源边际贡献 = 单位产品边际贡献 / 单位产品资源消耗定额

单位资源边际贡献与边际贡献总额一样,是个正指标,哪个方案的该项指标大,哪个方案为优。最常用的资源是机器工时。边际贡献的计算程序如表7-2所示。

具体应用本方法进行决策时,应根据计算求得的结果来确定。

表 7-2　边际贡献的计算程序

项目	最大产量（件）（总工时/单位工时）	每件产品的售价(元)	每件产品的变动成本(元)	单位产品边际贡献额(元)	边际贡献总额(元)	单位产品所需工时(小时)	单位工时的边际贡献额(元)
	（1）	（2）	（3）	（4）=（2）-（3）	（5）=（1）×（4）	（6）	（7）=（4）/（6）
方案1	$Q_1=H/H_1$	P_1	b_1	cm_1	Tcm_1	H_1	cm_1/H_1
方案2	$Q_2=H/H_2$	P_2	b_2	cm_2	Tcm_2	H_2	cm_2/H_2
方案3	$Q_3=H/H_3$	P_3	b_3	cm_3	Tcm_3	H_3	cm_3/H_3

如果用边际贡献总额来判断，应选择三个方案中边际贡献总额最高的方案，将其确定为最优方案，并可依照边际贡献总额指标的高低对三个方案进行排序。

如果使用单位资源边际贡献指标来判断，单位资源边际贡献指标最高的方案为最优方案。

边际贡献法的应用条件是：各个备选方案的固定成本相同，而且无专属固定成本发生。若某方案有专属固定成本发生额，应从该方案的边际贡献总额中扣除专属固定成本，之后剩余的边际贡献数额方可同其他方案进行比较。此方法主要适用于不改变生产能力和经营规模条件下的决策分析，例如，生产何种产品的决策，是否接受追加订货的决策，亏损产品是否停产、是否进行转产的决策等。

【例 7-2】20××年，新华公司组织多品种生产，其中的 C 产品发生亏损 20 000 元。已知该产品的全年销售收入为 100 000 元，完全成本为 120 000 元，其中，变动成本为 85 000 元，计算分摊的折旧费用等固定成本为 35 000 元。如果第二年生产条件不变，是否需要停止该种产品的生产？

单纯从利润额上看，C 产品属于亏损产品，亏损数额为 20 000 元，继续生产该种产品似乎对企业不利。但是从边际贡献的角度出发，可以知道该种产品对企业不但不是负担，反而为企业做出了贡献，因为该产品可提供边际贡献总额 15 000 元（100 000 元-85 000 元）。如果简单做出停止该产品生产的决策，会使企业丧失边际贡献总额 15 000 元，但其分担的固定成本 35 000 元照样会发生。由此分析，如果停止该产品生产，亏损数额不但不会减少，反而会使企业利润总额减少 15 000 元。因此，在生产能力别无他用的情况下，不应停止该产品的生产。当然，如果生产能力可以移做他用，另当别论。

（三）本量利分析法

本量利分析法用于经营决策分析时，是根据各个备选方案的业务量、成本与利润之间的关系来分析特定情况下哪个方案最优的一种决策方法。

如果决策问题中不涉及收入，本量利分析法就简化为本量分析，即依据成本与业务量之间的关系来进行各备选方案的择优，此时不同情况下预计总成本最低的方案为优。

在进行业务量不确定情况下的决策分析时,还可以使用成本无差别点进行决策分析。所谓成本无差别点,是指两个备选方案的预期成本相等时所对应的业务量。相应地,我们也将这种决策方法称为成本无差别点法。此法是指在各备选方案的相关收入均为零、相关的业务量为一个不确定因素时,通过判断处于不同水平上的业务量与成本无差别点业务量之间的关系,来做出互斥方案决策的一种方法。此法要求各方案的业务量单位必须相同,方案之间的相关固定成本水平与单位变动成本水平恰好相反(即第一方案的相关固定成本大于第二方案的相关固定成本时,第一方案的单位变动成本恰恰小于第二方案的单位变动成本),否则无法应用此法。

如果方案一的固定成本为 a_1,单位变动成本为 b_1;方案二的固定成本为 a_2,单位变动成本为 b_2,且满足 $a_1 > a_2$, $b_1 < b_2$,则:

成本无差别点业务量:

$$x_0 = (a_1 - a_2)/(b_2 - b_1)$$

当业务量在 $0 \sim x_0$ 范围内变化时,固定成本较低的方案二优于方案一;当业务量大于 x_0 时,固定成本比较高的方案一优于方案二;当业务量恰好等于 x_0 时,两个方案成本相等,效益无差别。这一关系可以用图 7-1 来表示。

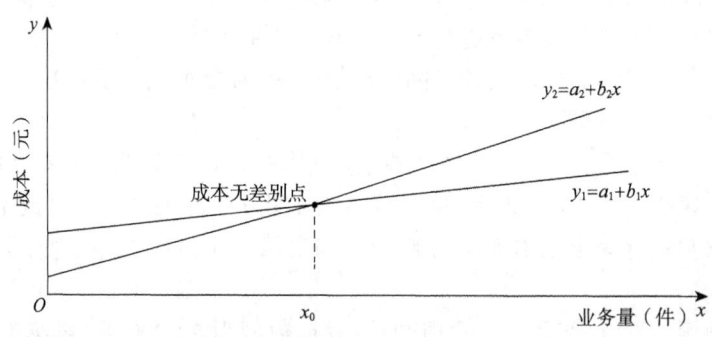

图 7-1 成本与业务量的关系

本量利分析法应用于经营决策分析,其范围主要包括零部件的自制与外购、生产工艺设备的选择、固定资产的购置与租赁的选择等。以下举例说明成本无差别点法的应用。

【例 7-3】某企业为提高产品质量,拟添置一台设备,现有两种取得方案:其一,自行购买设备,购置总成本为 10 万元,预计可使用 10 年,期满无残值。使用期间每年要支付维修费用 3 000 元,每日运行费用为 100 元。其二,从企业外部租入设备,每天租金为 130 元,每天运行成本为 100 元。请进行设备购置或租赁的决策分析。

根据以上资料,两方案的使用总成本与设备运营天数有关,所以要比较其成本高低的关键因素——每年的设备运行天数。

成本无差别点业务量:

$$x_0 = \frac{a_1 - a_2}{b_1 - b_2} = [(100\,000/10 + 3\,000) - 0]/[(130 + 100) - 100] = 100(天)$$

当设备每年运行天数预计小于 100 天时,租赁方案每年使用成本较低;当预计运行天数大于 100 天时,购置方案的总成本较低;当预计运行天数为 100 天时,租赁和购置方案成本相等,两方案均可。

二、短期经营决策的具体内容

(一)新产品开发的品种决策

这里所指的新产品开发,是指利用企业现有设备生产能力来开发某种在市场上有销路的新产品,而且可以通过预测得到可供选择的多个品种方案的有关资料。新产品开发的品种决策,可以按其是否涉及追加专属成本而分为以下两大类问题。

1. 不追加专属成本的方案。在新产品开发的决策中,如果有关方法不涉及追加专属成本,则新产品的生产能力成本(即设备的折旧等固定成本)是与决策方案无关的成本,此时可采取边际贡献分析法。

【例 7-4】某企业现准备推出一种新产品,目前有两种产品 A 和 B,企业要从两种产品中选择一种产品作为新产品推向市场,该企业可利用的生产能力为 30 000 机器小时,请为该企业做出选择新产品的决策。有关 A,B 产品的详细资料列示如表 7-3 所示。

表 7-3　A,B 产品资料　　　　　　　　　　　　　　　　单位:元

项目	A 产品	B 产品
单件机器工时(小时)	0.5	1
单价	25	40
制造成本		
其中:单位变动成本	15	20
固定成本	300 000	300 000
销售及管理成本		
其中:单位变动成本	3	3
固定成本	8 000	8 000

由于该企业现有生产能力为 30 000 小时,因此,在考虑选择将哪一种产品作为新产品时,我们应设法计算出哪一种产品可以使企业在有限的生产能力中获得最高的利润数额。为此我们要首先计算一下在 30 000 机器小时内该企业能够生产的产品的最大数量。

A 产品产量 = 30 000/0.5 = 60 000(件)
B 产品产量 = 30 000/1 = 30 000(件)

下面将按照两种产品的产量计算出生产两种产品的损益情况。

从表 7-4 中可以看出,两个方案的收入差额为 300 000 元,而总成本差额为 390 000 元,这样两个方案收入差减去成本差得到净收益差额为-90 000 元。这表明后一个方案(即生产 B 产品)比前一个方案(即生产 A 产品)能够多赚取利润 90 000 元,所以,该企业应选择 B 产品为新产品的方案。

通过上述计算,我们还可以看出,该企业选择新产品时,两个新产品方案没有固定成本差异,所以,我们设想在这种情况下,可以通过直接比较两种产品的边际贡献总额,来判定应选择的产品。

$$A 产品边际贡献总额 = (25-15-3) \times 60\,000 = 420\,000(元)$$
$$B 产品边际贡献总额 = (40-20-3) \times 30\,000 = 510\,000(元)$$

计算表明,生产 B 产品比生产 A 产品可以多获得利润 90 000 元(510 000 元 - 420 000 元)。

表 7-4 边际贡献分析表   单位:元

项目	生产 A 产品	生产 B 产品	差额
销售收入	1 500 000	1 200 000	300 000
销货成本:			
变动成本	900 000	600 000	300 000
固定成本	300 000	300 000	0
销售及管理成本:			
变动成本	180 000	90 000	90 000
固定成本	8 000	8 000	0
成本合计	1 388 000	998 000	390 000
边际贡献合计	420 000	510 000	(90 000)
净收益	112 000	202 000	(90 000)

比较单位资源边际贡献也可以对这类问题做出评价。

$$单位资源边际贡献 = 单位产品边际贡献 / 单位产品资源消耗定额$$
$$A 产品单位资源边际贡献 = (25-15-3) \div 0.5 = 14(元/工时)$$
$$B 产品单位资源边际贡献 = (40-20-3) \div 1 = 17(元/工时)$$

生产 B 产品在一个工时内比生产 A 产品多创造 3 元边际贡献,该企业可利用的工时共有 30 000 工时,所以总共可以多创造边际贡献 90 000 元(3 元/工时×30 000 工时)。

从上述计算过程,我们不难看出,对本类问题分析评价时,所选择的标准可以有以下几个:

(1)用净收益来判断哪一个方案能够使企业获得较高利润。

(2)固定成本相同时,可以采用边际贡献法计算、比较两个方案的边际贡献数额。

(3)可以选择单位资源边际贡献指标作为评价标准。

2.追加专属成本的方案。当新产品开发的品种决策中涉及追加专属成本(固定成本)时,就无法使用边际贡献法了,此时只能用差量分析法进行决策。

【例7-5】新产品A,B的相关销量、单价、单位变动成本等资料均同例7-4,但它们都需要使用不同的专用模具,需相应分别追加专属固定成本5 000元和10 000元。试问此时应选择生产何种新产品?

根据差量分析法编制差量分析表(见表7-5)。

表7-5 差量分析表　　　　　　　　　　　　　　单位:元

项目	生产A产品	生产B产品	差额
相关收入	1 500 000	1 200 000	300 000
相关成本	1 085 000	700 000	385 000
其中:专属成本	5 000	10 000	(5 000)
差量损益	415 000	500 000	(85 000)

差量损益为-85 000元,说明生产新产品B比生产新产品A可多获利85 000元。

(二)是否停止亏损产品生产的决策

1.生产能力无法转移。生产能力无法转移是指亏损产品停产后,闲置下来的生产能力无法用于其他方面,既不能转产,又无法将有关设备对外出租,此时,只要亏损产品满足以下任何一个条件,就不应当停止生产:

(1)亏损产品的单价大于其单位变动成本。

(2)亏损产品的单位边际贡献大于零。

(3)亏损产品收入大于其变动成本总额。

(4)亏损产品的边际贡献总额大于零。

由于生产能力无法转移,生产能力成本(固定成本)即属于无关成本。根据边际贡献法的原理,此时只要产品创造的边际贡献大于零,对企业仍然是有利的。如果这时停止该亏损产品的生产,不仅不会增加利润,反而会使企业进一步损失相当于该亏损产品所能提供的边际贡献那么多的利润。因此,此时不但不应该停止亏损产品的生产,在生产能力和市场容量允许的情况下,反而应该增产该产品。

【例7-6】某企业目前的三种产品的损益状况如表7-6所示。

表7-6 某企业产品A,B,C的损益状况　　　　　　　　单位:元

项目	产品A	产品B	产品C	合计
销售收入	10 000	18 000	22 000	50 000
销售成本:				
变动成本	4 000	4 800	18 400	27 200

续表

项目	产品 A	产品 B	产品 C	合计
边际贡献	6 000	13 200	3 600	22 800
固定成本	2 750	4 500	8 300	15 550
利润	3 250	8 700	(4 700)	7 250

从以上列示的计算表中可以看出,C 产品可以创造边际贡献 3 600 元,若简单停止该产品的生产,企业会减少边际贡献收入 3 600 元,分配给该产品的固定成本 8 300 元却不会减少,并转移给 A 产品和 B 产品来负担,此时企业不但不会增加利润,反而会减少利润 3 600 元,所以此时不能停止 C 产品的生产。

2. 生产能力可以转移。如果亏损产品停产之后,闲置下来的生产能力可以转移(如用于转产其他产品,或者将有关设备对外出租),这时,必须考虑有关机会成本的因素。这里的机会成本是指:如果可以转产其他产品,转产的产品可创造的边际贡献即为继续生产亏损产品的代价——机会成本;如果可以出租设备,设备的租金收入即为继续生产亏损产品的代价——机会成本。

【例 7-7】仍然沿用例 7-6 资料,假定其他条件都不改变,但生产能力可以转移。如果将亏损产品停产后的设备用于对外出租,可得租金收入 5 000 元。此时企业是应该继续生产,还是停产该亏损产品而出租设备呢?

由于继续生产该亏损产品所创造的边际贡献为 3 600 元,小于继续生产的机会成本(即可获得的租金收入 5 000 元),因而应当停止该亏损产品的生产,而将设备用于对外出租,这样可使企业多获得利润 1 400 元。

如果亏损产品停产后生产能力可以转去生产其他产品,亦可比较转产前后两种产品边际贡献的大小,即采用边际贡献法便可进行决策。这里需要注意的是:即使原产品不是亏损产品而是正常产品的转产问题的决策,同样可以运用边际贡献法来进行决策。

【例 7-8】仍然沿用例 7-6 的资料,假定其他条件不变,若停止生产目前亏损产品 C,其相关设备可用于生产产品 E。根据市场预测,生产产品 E 可实现销售收入 70 000 元,需耗用材料、人工等变动成本 60 000 元。试问:此时是否应该停止亏损产品 C 的生产而转产 E 产品。

依照题意可知,生产 E 产品可实现边际贡献为:

$$70\ 000 - 60\ 000 = 10\ 000(元)$$

由于 E 产品可实现的边际贡献(10 000 元)大于原亏损产品 C 所创造的边际贡献(3 600 元),所以应当转产 E 产品,这样可以使企业多获利 6 400 元。

如果亏损产品创造的边际贡献大于与生产能力转移有关的机会成本,就不应当停产,否则,将使企业多损失相当于该亏损产品创造的边际贡献与有关机会成本之差那么多的利润;如果亏损产品创造的边际贡献小于有关的机会成本,就应当停止生产该亏损产品;若二者相等,停产或不停产都可以。

(三)特殊情况下订货的决策分析

企业有时会面临这样的问题,即有客户要求追加订货,但出价低于正常售价,有时甚至会低于产品生产的完全成本。在这种情况下,是否接受特殊订货,不能按传统会计观点简单地肯定或否定,而应结合企业当时生产能力的利用情况以及对方提供的具体价格进行认真分析后做出决策。

1. 企业生产能力已经饱和。企业没有剩余生产能力用于生产追加订货时,企业生产的产品都可以按正常售价售出。在这种情况下,没有必要接受低于正常售价的价格,否则,相当于将可以按正常价格销售的产品低价售出,这将会使企业白白损失一部分收入,因此不可接受这一订货。

2. 企业有剩余生产能力。企业有剩余生产能力时,应区别不同情况进行具体分析。

(1) 当追加订货不冲击本期正常订货的完成且又不要求追加专属成本,只要特殊订货单价大于该产品单位变动成本,即追加订货能创造边际贡献,就可以接受该追加订货。

(2) 当追加订货妨碍本期正常订货的完成(即占用了原来正常订货的部分生产能力),但不要求追加专属成本时,就需要将由于接受追加订货使正常生产减少的边际贡献作为追加订货方案的机会成本来进行处理。此时,只要追加订货的边际贡献超过这部分机会成本,便可接受订货。

若该订货要求追加专属成本,则接受追加订货的可行条件是:该方案的边际贡献大于专属成本。

【例7-9】企业全部生产能力1 000件,目前正常的产销量为800件,固定成本1 200元。现有一项特别订货,订货量为200件,单价为7元/件,企业的正常售价为10元/件,该产品的变动成本为6元/件。请问该企业能否接受这一特别订货单价?若特别订货数量由200件上升到400件,同时订货商要求提供特别包装,为此企业需购入包装机器一台,价值400元。请问企业可以接受的特别订货单价是多少?

计算结果如表7-7所示。

表7-7 计算结果   单位:元

项目	正常销售		特别订货	
	方案一	方案二	方案一	方案二
产销量(件)	800	600	200	400
销售收入	8 000	6 000	1 400	2 800
变动成本	4 800	3 600	1 200	2 400
边际贡献	3 200	2 400	200	400
固定成本	1 200	1 200		400
利润	2 000	1 200	200	0

计算表明：方案一中，该企业正常生产量为800件时，可获得利润2 000元。如果特别订货数量为200件，不会冲击正常生产任务，特别订货的边际贡献会增加企业利润，使企业利润总额达到2 200元(2 000元+200元)。方案二中，特别订货数量上升到400件，此时企业要接受特别订货就必须压缩正常生产任务，使正常生产从800件下降到600件，如果特别订货单价仍然为7元/件，企业正常生产边际贡献会减少800元(3 200元-2 400元)，正常生产利润减少800元，下降到1 200元。这样，正常生产可以获得的利润与特别订货利润合计为1 200元(1 200元+0元)。所以，这时企业若接受特别订货，利润不仅没有增加，反而会比仅仅完成正常生产任务800件时的利润还要低800元(2 000元-1 200元)。这时，只有提高销售单价，企业才有可能接受特别订货。特别订货单价为：

特别订货单价 ≥ 6 + (3 200 - 2 400)/400 + 400/400 = 6 + 2 + 1 = 9(元/件)

说明特别订货单价至少应为9元，此时，单价中包括6元钱的单位变动成本、1元钱的专属固定成本和2元钱的特别订货挤占正常生产任务所造成的边际贡献损失。这是能够保证企业接受特别订货时，利润不低于正常生产任务800件所能带来的利润数额的最低价格。换句话说，如果企业特别订货价格在9元/件以上，就可以使企业利润总额高于完成正常生产任务800件时的利润数2 000元。

（四）有关产品是否深加工的决策

某些企业生产的产品可以按不同的加工程度组织生产和销售。例如，深加工前的半成品、联产品和副产品，既可以直接销售，又可以进行一定程度的深加工，然后再进行出售。因此，这类企业将面临上述产品究竟是直接出售还是深加工后再出售的会计决策问题。

在这类决策中，深加工以前的半成品、联产品和副产品的成本(无论是变动成本还是固定成本)都属于沉没成本，是决策的无关成本。相关成本只包括与深加工有关的成本，相关收入则包括直接出售和深加工后再进行出售的有关收入。对于这类决策，一般采用差量分析法。

【例7-10】某企业每月经过联合生产过程生产出联产品A和B，共发生联合成本10 000元。在可分离点联产品A和B分别为10吨和20吨，售价为1 000元/吨和1 500元/吨。如果1吨产品B可以进一步深加工成1吨产品C，每吨需要加工成本100元，需要租入专属设备3 000元/月，产品C售价2 000元/吨。企业已经具备进一步深加工B产品20吨/月的生产能力，并且该生产能力不能转移。请问企业是否将产品B进一步深加工为C产品？

计算结果如表7-8所示。

表7-8 差量分析表　　　　　　　　　　　　　　　　单位：元

项目	进一步深加工成C产品	B产品直接出售	差额
相关收入	40 000	30 000	10 000
相关成本	5 000	0	5 000
其中：变动成本	2 000	0	
租金成本	3 000	0	
差量损益			5 000

差量损益为 5 000 元,进一步深加工可以提高收益 5 000 元,因此企业应该将产品 B 进一步深加工为 C 产品。

(五)零部件取得方式的决策

零部件取得方式的决策又称为零部件自制或外购的决策。它适用于那些既可以从市场上买到又可以自行制造生产的零部件取得方式的决策,这类决策应根据不同情况进行具体分析。

1.零部件需用量确定时自制或外购的决策。在这种情况下,由于零部件的相关收入为零,此时只需比较其相关成本即可,即选择其中成本较低的方案。至于涉及哪些相关成本,必须要具体问题具体分析。对于外购零部件,发生的外购成本即为相关成本;对于自制零部件,则要相对复杂一些。如果自有设备无法用于生产其他产品,相关成本仅包括自制的变动成本;如果自有设备可以用于生产其他产品,生产其他产品可以得到的边际贡献应作为自制方案的机会成本加以考虑,这时机会成本也属于相关成本。如果自制零部件需要另外购入一些特定设备,其专属成本也包含在相关成本之内。如果生产设备是租入的,其租金成本也属于相关成本。

【例 7-11】兴盛公司生产、销售一种计算器,预计年产量为 50 万个。每个计算器需要一个电子元件。这种电子元件市场销售价格为 5 元/个,该公司可以自行制造。该公司自行制造电子元件有关单位变动成本资料如下:直接材料 1 元/个,直接人工 3.55 元/个,变动制造费用 0.35 元/个,变动成本合计 4.9 元/个。

要求:就以下各不相关情况,做出该电子元件取得方式的决策。

(1)企业具有生产该电子元件的车间,其生产设备除此之外别无其他用途。该车间的固定成本总额为 50 000 元。

(2)企业不具备生产该电子元件的车间,如果自行制造电子元件,需租入有关专用设备,设备全年租金为 60 000 元。

(3)企业具有生产该电子元件的设备,但该设备也可用于生产另外一种零件,从而可节约该零件的外购成本 70 000 元。

根据以上资料,分别做以下决策分析。

(1)因为生产设备无其他用途,即使不进行自制,车间固定成本将照常发生,所以此时它属于无关成本。即相关成本仅包括外购的采购成本和自制的变动成本,因而只要简单对比自制单位变动成本与外购价格的高低即可。由于自制的单位变动成本只有 4.9 元/个,低于外购价格,所以应选择自制。这样,就可以使企业节约成本 50 000 元[(5.0-4.9)×500 000 元]。

(2)在这种情况下,企业自制该元件的相关成本包括自制变动成本和租金成本,其数额为:

$$60\ 000 + 4.9 \times 500\ 000 = 2\ 510\ 000(元)$$

外购成本为:

$$5.0 \times 500\ 000 = 2\ 500\ 000(元)$$

因为外购成本小于企业自制该元件的相关成本,所以此时应选择外购方案。这样可以节约成本 10 000 元(2 510 000 元-2 500 000 元)。

(3)企业自制该元件的相关成本,包括自制变动成本和相应的机会成本。该机会成本是指由于选择自制方案,而无法生产另一种元件所丧失的成本节约额,其数额为 70 000 元。则相关成本总额为:

$$70\ 000 + 4.9 \times 500\ 000 = 2\ 520\ 000(元)$$

因为外购成本(2 500 000 元)小于企业自制该元件的相关成本(2 520 000 元),所以应选择外购。这样可以节约成本 20 000 元(2 520 000 元-2 500 000 元)。

2. 零部件需用量不确定时自制或外购的决策。在这种情况下,企业可采用本量利分析中的成本无差别点法进行分析。

首先,根据自制和外购的成本资料计算两个方案的成本无差别点业务量。

其次,根据预测的需用量确定是选择自制还是外购方案。如果预测需用量低于成本无差别点,则应选择外购,否则应选择自制。

此外,需要注意的是:采用成本无差别点法是针对有追加专属成本(或机会成本)的方案而言的。如果自制并不需要追加专属成本,设备也无其他用途(即没有机会成本发生),此时,只需根据外购价格和自制单位变动成本便可进行决策,而无须(也无法)采用成本无差别点法,因为此时根本不存在成本无差别点。

【例 7-12】这里仍然沿用例 7-11 的有关资料。计算器电子元件的外购价格为 5 元/个,自制元件的单位变动成本为 4.9 元/个。如果企业选择自制,需购入专用设备,该设备的成本为 60 000 元。试做出零件取得方式的决策。

首先计算成本无差别点:

$$x_0 = (60\ 000 - 0)/(5.0 - 4.9) = 600\ 000(个)$$

计算结果显示,当企业对于该零部件的需用量大于 600 000 个时,应选择自制;当企业需用量小于 600 000 个时,应选择外购;若需用量恰好等于 600 000 个时,自制和外购均可。

自制与外购的决策,可以扩展为所有既可由外界完成又可由企业自己解决的业务活动方面的决策。例如:是租用设备还是购入设备?是委托他人经销产品还是自设零售点销售产品等?

取得方式的决策不能仅仅看成本因素,还应考虑外购零部件的质量保证、价格水平波动的风险、产品本身的市场供求量变化等因素。一般而言,当零部件用量规律性较差、规格品种较多、零部件自制所需原料供应紧张,以及使用零部件的产品本身的产销状况不稳定时,可以考虑外购方案;零部件市场供应量无保证、质量不好、价格不稳定、企业设备有剩余生产能力,以及企业需用的零部件数量较大且较稳定时,应尽量安排自制。

(六)生产工艺技术方案的决策

企业有时采用不同的工艺技术进行产品生产。例如,同一种产品既可以用手工操作方式,又可安排半机械化或者自动化方式生产。一般情况下,机械化、自动化程度越高,产品单位变动成本就越低。因为,机械化、自动化可以降低材料消耗,降低人工劳动强度,提高劳动生产率,但这就相应要求增加固定成本投资;反之会出现相反的情况。因此,必须根据市场供求条件以及未来销量的变动趋势,以销定产,根据生产计划规模,决定选用何种工艺方案,而不能片面地认为机械化、自动化程度越高越好。对于这种决策,仍可采用本量利分析法中的成本无差别点法进行。

【例7-13】目前企业可采用两种工艺技术方案生产某种产品。自动化生产时,单位变动成本为5元/件,年固定成本为100 000元;机械化生产时,单位变动成本为7元/件,年固定成本为50 000元。试根据以下不同情况,做出选用何种工艺技术方案的决策。

(1)该产品预计年销量可达到20 000件。

(2)该产品预计年销量可达到30 000件。

(3)该产品正处于发展期,预计年产销量可达到25 000件。

首先计算成本无差别点业务量 x_0:

$$x_0 = (a_1 - a_2)/(b_2 - b_1) = (100\ 000 - 50\ 000) \div (7 - 5) = 25\ 000(件)$$

(1)产品预计销量20 000件,小于成本无差别点25 000件,所以应选择机械化生产方式,可节约成本额为:

$$100\ 000 + 5 \times 20\ 000 - (50\ 000 + 7 \times 20\ 000) = 10\ 000(元)$$

(2)产品预计销量达到30 000件时,大于成本无差别点25 000件,此时则应选择自动化生产,这样可节约的成本数额为:

$$50\ 000 + 7 \times 30\ 000 - (100\ 000 + 5 \times 30\ 000) = 10\ 000(元)$$

(3)产品预计销售量为25 000件时,正好等于成本无差别点业务量,两方案总成本相同,可任选其中一个方案。但考虑到该产品处于发展期,市场需求会进一步扩大,应采用自动化方案,以便随时扩大生产规模、占有市场,而不应只看到眼前的利益。

(七)定价决策

企业进行定价决策时应充分考虑以下因素:商品的价值;成本弹性;产品所处的寿命周期阶段;商品的比价、差价与价格体系;国家的价格政策等。

以下简要介绍几种企业定价决策的方法。

1.成本加成定价法。企业为了保证自身的生存及发展,在制定产品售价时必须考虑收回全部生产成本、管理和推销成本,并且还应为投资提供合理的报酬。因此,垄断性较强的企业在对其主要产品制定长期价格时多采用成本加成定价方法。其计算公式为:

$$价格 = [总成本 \times (1 + 加成率)] / 数量 = 单位成本 \times (1 + 加成率)$$

式中,"单位成本"可以有以下三种选择:

(1)生产和销售产品的全部成本,包括制造成本、管理成本和推销成本。此时,加成率指标为全部成本加成率,加成部分将为企业提供利润。

(2)产品的制造成本。此时的加成率只是制造成本加成率,加成部分为企业提供管理成本、推销成本和利润。

(3) 产品的变动成本,包括变动生产成本、变动推销成本和变动管理成本。此时加成率为变动成本加成率,加成部分将为企业提供固定成本和利润。

(4) 产品的变动制造成本,仅包括变动生产成本。此时的加成率为产品的变动制造成本加成率,加成部分将为企业提供变动推销成本、变动管理成本、固定成本和利润。

至于加成率的确定,主要依据历史经验数据,在大多数行业中都有规定的或是流行的百分率。对于那些没有可比较的标准加成率的企业,可根据企业的目标利润或者期望的投资报酬率,自行设定加成率。

【例7-14】某企业只生产和销售A产品,采用成本加成定价法对A产品定价。相关A产品单位成本信息和定价计算如表7-9所示。

表7-9 目标售价计算 单位:元

成本项目	单位产品成本	全部成本加成	产品的制造成本加成	变动成本加成	产品的变动制造成本加成
直接材料	10	10	10	10	10
直接人工	5	5	5	5	5
变动制造费用	3	3	3	3	3
固定制造费用	2	2	2		
变动销售及管理费用	4	4		4	
固定销售及管理费用	1	1			
单位成本		25	20	22	18
加成率		20%	50%	36.4%	66.7%
目标销售价格		30	30	30	30

成本加成定价法的主要缺点在于:没有充分考虑市场情况。因此,在使用成本加成定价法时,不应拘泥于计算结果,应按市场情况做相应调整。企业也不应对全部产品都采用同一个成本加成率,应考虑到各种产品的特点、同行业惯例以及市场需求情况等因素,分别制定出不同的加成率。

成本加成定价虽然有时不能最终确定价格,但它提供的数据对于经营管理人员制定价格是必不可少的。首先,在定价决策中有许多不确定性因素,成本加成定价所确定的目标售价给经营管理者提供了一个定价基点。其次,对于产品品种众多的企业,有时对于每一项产品都做详细的本量利分析是不可能的,而成本加成定价法给我们提供了一个简便快捷的计算办法,它至少可以让企业及早确定一个暂定价格,企业以后可以根据实际情况再行调整。再次,采用行业既定加成率来确定价格,还可以使经营管理者从自己产品的价格中,推断出自己企业的成本在同行业中是否具有竞争力。

2. 最低极限价格定价方法。企业出于经营上的某种需要和考虑,有时需要制定最低价格作为经销产品售价的下限。在企业生产能力有剩余且无法转移时,追加订货的最低极限价格就是单位变动成本。对于那些实在难以找到销路的超储积压物资和产品,甚至可以规定它们在一定时期内平均负担的仓储保管成本和损耗费用,以及有关的资金占用成本的合计数,作为确定极限价格的依据。只要出售价格不低于这个极限价格,出售就有利可图(或者可以使损失降到最小)。

(八)调价决策

在市场经济条件下,不可能指望某种产品的价格一成不变。随着市场环境尤其是供求关系的变化,对某些产品的价格进行适当调整,是企业生存发展的客观需要。这种调价可以利用利润无差别点法进行决策。

所谓利润无差别点法,就是指利用调价后预计销售量与利润无差别点销量之间的关系来进行调价决策的一种方法。利润无差别点销售量,是指某种产品为确保原有的盈利能力,在调价后至少应达到的销售量。其计算公式为:

利润无差别点销售量 = (固定成本 + 调价前可获利润)/(拟调整的新单价 − 单位变动成本)

若调价后预计销售量大于利润无差别点销售量,可以考虑实施调价方案;若调价后预计销售量小于利润无差别点销售量,不能进行价格调整;若两者相等,调价与不调价对企业来讲效果是一样的。

【例7-15】某企业生产经营某种产品,其售价为每件20元,正常销售量为2 000件,固定成本为6 000元,单位变动成本为每件12元,企业现有最大生产能力为3 800件。由于生产能力没有充分利用,企业想通过调价的方式促进销售,以期获得更多的利润,因而提出了以下两个方案:方案一,将价格调低为每件17元,预计销售量可以达到3 600件;方案二,将价格调低为每件16元,预计销售量可以达到3 800件。

要求:利用利润无差别点法确定两个方案的可行性及优劣。

根据以上条件可知,调整价格以前的利润为:

$$(20 - 12) \times 2\,000 - 6\,000 = 10\,000(元)$$

在方案一中,利润无差别点的销售量为:

$$(6\,000 + 10\,000)/(17 - 12) = 3\,200(件)$$

因为利润无差别点销售量(3 200件)小于预计销售量(3 600件),并且预计销售量也小于企业最大生产能力(3 800件),所以此方案可行。

在方案二中,利润无差别点销售量为:

$$(6\,000 + 10\,000)/(16 - 12) = 4\,000(件)$$

因为利润无差别点销售量(4 000件)超过了预期销售量(3 800件),并且大于其最大生产能力(3 800件),所以此方案不可行。

综合以上计算可知,当选择方案一时,可以使企业多获得利润2 000元[(17−12)×3 600元−6 000元−10 000元]。

思考与练习题

1. 某企业生产 A,B,C 三种产品,有关资料如表 1 所示。

表 1　产品收入与成本资料　　　　　　　　单位:元

项目	A 产品	B 产品	C 产品
销售单位	1 000	1 200	2 000
单位售价	10	15	11
单位变动成本			
制造成本	2.5	3	8
销售费用	1.5	1	1.2
固定成本			
制造成本	2 250	3 000	6 500
销售费用	500	1 500	1 800

要求:企业为了合理安排生产,是否应决定停产 C 产品?试为企业做出正确决策。

2. 某企业原生产甲产品,现拟利用现有生产能力开发新产品乙或丙。若开发乙产品,老产品甲需减产 1/3;如开发丙产品,老产品甲需减产 2/5。三种产品的产量、售价和成本如表 2 所示。

表 2　产品产量、售价与成本

项目	老产品甲(实际数)	新产品乙(预计数)	新产品丙(预计数)
产量(件)	6 000	2 000	2 500
单价(元)	60	80	73
单位变动成本(元)	40	56	51
固定成本(元)	40 000		

要求:试为该企业做出开发何种新产品较为有利的决策。

3. 某电视机厂年产电视机 10 000 台,单价 300 元,单位变动成本 220 元,电动机成本为

70元,年固定成本600 000元。与电视机配套的电动机的自制单位成本如表3所示。

表3 电动机自制单位成本 单位:元

直接材料	40
直接人工	12.5
变动制造费用	17.5
固定制造费用	10

今有一电动机厂推销这种电动机,价格75元/台。

要求:

(1)如该企业外购电动机,原有设备可出租,每年租金收入75 000元,但每年要负担5 000元的维修费,该企业应该自制还是外购?

(2)若外购,利用原设备可增产电视机1 000台,应否外购(假定成本水平不变)?

4. 某机械厂预计全年的机械产量为37 000只,其成本组成为:直接材料185 000元,直接人工55 500元,变动制造费用18 500元,固定制造费用74 000元,变动推销及管理费用44 400元,固定推销及管理费用22 200元。

要求:

(1)按全部制造成本加成的定价法,以加成百分率25%计算产量分别为29 600只、37 000只和44 400只时的售价和利润总额。

(2)按变动成本加成的定价法,以加成百分率32%计算产量分别为29 600只、37 000只和44 400只时的售价和利润总额。

5. 企业利用现有设备可生产A,B两种产品,不过现在企业仅生产A产品,每月生产1 000件。企业发生的固定制造费用每月为4 000元。因此,A产品每件负担固定制造费用4元。现在企业有剩余生产力,利用剩余生产能力可以生产260件A产品或者300件B产品。A的单位生产成本资料如表4所示。

表4 单位生产成本资料 单位:元

直接资料	12
直接人工	15
变动制造费用	4
固定制造费用	4
单位成本合计	35

本月该企业接到一个特殊订单,买方希望购买A产品200件,但是出价仅为33元,低于生产成本2元。已知特殊订单的接受不会引起销售及管理费用的增加。

要求:根据上述情况,判断该企业是否应该接受该订单。

拓展与感悟

中国高铁，中国向世界展示发展成就的重要名片

新中国成立后，我国铁路装备工业从来没有停止过自主开发。1956年提出铁路牵引动力要从蒸汽机车转向电力机车、内燃机车，中国轨道交通科研生产逐渐起步。20世纪80年代末展开了建设高铁的讨论，90年代跟踪世界高铁先进技术，开展国产化研究。1999年5月自主设计开发出具有先进技术的高速列车"大白鲨"。之后研制出高速列车"蓝箭""中华之星"。2003年提出"实现铁路跨越式发展"。2004年在全球范围招标，购买引进全球最顶尖技术，联合设计制造140辆列车。依赖中国高铁人几十年的正向研发经验积累，吃透消化国外高铁先进技术，然后再进行创意、创新。2012年中车株洲所研制出耐压3 300V的高压IGBT，一举打破了一直被外国"卡脖子"的困境，从此动车组制造实现百分之百国产化。中国高铁领跑全球的5大核心技术是无缝钢轨技术、IGBT芯片、高铁轴承、供电技术以及统一指挥的高铁网络。2022年4月21日，新型复兴号高速列车上线运行，成功实现明线上单列时速435千米、相对交会时速达870千米，创造了高铁动车组列车明线和隧道交会速度世界纪录。

几代铁路人的敬业精神是社会主义核心价值观的重要展示，值得每位中国人学习。我国高铁发展虽然比发达国家晚了40多年，但依靠党的领导和新型举国体制优势，经过几代铁路人接续奋斗，从引进、消化、吸收再创新到自主创新，实现了从无到有、从追赶到并跑、再到领跑的历史性变化。我国成功建设了世界上规模最大、现代化水平最高的高速铁路网，形成了具有自主知识产权的世界先进高铁技术体系。目前形成了涵盖高铁工程建设、装备制造、运营管理三大领域的成套高铁技术体系，高铁技术水平总体进入世界先进行列，部分领域达到世界领先水平，迈出了从追赶到领跑的关键一步。我国高铁着眼满足人民群众对美好生活的向往，结合运输供给侧结构性改革，大力实施客运提质计划和复兴号品牌战略，全面提升高铁运营品质。我国高铁的安全性、效能性、舒适性、便捷性、经济性等运营指标，均处于世界领先或先进水平。中国高铁自主研发70年，将技术牢牢地抓在手里，完全自主生产，不惧条件变化，科学战略决策，让我国成为名副其实的高铁技术输出大国。列车制造是中国制造最成功范式，值得中国任何一个行业学习。

参考资料：

[1]陆东福.打造中国高铁亮丽名片[J].求是,2021(15).

[2]谭小米.又破世界纪录,超大巨型装备,我国自主研发70年,从不曾歇息[EB/OL].[2022-04-25].https://www.163.com/dy/article/H5R2HR8B0552NHJB.html.

第三篇
管理控制系统

第八章

全面预算管理

导 读

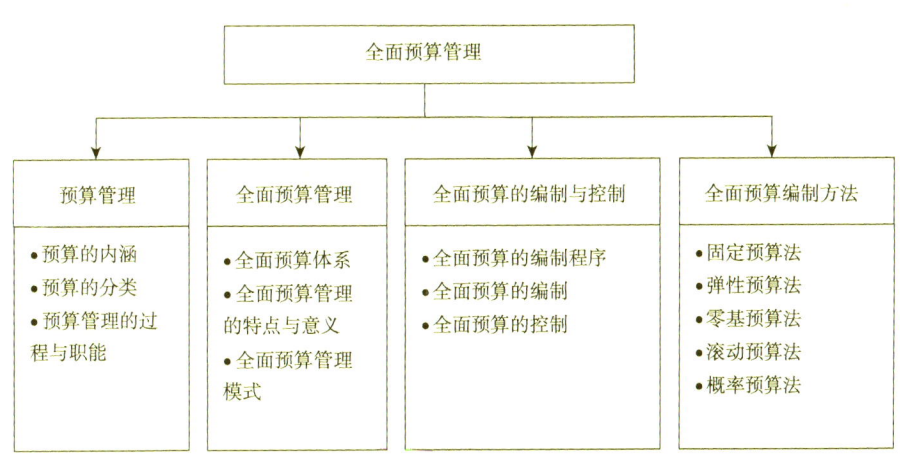

说明:

全面预算管理是以全面预算体系为依托开展的一种预算管理,是集企业全面计划、控制、考评为一体的全过程、全方位、全员性的系统预算管理过程,是企业管理控制系统的重要组成部分。全面预算管理的有效开展可以促进企业战略的贯彻和经营目标的顺利达成,并可提高企业的风险管理水平。全面预算的编制是全面预算管理的重要环节,其编制方法主要包括固定预算法、弹性预算法、零基预算法、滚动预算法和概率预算法等,企业可根据自身情况和管理需要选择合适的编制方法或组合使用。

第一节 预算管理概述

一、预算的内涵

(一)预算的概念

预算有着悠久的历史渊源,是人类社会发展到一定历史阶段的产物。早在我国的周朝官厅会计中就存在政府预算制度,而在我国古代儒家经典《礼记·中庸》中就明确提出:"凡事豫(预)则立,不豫(预)则废",凸显了计划和预算的重要性。近代预算制度则产生于英国,预算的英文"budget"来自法语 bougette(公文包),源于 19 世纪中期英国财政大臣在议员们面前打开公文包以展示预算资料的习惯。预算制度首先应用于政府机构,后被企业所借鉴并广泛应用,进而发展成为重要的企业管理工具和控制体系。

企业预算是指企业未来一定期间经营计划以及预期所能达到的结果或目标的数量化、价值化的表现与说明。简而言之,预算就是经营计划及其预期结果或目标的数量化与货币化,主要表现为一系列的预计数量统计表格与财务数据。

(二)企业预算与经营计划的关系

从定义中可以看出,预算与计划有着紧密的联系。有人形象地比喻:预算就是"预"加"算","预"就是思考并做计划的过程,而"算"则是用数量和货币单位将计划"算"成预算的过程。因此,形成预算的前提应是设定经营计划。

经营计划是在经营决策的基础上,根据经营目标,对企业的生产经营活动和所需要的各项资源,从时间和空间上进行具体的统筹安排所形成的计划体系。在经营计划的制订过程中,管理者会面临诸多问题,而解决问题的过程就是管理者进行决策的过程,因此,经营计划的核心在于经营决策,管理者一系列经营决策结果的总和就构成了经营计划。一般情况下,经营计划的内容主要包括四个方面:①未来要做什么(目标);②未来如何去做(措施);③未来由谁去做(责任);④未来何时做、何时完成(时间及进度)。

以制造性企业为例,企业的经营计划主要包括以市场预测与决策为基础编制的销售计划,以生产决策和定额标准为依托编制的生产计划、原材料采购计划、库存计划、人力资源与员工薪酬计划,以及以相关决策为基础编制的资产采购和使用计划、资金计划等。

良好的经营计划应该以科学的市场分析和经营预测为基础展开。预测是根据历史资料和相关信息,运用一定的科学预测的方法,对市场趋势和企业未来经营状况及可能形成的结果进行的预计与推测,它是计划的基础。在经营计划的形成过程中,如果没有进行深入、细致的经营分析和科学预测,而仅仅依靠经验判断进行相关经营决策,那所形成的经营计划势必是不科学、不符合实际情况的,而在此基础上编制的预算也不可能是高质量的。

还需要注意的是,虽然预算是经营计划及其预期结果(或目标)的数量化与货币化,但并不意味着预算只是对经营计划的被动反映。如果预算中所反映的经营计划的预期结果与企业所要求达到的目标之间有差距时,企业往往会根据战略需要对经营计划进行调整,以保证企业的战略及其阶段性目标能够通过预算管理加以贯彻和落实。简而言之,经营计划与预算之间不是单向反映的关系,而是通过双向互动反馈最终形成企业经营计划与预算体系之间的有机统一。

上述企业预算与经营计划、经营分析与预测之间的关系如图8-1所示。

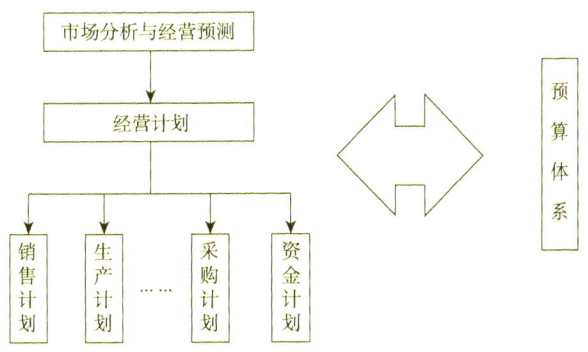

图8-1　预算与经营计划、经营预测之间的关系

二、预算的分类

预算是一个体系,由一系列对经营计划进行数量化与货币化说明的预算文件构成。预算文件可按照一定的分类标准对其进行分类,预算的分类有助于管理者了解不同预算的特点。主要预算分类如下。

(一)按照预算的内容不同进行分类

按照预算的客体,即按照预算的经济内容来分,可将预算分为业务预算、资本支出预算和财务预算三大类。

1. 业务预算,也称营业预算,即对企业日常的生产经营活动编制的预算。日常的生产经营活动也就是企业日常的供、产、销活动。业务预算包括销售预算、生产预算、直接材料预算、直接人工预算、制造费用预算、生产成本预算、销售及一般管理费用预算等。由于企业的供、产、销活动是企业最基本、最经常的活动,所以它又称为基本预算或经常预算。

2. 资本支出预算,也称投资预算,是一项专门决策预算,即对企业扩大、更新或改善生产资源及销售渠道等重大决策活动所编制的预算。如固定资产改、扩建及更新预算,长期投资预算,开辟新的销售渠道的投资预算等。这些预算的共同特点是:它们体现着企业的重大经营决策和发展方向,预算所涉及的时间较长(一般在一年以上),支出的数额较大,不确定因素较多,编制的困难较大,对投资的数量、期间、回收等需做出适当的估计,以便为企业从整体上调度资金提供所需的参考资料。

3.财务预算,即根据其他预算所涉及的有关现金收支、经营财务成果和企业财务状况等变动所编制的预算。现金可以被认为是企业经营活动的"血液",任何单位、部门所从事的任何活动无不需要现金的支持。同时,企业经营活动结果最终都要以财务成果表现出来,它不仅可表明经营的好坏,在预算中还可表明预算编制是否符合经营目标的要求。因此,财务预算主要包括现金预算、预计利润表(或预计损益表)和预计资产负债表。

管理者可根据管理需要对不同内容的预算文件进行选择和组合,合理地设计预算体系。其中,如果企业的预算体系包含了上述全部内容,就意味着该企业采用的是全面预算体系,涵盖了企业的全部经济活动及其成果。在全面预算体系中,财务预算是从价值方面总括地反映企业业务预算与资本支出预算的结果,也就是说,业务预算和资本支出预算对企业财务状况和经营成果的影响都可以用货币金额反映在财务预算内,这样一来,财务预算就成了各项业务预算和资本支出预算的整体计划,故亦称总预算,其他预算则相应称为辅助预算或分预算。显然,财务预算在全面预算体系中占有举足轻重的地位。当然,对于小规模的企业,如果实施全面预算的成本效益不佳,也可以只选择某一类的预算来构建适合本企业管理需要的预算体系,如费用预算体系或现金收支预算体系等。

(二)按预算编制期间的不同进行分类

按预算编制期间的长短不同,可将预算分为编制预算期间大于一个会计年度的预算(即长期预算,如三年度预算、五年度预算等)和编制预算期间在一个会计年度(或长于一个会计年度的一个经营期)内的各项预算(即短期预算,如年度预算、季度预算、月度预算等)。在预算编制过程中,往往应结合各项预算的特点,将长期预算和短期预算结合使用。一般情况下,企业的业务预算和财务预算多为1年期的短期预算,年内再按季或月细分,而且预算期间往往与会计期间保持一致。

三、预算管理的过程与职能

将预算作为管理工具运用到企业的管理中,就形成了预算管理。具体而言,所谓预算管理就是将预算作为企业针对未来优化预算期内资源的配置、协调和控制企业及各业务部门的经济活动,考评和激励各级管理者、提高资源的使用效率和效益、实现企业目标的手段和过程。

如图8-2所示,预算管理过程主要包括以下环节:①预算编制环节。通过编制预算,围绕着经营目标的达成对经营计划进行货币化和数量化的表达与说明,进而优化企业预算期内的资源配置。②预算执行与控制环节。预算编制完成后,经过批复便成为企业各预算单位开展经济活动的根据,而企业预算管理部门也将依据批复后的预算对各预算单位的预算执行情况进行控制。③预算分析与调整环节。在预算执行与控制过程中,企业需要对预算执行情况进行及时、全面的分析,分析实际执行情况与预算之间形成差异的原因,并根据预算执行条件或环境的变化对预算调整的必要性进行评估,确实需要调整的则要对原有预算进行调整。④预算考评和激励环节。预算期结束后,企业应将执行结果与预算值相比较,确认差异,并对差异形成的原因进行分析,根据分析的结果评价各责任主体的工作业绩并按照奖惩制度,将其与各预算责任人的利益挂钩,实施预算激励。

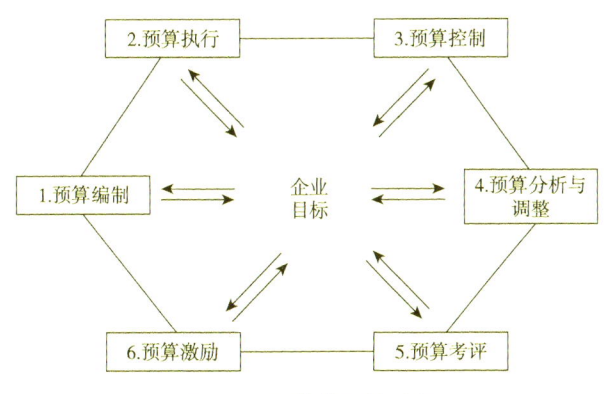

图 8-2 预算管理的过程

通过上述管理环节,预算管理可以发挥以下职能作用:

(1)计划职能。企业管理当局在确定企业总体经营方向和战略目标的基础上,通过编制预算,可以使企业的经营计划与目标进一步具体化、数量化和货币化。

(2)控制职能。预算一经确定,就进入了实施阶段,管理工作的重心转入控制,即设法使经济活动按计划进行。对企业各部门的经济活动要经常进行分析和控制,使各部门的工作符合总目标的要求。而对各部门的经济活动进行分析、控制的依据就是预算,并用其控制各项经济活动,从而避免不必要的支出,降低成本费用,保证预定目标的顺利实现,提高企业的经济效益。

(3)沟通与协调的职能。企业的各个部门、各项活动的管理者因其职责不同,往往会出现利益互相冲突的现象,或出现局部活动不符合企业整体利益的情况。由于预算运用货币度量来表达经营计划,具有高度的综合性,在经过企业立足于整体利益的角度对预算进行综合平衡以后,可以有效解决企业整体与预算单位之间、各预算单位之间的冲突,可以使各预算单位的工作在此基础上协调起来,以实现企业整体利益的最大化。同时,企业以预算的形式向每个员工正式表达了组织的计划,所有的员工便会清楚他(她)们在实现这些目标中的作用,加强了员工行为之间的协调性。

(4)业绩评价与激励的职能。预算作为企业预算期内经济活动的执行依据或标准,使各项活动的实际执行有章可循。因此,预算标准可以作为各部门责任考核的依据。经过分解落实的预算目标可以与部门、责任人的业绩考评结合起来,成为奖勤罚懒、评估优劣的准绳。

从上述预算管理的过程可以看出,预算管理是一种闭环式的管理循环。通过预算管理的预算编制、预算执行与控制、预算分析与调整、预算考评与激励等环节,可以充分发挥计划、控制、沟通与协调、业绩评价与激励等职能作用,实现事前控制、事中控制和事后控制的有机结合,形成一套计划科学、控制有力、考评合理的管理体系。正因为此,企业高度重视预算管理工作,并以预算管理为核心来构建企业的管理控制系统。

第二节 全面预算管理的特点与模式

一、全面预算的基本体系

全面预算就是以数量形式表示未来某一特定期间内企业的全部经济活动及其成果,也可称为"企业全部计划的数量说明",通常表现为一整套预计的财务报表及其他附表。它是在预测决策的基础上,围绕着设定的经营目标对企业预算期内的销售、生产、成本、现金流入与流出等有关方面以预算的形式具体、系统地反映出来。经营决策方案在全面预算中得到了体现和落实。

全面预算体系是指以本企业的经营目标为出发点,通过对市场需求的研究和预测,以销售预算为编制起点,继而编制生产、成本和资金收支等各方面的预算,最后编制预计财务报表的这样一种预算体系。虽然全面预算的具体内容会因各企业规模和生产技术特点的不同而产生一定的差异,但基本内容都是相同的。全面预算主要由业务预算、资本支出预算和财务预算三部分组成,其具体组成如图8-3所示。

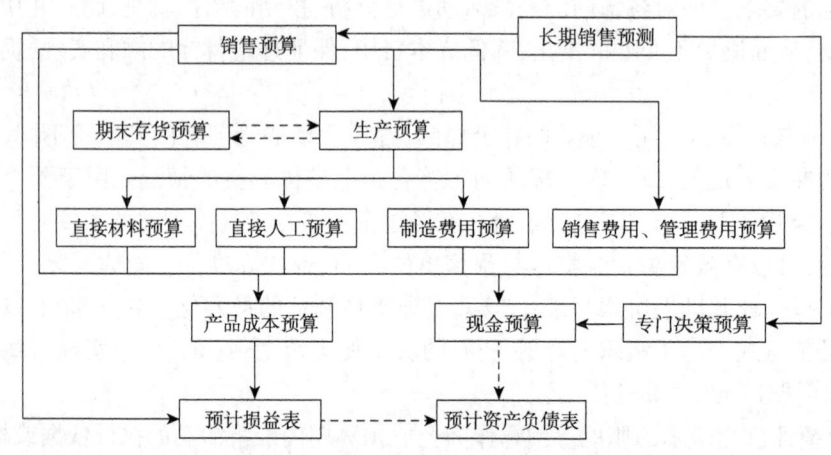

图8-3 全面预算体系的基本组成内容

对图8-3中的内容简要说明如下:

第一,销售预算是年度预算的编制起点,因而企业应首先根据长期市场预测和生产能力编制长期销售预算,并在此基础上确定本年度的销售预算。同时,还要根据企业财力确定专门决策或资本支出预算。

第二,根据"以销定产"的原则确定生产预算并考虑所需要的销售费用。编制生产预算时,除要考虑计划销售量外,还需考虑现有存货和年末存货。

第三,根据生产预算来确定直接材料、直接人工和制造费用预算。

第四,产品成本预算和现金预算是有关预算的汇总。

第五,预计损益表和预计资产负债表是全部预算的综合反映。

为了使整个预算工作有条不紊地进行,一般企业会在内部专设一个预算委员会负责编制并监督实施。预算委员会通常由企业主要领导、总会计师、财务和供产销各部门主管人员等组成。它负责协调和审查各部门所编制的预算,并随时检查预算的执行情况,促使有关方面协调一致地完成预算所确定的目标和任务。

二、全面预算管理的特点与意义

(一)全面预算管理的特点

全面预算管理是以全面预算体系为依托开展的一种预算管理,是集企业全面计划、控制、考评为一体的全过程、全方位、全员的系统预算管理过程,其特点主要如下:

1. 以企业战略为导向。面对日益激烈的市场竞争,企业需要加强战略管理,以便在变化的内外部环境中保持企业的竞争优势。全面预算管理的要点是对企业资源做出合理的统筹配置,使其达到高效的使用效率,实现企业年度经营目标,以促进企业战略的达成。因此,全面预算管理必须是以公司的战略为导向,围绕企业的战略目标和竞争战略,做出合理有效的规划,为企业战略的达成提供全面的支持。

2. 以目标为管理的核心。企业战略的达成需要将设定的企业战略按照年度、业务和职能等维度,应用平衡计分卡等绩效管理工具,细化分解为一系列的经营目标,并以全面预算管理为主要的管理工具加以落实。因此,以战略为导向的全面预算管理应以目标为核心,即全面预算的编制应围绕着企业经营目标体系来进行,而预算执行情况的控制和考核也应以目标的实现程度为主要的标准。

3. 全方位、全过程、全员的管理。首先,企业全面预算管理是对企业各个方面的预算进行全方位管理,比如财务预算、业务预算、资本支出预算等;其次,该管理方式对企业预算全过程进行管理,涵盖预算的编制、执行、考核分析、绩效评价及奖励惩罚等预算管理环节;最后,该管理方式不是靠单一的人员或部门就能实行的,必须得到公司全部人员的配合。从企业的领导层面到财务部门、其他部门再到每一个员工,都要参与到企业的预算管理中。

4. 强调预算的执行与控制。全面预算管理不仅仅是下达预算目标、编制和汇总预算数据,更重要的是对企业全面预算的执行情况进行控制以及对企业预算结果进行考核和评价,使全面预算真正发挥其预算管理的作用和职责。

(二) 全面预算管理的意义

企业实施全面预算管理的意义主要如下：

1. 提升战略管理能力。全面预算管理可以对战略目标加以量化和固化,预算的执行与企业战略目标实现成为同一过程。同时,对预算的有效监控可有效提升企业的战略应变能力,确保最大限度地实现企业战略目标。

2. 高效使用企业资源。预算计划过程和预算指标数据直接体现了企业各部门使用资源的效率以及对各种资源的需求,通过全面预算的编制和平衡,企业可以对有限的资源进行最合理的分配。

3. 收入提升及成本节约。全面预算的编制要求对企业内外部环境做出合理分析,保证企业的收入提升和成本节约计划切实可行,且全面预算的执行、调整、控制、考评和奖惩都以成本和收益为关键指标,为企业的收入提升和成本节约提供了坚实的保障。

4. 有效管理企业风险。全面预算管理可以揭示企业预算期的经营情况和财务状况,使可能的问题或风险提前暴露。通过对预算执行结果的动态监控与分析,公司高级管理层可以发现潜在的风险所在,并预先采取相应的防范措施,从而达到规避与化解经营风险与财务风险的目的。

三、全面预算管理的模式

在全面预算管理实践中,为提高预算管理的效益,企业管理层需要根据企业所处的环境,以及基于内外部环境分析所制定的战略要求,充分考虑企业所处的发展阶段和与之相适应的管理需要,确定全面预算编制和实施的核心。不同的发展阶段、不同的战略要求以及不同的管理需要会导致企业选用不同的全面预算体系的核心,进而形成不同的预算管理模式。一般情况下,根据所确定的全面预算核心的不同,企业全面预算管理模式可以分为以下几类。

(一) 以销售为核心或重点的预算管理模式

在这种模式下,销售收入是预算管理的核心,预算编制的起点和预算考核的主导指标都是销售收入。企业首先确定目标销售收入,以此为起点,销售部门编制销售预算,生产部门确定生产预算,财务部门编制财务预算。预算执行期满后,首先对销售目标完成情况进行考核,再对其他相关预算目标进行考核,考评结果作为奖惩的依据。该模式适用于快速成长型企业、产品处于市场增长期的企业和季节性经营的企业。

(二) 以目标利润为核心的预算管理模式

在这种模式下,利润是预算管理的核心,预算编制的起点和预算考核的主导指标都是利润。企业首先确定目标利润额,以此为起点,将目标利润层层分解,确定二级单位的利润目标;二级单位根据各自的利润目标编制相应的销售预算、生产预算和成本费用预算等。最后,在二级单位预算的基础上汇总形成企业总预算。预算执行期满后,对二级单位利润目标完成情况进行考核,考评结果作为奖惩的依据。该模式主要适用于强调利润目标达成的企业和大型企业集团的各利润中心。

(三)以成本为核心的预算管理模式

在这种模式下,生产成本是预算管理的核心,成本控制就是预算控制的中心,考核的主导指标也是生产成本。企业首先确定目标成本,然后将目标成本层层分解,把目标成本尽量细化到最小单元,使成本目标落实到具体的车间、班组以至每一个工人,以便明确责任,挖掘潜力,努力降低成本,从而增加企业利润。预算执行期满后,首先对成本目标完成情况进行考核,再对其他相关预算目标进行考核,考评结果作为奖惩的依据。该模式适用于产品处于市场成熟期的企业和大型企业集团的各成本中心。

(四)以现金流量为核心的预算管理模式

在这种模式下,企业的现金流量是预算管理的核心,是依据现金流量确定企业一定时期内货币资金的流入流出额并加以平衡的一种预算管理模式,其预算管理工作的关键在于保持现金流量的动态平衡可持续。该模式适用于产品处于市场衰退期的企业、财务困难的企业、重视现金回收的企业。

需要说明的是,预算模式的不同主要体现为预算管理的重点和关键点的不同,其预算体系的构成、预算编制、预算的执行和控制以及预算的考评并没有本质的区别。以上各种预算管理模式在实际工作中并无绝对的界限,往往需要综合运用。

第三节　全面预算的编制与控制

一、全面预算的编制程序

全面预算是用来帮助管理人员规划和控制企业各项经济活动的重要工具。企业全面预算的编制要涉及经营管理的各个部门,只有各部门人员参与预算的编制,才能使预算成为他们自愿遵守的标准。因此,预算是领导者、专业人员和预算执行部门共同编制的,一般采取"自上而下与自下而上相结合"的编制模式。

全面预算编制的典型程序包括如下步骤。

第一,提出企业总目标。最高领导机构根据企业的战略和长期计划,利用本量利分析、平衡计分卡等绩效规划与管理工具,提出企业一定时期内的经营总目标,并提前约三个月分别下达各基层预算执行单位和各职能部门。

第二,草编预算。最基层的预算执行人员根据实际情况草编预算,使预算尽可能反映实际的情况,并提前两个半月交所属职能部门。

第三,各部门编制业务预算。各部门汇编总部门预算,并初步协调本部门的预算,分别编制出销售、生产、财务等业务预算,并提前约两个月报送企业预算委员会。

第四,汇总形成企业的全面预算。预算委员会审查、平衡业务预算,汇总形成企业的全面预算,并提前一个半月报送预算审议机构。

第五,企业管理层审议预算。全面预算报经企业预算审议机构和管理层审议,根据审议意见修改预算。

第六,企业董事会审批预算。将企业管理层审议通过的全面预算或主要预算指标报经董事会审批或上报主管单位,讨论通过或者驳回修改。

第七,下达批准后的预算。董事会通过、批准后的预算下达各预算执行部门予以实施和执行。

另外,编制业务预算与财务预算的期间通常以一年为期,这样可使预算期间与会计年度相一致,便于预算执行结果的分析、评价和考核。在预算编制的具体时间上,生产经营全面预算一般要在下年度到来之前的三个月就着手编制,按规定进程由各级人员组织编、报、审等各项工作,到年底要形成完整的预算并颁布下去。

二、全面预算的编制

(一)业务预算的编制

1. 销售预算。在一般情况下,根据"以销定产"的原则,销售预算是编制全面预算的起点,其他预算的编制都以销售预算作为基础。销售预算是决定全面预算正确与否的关键。

销售预算的主要内容是销量、单价和销售收入。在销售预算表中,通常还附有预计的现金收入的计算,为编制现金预算提供必要的资料。其中,销量是根据市场预测或销货合同量以及企业生产能力确定的;单价则由价格决策确定。销售预算在实际工作中通常要分品种、月份、销售区域、推销员来编制,为了简化,下面的例子是只划分了季度的销售数据。

【例8-1】假设新华厂生产和销售一种产品M,单价为75元,根据销货合同预算期(20××年度)年产销量为9 000件。四个季度的预计销售量分别为:一季度2 000件,二季度2 250件,三季度2 500件,四季度2 250件。该厂适用的增值税税率为17%。每季收到的销售款占本季度销售款的60%,其余40%在下季度收讫。上年度应收账款75 000元将于预算年度第一季度全额收回。要求根据以上资料编制20××年度该厂的销售预算。

根据资料,编制销售预算(含预计现金收入),如表8-1所示。

表8-1 销售预算(含预计现金收入)

20××年度 单位:元

项 目	第一季度	第二季度	第三季度	第四季度	全年合计
预计销售量(件)	2 000	2 250	2 500	2 250	9 000
销售单价(元/件)	75	75	75	75	75
预计销售收入	150 000	168 750	187 500	168 750	675 000

续表

项目		第一季度	第二季度	第三季度	第四季度	全年合计
增值税销项税额		25 500	28 687.5	31 875	28 687.5	114 750
含税销售收入		175 500	197 437.5	219 375	197 437.5	789 750
预计销售收入	上年应收账款	75 000				75 000
	第一季度销售收入	105 300	70 200			175 500
	第二季度销售收入		118 462.5	78 975		197 437.5
	第三季度销售收入			131 625	87 750	219 375
	第四季度销售收入				118 462.5	118 462.5
	现金收入合计	180 300	188 662.5	210 600	206 212.5	785 775

2. 生产预算。生产预算是在销售预算的基础上编制的,其主要内容是销售量、期初和期末存货、预计生产量。为了避免存货过多,形成资金的积压、浪费,或因存货太多而影响下一季度销售活动的正常进行,存货数量通常按下期销售量的一定百分比确定。生产预算中的预计生产量与销售量之间的关系,可按下列公式计算:

预计生产量 = 预计销售量 + 预计期末存货 - 预计期初存货

上式中,期初存货是编制预算时预计的,期末存货根据长期销售趋势确定。必要时,存货预算也可单独编制。

【例8-2】续例8-1,假定新华厂年初M产品存货有200件,预算年末留存数为250件,其他各期期末存货量按下期销售量的10%计算。各期预计销售量如表8-1所示。要求据此编制20××年度该厂的生产预算。

根据以上资料和计算公式编制新华厂的生产预算,见表8-2。

表8-2 生产预算

20××年度 单位:件

项目	第一季度	第二季度	第三季度	第四季度	全年合计
预计销售量	2 000	2 250	2 500	2 250	9 000
加:预计期末存货量	225	250	225	250	250
预计需要量合计	2 225	2 500	2 725	2 500	9 250
减:预计期初存货量	200	225	250	225	200
预计生产量	2 025	2 275	2 475	2 275	9 050

3. 直接材料预算。直接材料预算又称直接材料采购预算,是为直接材料采购活动编制

的预算。编制直接材料预算与编制生产预算一样,也要考虑预算期期初与期末的存料水平,要注意采购量、耗用量与库存量之间保持一定的比例,以避免材料的供应不足,造成停工待料,或超储造成积压。

直接材料预算主要包括单位产品直接材料用量、生产需用量、期初和期末存量、预计材料采购量和预计采购金额。为便于编制现金预算,在直接材料预算中,通常还包括材料方面预期的现金支出的计算。"预计生产量"的数据来自生产预算。"单位产品材料用量"的数据来自标准成本资料或消耗定额资料。年初和年末材料存货量是根据当前情况和长期销售预测估计的。各季度"期末材料存量"是根据下季度生产量的一定百分比确定的。各季度"期初材料存量"是上季度的期末存货。有关的计算公式如下:

$$预计生产需要量 = 预计生产量 \times 单位产品材料用量$$
$$预计材料采购量 = 预计生产需要量 + 预计期末存量 - 预计期初存量$$

【例8-3】续例8-2,新华厂年初、年末预计材料库存量分别为:1 375千克,1 425千克。其余各期期末材料库存量为下期生产需要量的15%。单位产品耗用材料4千克,计划单价为3元/千克。该厂适用的增值税税率为17%。有关产品产量资料参见表8-2所示的"生产预算"。另外,预计各期采购的材料货款当期支付80%,其余20%在下季度付清。年初应付账款余额6 000元在预算年度的第一季度支付。要求根据上述资料编制直接材料预算。

根据以上资料和有关材料计算公式,编制新华厂直接材料预算(含预计现金支出),如表8-3所示。

表8-3 直接材料预算(含预计现金支出)

20××年度

	项 目	第一季度	第二季度	第三季度	第四季度	全年合计
直接材料预算	预计生产量(件)	2 025	2 275	2 475	2 275	9 050
	单位产品材料耗用量(千克)	4	4	4	4	4
	材料需要量(千克)	8 100	9 100	9 900	9 100	36 200
	加:期末存料量(千克)	1 365	1 485	1 365	1 425	5 640
	预计材料需要量合计(元)	9 465	10 585	11 265	10 525	41 840
	减:期初存货量(千克)	1 375	1 365	1 485	1 365	5 590
	预计材料采购量(千克)	8 090	9 220	9 780	9 160	36 250
	单位材料价格(元)	3	3	3	3	3
	预计材料采购成本(元)	24 270	27 660	29 340	27 480	108 750
	增值税进项税额(元)	4 125.9	4 702.2	4 987.8	4 671.6	18 487.5
	预计采购金额合计(元)	28 395.9	32 362.2	34 327.8	32 151.6	127 237.5

续表

项 目		第一季度	第二季度	第三季度	第四季度	全年合计
预计现金支出	上年应付账款(元)	6 000				6 000
	第一季度购料款(元)	22 716.7	5 679.2			28 395.9
	第二季度购料款(元)		25 889.8	6 472.4		32 362.2
	第三季度购料款(元)			27 462.2	6 865.6	34 327.8
	第四季度购料款(元)				25 721.3	25 721.3
合计(元)		28 716.7	31 569	33 934.6	32 586.9	126 807.2

4. 应缴税金及附加预算。应缴税金及附加预算是为规划一定预算期内预计发生的应缴增值税、消费税、资源税、城市维护建设税和教育费附加等金额而编制的一种经营预算。需要注意的是，近年来我国实行了"营改增"税制改革，以前缴纳营业税的应税项目改成缴纳增值税。

本预算中不包括预缴所得税和直接计入管理费用的印花税。由于税金需要及时清缴，为简化预算方法，可假定预算期发生的各项应缴税金及附加均于当期以现金形式支付。

应缴税金及附加预算需要根据销售预算、材料采购预算的相关数据和适用税率资料来编制，有关指标的估算公式为：

某期预计发生的应缴税金及附加 = 该期预计发生的销售税金及附加 + 该期预计应缴增值税

某期预计发生的销售税金及附加 = 该期预计应缴消费税 + 该期预计应缴资源税 + 该期预计应缴城市维护建设税 + 该期预计应缴教育费附加

预计应缴增值税、消费税等于应纳税额与适用税率的乘积，不过还需要强调的是，在"营改增"后，以前缴纳营业税的应税项目改成缴纳增值税；应缴资源税按照应税产品的课税数量和规定的单位税额计算；应缴城市维护建设税和应缴教育费附加分别等于预计应缴消费税和增值税之和与适用的附加税率或征收率的乘积。

【例8-4】新华厂各季度预计的增值税销项税额和进项税额资料分别如表8-1和表8-3所示。该企业流通环节只缴纳增值税，并于实现销售的当期(每季度)用现金完税。附加税费率为10%(假定全年无预缴所得税)。要求根据上述资料编制应缴税金及附加预算。

根据以上资料和有关应缴税金计算公式，编制新华厂应缴税金及附加预算，如表8-4所示。

表8-4 预算应缴税金及附加

20××年度　　　　　　　　　　　　　　　　　　　　　　　单位:元

项 目	第一季度	第二季度	第三季度	第四季度	全年合计
增值税销项税额	25 500	28 687.5	31 875	28 687.5	114 750
增值税进项税额	4 125.9	4 702.2	4 987.8	4 671.6	18 487.5

续表

项目	第一季度	第二季度	第三季度	第四季度	全年合计
应缴增值税	21 374.1	23 985.3	26 887.2	24 015.9	96 262.5
销售税金及附加	2 137.4	2 398.5	2 688.7	2 401.6	9 626.2
现金支出合计	23 511.5	26 383.8	29 575.9	26 417.5	105 888.7

5. 直接人工预算。直接人工预算是为直接生产人工耗费编制的预算,也是以生产预算为基础编制的。它的主要内容是预计生产量、单位产品工时、人工总工时、每工时人工成本和人工总成本。

根据生产预算中预计的生产量乘以单位产品所需直接人工工时,即得各期的直接人工工时预算。再将直接人工工时预算乘以每小时直接人工成本,便得人工成本预算。单位产品所需的直接人工工时数可根据规定的劳动定额或历史资料来确定。在这里,假定期初、期末在产品的数量没有变化,各期需要的直接人工的工种也只有一种(如果生产中直接人工工种不止一种,应先按工种类别分别计算,然后再进行汇总)。由于直接人工工资都需要使用现金支付,所以不需另外预计现金支出,可直接参加现金预算的汇总。

【例 8-5】续例 8-4,新华厂生产的 M 产品需人工工时为 4 小时,每小时人工成本为 3.50 元。各期预计产量见表 8-2"生产预算"。要求据以编制 20××年度新华厂的"直接人工预算"。依据上述资料,编制新华厂"直接人工预算",如表 8-5 所示。

表 8-5　直接人工预算

20××年度　　　　　　　　　　　　　　　　　　　　　　　　单位:元

项目	第一季度	第二季度	第三季度	第四季度	全年合计
预计生产量(件)	2 025	2 275	2 475	2 275	9 050
单位产品直接人工小时	4	4	4	4	4
人工总小时	8 100	9 100	9 900	9 100	36 200
小时工资率(元/小时)	3.50	3.50	3.50	3.50	3.50
直接人工成本(元)	28 350	31 850	34 650	31 850	126 700

6. 制造费用预算。制造费用预算是指除直接材料和直接人工以外的其他一切生产费用的预算。制造费用按其性态划分为变动制造费用和固定制造费用两部分。为适应企业的内部管理需要,采用变动成本法时,只将变动制造费用计入产品成本。固定制造费用直接列入损益表,作为当期产品销售收入的一个扣减项目。

变动制造费用是以生产预算为基础来编制的。如有完善的标准成本资料,用单位产品的标准成本与产量相乘,即可得到相应的预算金额。如果没有标准成本资料,就需要逐项预计计划产量需要的各种制造费用。固定制造费用也需要逐项进行预计,但通常与本期产量无关,应按每季实际需要的支出额预计,然后求出全年数。

为了便于现金预算的编制,还需要预计其中的现金支出。由于固定资产折旧是无需现金支出的项目,所以应将折旧费用从制造费用中扣除,从而得出"现金支出的费用"。制造费用预算中的各明细项目原则上应同正常出现的项目一致。

【例8-6】续例8-5,新华厂区分变动制造费用和固定制造费用两部分编制制造费用预算。其中,固定制造费用含折旧每季度为7 450元,变动制造费用预算按预计生产量和预计单位产品变动费用分配额的乘积(或者按预计总工时和小时费用分配率的乘积)求得,固定制造费用与产量无关。相关资料如表8-6和表8-7所示。要求据以编制20××年度新华厂的制造费用预算和现金支出预算。

根据上述资料编制制造费用预算(见表8-6)和现金支出预算(一)(见表8-7),其中制造费用系假定数字。

表8-6 制造费用预算
20××年度

变动制造费用				固定制造费用	
项目	小时费用分配率(元/小时)	单位产品费用分配额(元)	全年费用额(元)	项目	全年费用额(元)
间接人工	0.5	2	18 100	管理人员工资	10 860
间接材料	0.25	1	9 050	保险费	5 495
维修费	0.125	0.5	4 525	维修费	8 145
水电费	0.125	0.5	4 525	折旧	29 800
其他	0.25	1	9 050		
合计	1.25	5	45 250	合计	54 300

表8-7 现金支出预算(一)
20××年度 单位:元

项 目		第一季度	第二季度	第三季度	第四季度	全年合计
变动部分	预计生产量(件)	2 025	2 275	2 475	2 275	9 050
	预计直接人工小时	8 100	9 100	9 900	9 100	36 200
	费用分配率	1.25	1.25	1.25	1.25	1.25
	小计	10 125	11 375	12 375	11 375	45 250
固定部分	固定费用	13 575	13 575	13 575	13 575	54 300
	减:折旧	7 450	7 450	7 450	7 450	29 800
	小计	6 125	6 125	6 125	6 125	24 500
现金支出合计		16 250	17 500	18 500	17 500	69 750

7. 产品成本预算。在以上六种业务预算的基础上，产品成本预算就可以编制出来了。编制产品成本预算是为了综合反映计划期内生产单位产品预计的成本水平，同时也为了给正确计量预计损益表中的产品销售成本和预计资产负债表中的期末材料存货和期末产成品存货项目提供数据。

产品成本预算的主要内容是产品的单位成本和总成本。其中，总成本又分为生产成本、销售成本和期末产品存货成本三部分。有关的计算公式和数字来源说明如下：

$$生产（销售、存货）总成本 = 生产（销售、存货）数量 \times 单位成本$$

其中：生产数量和期末存货数量来自"生产预算"，销售数量来自"销售预算"。

$$单位产品直接材料预算成本 = 单位产品直接材料预算耗用量 \times 计划单价$$
$$单位产品直接人工预算成本 = 单位产品工时标准 \times 预算工资率$$
$$单位产品制造费用预算成本 = 单位产品工时标准 \times 预算制造费用分配率$$

产品单位生产成本预算数等于上述各成本项目预算数之和（变动成本法下不含固定制造费用部分）。而在实行标准成本制度的企业里，"单位生产成本预算"就是"标准成本单"。

【例 8-7】续例 8-6，新华厂 M 产品的销售量、生产量、期末存货量及直接材料、直接人工和制造费用预算资料，分别参见表 8-1、表 8-2、表 8-3、表 8-5 和表 8-6。要求采用变动成本法编制新华厂 20××年度的产品成本预算。

根据有关资料和上述计算公式及说明，编制新华厂的产品成本预算，如表 8-8 所示。

表 8-8 产品成本预算

20××年度

项 目	单位成本			生产成本（元）9 050 件	存货成本（元）250 件	销货成本（元）9 000 件
	价格	投入量	成本（元）			
直接材料	3.00 元/千克	4 千克	12	108 600	3 000	108 000
直接人工	3.50 元/小时	4 小时	14	126 700	3 500	126 000
变动制造费用	1.25 元/小时	4 小时	5	45 250	1 250	45 000
固定制造费用	1.50 元/小时	4 小时	6	54 300	—	54 000
合 计	—	—	37	334 850	7 750	333 300

其中，固定制造费用的价格的计算依据是："制造费用预算"中固定制造费用总额为 54 300 元，且"直接人工预算"中人工总小时为 36 200 小时，由此可得，固定制造费用分配率（价格）= 54 300÷36 200 = 1.5（元/小时）。由于该厂采用变动成本法计算产品成本，因此固定制造费用在当年全部计入损益，存货成本仅包括变动成本，即直接材料、直接人工和变动制造费用。

8. 期末存货预算。期末存货预算是指为规划一定预算期末的在产品、产成品和原材料预计成本水平而编制的一种日常业务预算。

存货包括在产品、产成品和原材料三种形式。为了简化预算过程,可假定期末在产品存货为零。期末产成品和原材料存货的成本则会因存货计价方法选择的不同而不同。

【例8-8】续例8-7,新华厂的直接材料采购预算和M产品的产品成本预算分别如表8-3和表8-8所示,要求据以编制新华厂20××年度的期末存货预算。

根据上述资料编制的期末存货预算如表8-9所示。

表8-9 期末存货预算

20××年度

项目	单位成本(元)	期末存货量(件)	期末存货成本(元)
在产品存货	0	0	0
产成品存货	31	250	7 750
材料存货	3	1 425	4 275
期末存货合计	—	—	12 025

9. 销售费用及管理费用预算。销售费用及管理费用预算是指预算期内除了制造费用以外,产品销售活动和一般行政管理活动中所发生的各项费用的预算。

销售费用预算是为了实现销售而需支出的费用预算。编制时,以销售预算为基础,要分析销售收入、销售利润和销售费用的关系,力求实现销售费用的最佳有效使用。在安排销售费用时,要利用本量利分析方法,费用的支出应能获得更多的收益。在草编销售预算时,要对过去的销售费用进行分析,必要时可将其分为变动销售费用和固定销售费用两部分别编制预算。

管理费用是指一般行政管理业务所必要的费用,多属于固定成本,通常以历史资料为基础,按预算期内的可预见变化来调整。在编制管理费用预算时,要分析企业的业务成绩和一般经济状况,务必做到费用合理化。

销售费用及管理费用通常有沉没成本和不需要当期支付现金的费用项目,因而也应编制现金支出预算表。另外,根据管理需要,也可将销售及管理费用分别编制。

【例8-9】续例8-8,新华厂的销售及管理费用的变动部分按销售量分配,即每件产品2.25元。固定部分每季度均衡发生。要求编制新华厂20××年度的销售及管理费用预算和现金支出预算。

根据上述资料编制销售及管理费用预算和现金支出预算(二),如表8-10和表8-11所示。

表 8-10　销售及管理费用预算

20××年度　　　　　　　　　　　　　　　　　　　　　　单位:元

变动销售及管理费用			固定销售及管理费用	
项目	单位产品应分配费用额	全年费用额	项目	全年费用
销售人员工资	0.50	4 500	行政管理人员工资	12 100
运输费	0.70	6 300	保险费	5 985
销售佣金	0.60	5 400	广告费	12 840
其他	0.45	4 050	其他	11 825
合计	2.25	20 250	合计	42 750

表 8-11　现金支出预算(二)

20××年度　　　　　　　　　　　　　　　　　　　　　　单位:元

项　目	第一季度	第二季度	第三季度	第四季度	全年合计
销售量(件)	2 000	2 250	2 500	2 250	9 000
变动销售及管理费用现金支出	4 500	5 062.5	5 625	5 062.5	20 250
固定销售及管理费用现金支出	10 687.5	10 687.5	10 687.5	10 687.5	42 750
现金支出合计	15 187.5	15 750	16 312.5	15 750	63 000

(二)专门决策预算的编制

专门决策预算是指企业不经常发生的一次性业务预算。它主要有资本支出预算和一次性专门业务预算。

专门决策预算与前面所述的业务预算不同,它是在对已有的资料和发展趋势进行分析、处理的基础上,运用各种专门方法进行预测、决策,从中选出最优方案,为使这个优化方案付诸实施而编制的预算。专门决策预算是根据优化方案、投资数量、投资时间、期限、资金成本、筹集与还款方式进行编制的。

1.资本支出预算。资本支出预算是为购置固定资产、无形资产等活动编制的预算。编制资本支出预算的根据是经过审核批准的各个长期投资决策项目。其格式和内容无统一规定,但一般有投资项目名称、在各预算期间的现金流入量和流出量等。

【例8-10】新华厂计划在预算期内第一季度购买程控设备一台27 500元,第二季度引进生产线一条75 000元,配套设备共15 000元,第四季度购置运输车辆一部70 000元。要求编制新华厂20××年度的资本支出预算。

据上述资料编制资本支出预算,如表8-12所示。

表 8-12 资本支出预算

20××年度　　　　　　　　　　　　　　　　　　　　单位:元

项目	第一季度	第二季度	第三季度	第四季度	全年累计
程控设备	27 500				27 500
生产线		75 000			75 000
配套设备		15 000			15 000
运输车辆				70 000	70 000
合计	27 500	90 000		70 000	187 500

2. 一次性专门业务预算。为了保证经营业务和资本支出对现金的正常需要,企业需保持一定的支付能力。因为如果支付能力不足,容易发生债务到期不能清偿、停工待料等严重后果;相反,如果支付能力过剩,又会造成资金的浪费,降低资金的使用效率。因此,财务部门在筹措资金、拨发资金、发放股利等问题上要做专门的预算。

【例 8-11】续例 8-10,新华厂根据现金收支的实际情况,预计第二季度初将向银行借款 15 000 元,第三季度末归还银行贷款 15 000 元。又根据董事会决议,预算期间发放股利 16 000 元。要求编制新华厂 20××年度的一次性专门预算。

根据以上资料编制一次性专门预算,如表 8-13 和表 8-14 所示。

表 8-13 融资预算

20××年度　　　　　　　　　　　　　　　　　　　　单位:元

项　目	第一季度	第二季度	第三季度	第四季度	全年累计
借入资金(期初)		15 000			15 000
归还本金(期末)			15 000		15 000
支付利息 (年利率 10%)		375	375		750

表 8-14 一次性专门预算(缴纳所得税、发放股利预算)

20××年度　　　　　　　　　　　　　　　　　　　　单位:元

项　目	第一季度	第二季度	第三季度	第四季度	全年累计
预缴税金	15 000	15 000	15 000	15 000	60 000
发放股利	3 000	3 000	5 000	5 000	16 000

(三)财务预算的编制

财务预算是指企业在预算期内反映预计现金收入、现金支出、经营成果和财务状况的预算。各种业务预算最后都会在财务预算中得到反映,因此,财务预算又被称为总预算。

1. 现金预算。现金预算是用来详细反映预算期内企业现金流转状况的预算。这里的现金是指企业的库存现金和银行存款等货币资金。

现金预算由四部分组成,即现金收入、现金支出、现金多余或不足以及不足资金的筹集和运用。

(1)现金收入。它包括期初的现金结存数和预算期内预计发生的现金收入。

(2)现金支出。它指预算期内预计发生的现金支出。

(3)现金的多余或不足。它指现金收支相抵后的余额。若收大于支,则现金多余,除了可用于偿还银行借款之外,还可购买用于短期投资的有价证券;若收小于支,则现金不足,需设法筹资。

(4)不足资金的筹集和运用。它反映预算期内企业因资金不足而向银行借款或发放短期商业票据以筹集资金,以及还本付息等。

【例 8-12】新华厂预算年度内各季度现金收支资料可参见表 8-1、表 8-3、表 8-4、表 8-7、表 8-11、表 8-12、表 8-13 和表 8-14。预算期内现金最低余额为 5 000 元。要求:据上文中有关资料编制 20××年度新华厂的现金预算。

据相关资料编制现金预算,如表 8-15 所示。

表 8-15　现金预算

20××年度　　　　　　　　　　　　　　　　　　　单位:元

项　目	第一季度	第二季度	第三季度	第四季度	全年合计
期初现金余额	11 000.0	33 784.3	6 019.0	48 271.0	11 000.0
加:现金收入	180 300.0	188 662.5	210 600.0	206 212.5	785 775.0
可动用现金合计	191 300.0	222 446.8	216 619.0	254 483.5	796 775.0
减:现金支出					
采购原材料	28 716.7	31 569.0	33 934.6	32 586.9	126 807.2
支付直接人工	28 350.0	31 850.0	34 650.0	31 850.0	126 700.0
支付制造费用	16 250.0	17 500.0	18 500.0	17 500.0	69 750.0
支付销售及管理费用	15 187.5	15 750.0	16 312.5	15 750.0	63 000.0
支付应缴税金及附加	23 511.5	26 383.8	29 575.9	26 417.5	105 888.7
预交所得税	15 000.0	15 000.0	15 000.0	15 000.0	60 000.0
分配股利	3 000.0	3 000.0	5 000.0	5 000.0	16 000.0
资本性现金支出	27 500.0	90 000.0		70 000.0	187 500.0
现金支出合计	157 515.7	231 052.8	152 973.0	214 104.4	755 645.9
现金多余或不足	33 784.3	-8 606.0	63 646.0	40 379.1	118 453.4

续表

项　目	第一季度	第二季度	第三季度	第四季度	全年合计
加:借入现金		15 000.0			15 000.0
减:偿还本金			15 000.0		15 000.0
支付利息		375.0	375.0		750.0
期末现金余额	33 784.3	6 019.0	48 271.0	40 379.1	40 379.1

2.预计利润表。预计利润表,又称为损益表预算,反映的是企业预算期内的财务成果,是一项利润计划。编制预计利润表主要依据销售预算、产品成本预算、制造费用预算、销售费用、管理费用预算及其他相关资料。

【例8-13】新华厂有关M产品销售收入、成本和费用的资料可分别参见表8-1、表8-4、表8-8、表8-10、表8-11、表8-13和表8-14,现要求用变动成本法编制新华厂20××年度的预计损益表。

根据以上资料编制新华厂的预计损益表,如表8-16所示。

表8-16　预计损益表

20××年度　　　　　　　　　　　　　　　　　　　　　单位:元

项　目	第一季度	第二季度	第三季度	第四季度	全年合计
销售收入(75×销售量)	150 000.0	168 750.0	187 500.0	168 750.0	675 000.0
减:变动成本					
变动生产成本(31×销售量)	62 000.0	69 750.0	77 500.0	69 750.0	279 000.0
税金及附加	2 137.4	2 398.5	2 688.7	2 401.6	9 626.2
变动销售及管理费用(2.25×销售量)	4 500.0	5 062.5	5 625.0	5 062.5	20 250.0
变动成本小计	68 637.4	77 211.0	85 813.7	77 214.1	308 876.2
边际贡献	81 362.6	91 539.0	101 686.3	91 535.9	366 123.8
减:期间费用					
固定制造费用	13 575.0	13 575.0	13 575.0	13 575.0	54 300.0
固定销售及管理费用	10 687.5	10 687.5	10 687.5	10 687.5	42 750.0
财务费用		375.0	375.0		750.0
期间费用小计	24 262.5	24 637.5	24 637.5	24 262.5	97 800.0
利润总额	57 100.1	66 901.5	77 048.8	67 273.4	268 323.8
减:所得税	14 275.0	16 725.4	19 262.2	16 818.4	67 081.0
净利润	42 825.1	50 176.1	57 786.6	50 455.1	201 242.9

3. 预计资产负债表。预计资产负债表是用来反映预计的预算期期末财务状况的会计材料。它是在预算期间开始日的资产负债表的基础上,根据上述预算表的有关资料加以汇总和调整编制而成的。

【例8-14】新华厂20××年度的期初资产负债表如表8-17所示。预算年度内土地、普通股项目数据无变化。其他有关资料可参见表8-1、表8-3、表8-8、表8-9、表8-12、表8-13、表8-14、表8-15和表8-16,现要求据以编制该厂的预计资产负债表。

根据上述相关资料,编制新华厂预计预算期期末的资产负债表(如表8-17所示)。

表8-17 预计资产负债表

20××年度　　　　　　　　　　　　　　　单位:元

资产	期初数	期末数	负债及权益	期初数	期末数
流动资产			流动负债		
现金	11 000.0	40 379.1	短期借款		
应收账款	75 000.0	78 975.0	应付账款	6 000.0	6 430.3
材料存货	4 125.0	4 275.0	未缴所得税		7 081.0
产成品存货	6 200.0	7 750.0			
流动资产合计	96 325.0	131 379.1	负债合计	6 000.0	13 511.3
固定资产			股东权益		
土地	75 000.0	75 000.0	普通股股本	200 000.0	200 000.0
房屋与设备	225 000.0	412 500.0	留存盈余	80 325.0	265 567.9
减:累计折旧	110 000.0	139 800.0			
固定资产净值	115 000.0	272 700.0			
固定资产合计	190 000.0	347 700.0	权益合计	280 325.0	465 567.9
资产总计	286 325.0	479 079.1	负债及权益合计	286 325.0	479 079.2

三、全面预算的控制

根据预算控制的刚性程度,全面预算控制可以分为紧控制和松控制。紧控制强调预算硬约束(体现在日常控制和事后考核激励上)。其所依据的管理哲学基础是:当强调下级管理者必须全面实现具体的短期目标时,他们的工作就会更有效率。与之相对应,松控制则强调下级的自主性和灵活性,预算更多的是作为联络、计划、分析的工具,其所依据的管理哲学是"我雇的是优秀的员工,我让他们独立的完成工作"。

根据预算控制的主体不同,预算控制可分为:①外部控制,即由预算管理部门对预算责任单位的预算执行情况所实施的控制;②自我控制,即由预算责任单位根据预算控制规则自我实施的控制。

预算控制是保证预算管理能够真正发挥作用的关键环节,需要加以重视。在实施全面预算控制时应注意以下要点:①外部控制与自我控制相结合。具体而言,对超预算或预算外的部分严格实行外部控制,对预算规定之内的实行外部控制与自我控制相结合;对于关系到企业生存的产品质量和现金流动要实行较为严格的外部控制。②日常管理费用一般采取费用不可突破法,而对销售费用则要采取量利为出进行相对控制。③对特别的预算事项,要实行即时奖惩制度。④同一预算期内,预算可以滚动使用,但不得超出一定的额度。⑤根据企业的管理需要实施多级控制和动态实时控制,以提高预算控制的效果。⑥有效的预算控制必须落实到对货币资金的管理。

第四节　全面预算编制的主要方法

全面预算编制的方法主要有固定预算法、弹性预算法、滚动预算法、零基预算法和概率预算法。现分别介绍如下。

一、固定预算法

固定预算法是指在编制预算时只按预算期内的一种活动水平来确定相应预算指标体系及其结果的一种方法。该方法的优点是编制简单,缺点是当实际作业量偏离预算编制所依据的作业量时,预算难以发挥其控制和考核作用。

固定预算法是编制预算的最基本方法,也是比较常用的一种方法。上一节所述的全面预算的具体编制主要采用的是固定预算法。

二、弹性预算法

(一)弹性预算概述

弹性预算是相对于固定预算(静态预算)而言的。所谓弹性预算,是指用数量形式反映的,按未来一定时期可以预见的多种业务量水平(一般是每间隔5%或10%)分别确定的具有伸缩性的预算。由于这种预算随业务量的变动而做相应的变动,具有弹性,因此被称为弹性预算。

弹性预算主要有以下三个作用:

第一,弹性预算可用来事前编制预计作业水平下的预算。

第二,由于弹性预算法可以确定不同作业水平下应该发生的成本,因此可用该预算在事后计算实际作业水平下应该发生的成本。一旦知道实际作业水平下的预计成本,则可以编制业绩报告,将实际成本与预计成本进行比较。

第三,弹性预算法使得经理人员能够了解一定作业范围内的预计结果,从而有助于他们解决不确定性问题。经理人员可用这种预算来分析各种似是而非的方案。

弹性预算的关键作用在于能频繁地向经理人员提供反馈信息,使他们能进行控制,并有效地将组织的计划付诸实施。

弹性预算与按照计划预定的预算期间内所应达到的某一活动水平为依据而编制的固定预算相比,具有两个优点:一方面,弹性预算能够适应不同经营活动情况的变化,扩大了预算的范围,避免了在实际情况变化的情况下,对预算做经常的修改;另一方面,弹性预算能够在更加客观且可比的基础上对预算执行情况进行评价与考核。

弹性预算的编制程序可参考以下步骤:

第一步,确定经营活动水平的计量标准,如产量单位、直接人工工时、机器工时等。

第二步,确定不同情况下经营活动水平的范围,一般为正常生产能力的70%~110%。

第三步,根据成本和产量之间的关系,分别计算、确定变动成本、固定成本和半变动成本及其多个具体项目在不同经营水平范围内的计划成本。

第四步,通过一定的表格形式加以汇总,编制弹性预算。

弹性预算可用于成本预算、利润预算等。按成本的习性,固定费用一般不随业务量的增减而变动。因此,在编制弹性预算时,只需将变动费用部分按业务量的变动加以调整即可。

(二)弹性成本预算

1. 业务量的选择。

首先,编制弹性预算时,必须先确定业务量的范围。业务量范围是指弹性预算所适用的范围。一般而言,在编制预算时,可将业务量范围确定在正常生产能力的70%~110%,也可将过去最低的业务量和最高的业务量作为业务量范围的上限和下限。

其次,编制弹性预算时,业务量计量单位的选择也很重要。由于业务量计量单位选择的适当与否,对掌握成本的变动性和实行预算控制有很大的影响,因此必须选择一个最能代表本部门生产经营活动水平的业务量计量单位。一般而言,生产单一产品的企业可选择产品的产销量,生产多种产品的企业可选用人工工时,机械化程度较高的企业可选用机器工时。

2. 弹性成本预算的编制方法。表达弹性预算结果的方式主要有列表法、公式法和图解法等。

(1)列表法。列表法也可称为"多水平法",即将确定的业务量变化区间划分为若干水平段,分别确定各业务量水平下的预算金额,并在一张表中对比列示。这种方法由于"弹性"不连续,只限于若干种业务量水平,难以描绘业务量变化区间的全部情况,因而使用范围有一定的局限性。

【例8-15】某企业预算业务量范围为正常生产能力的70%~110%,正常生产能力为10 000直接人工工时。各项制造费用已按成本性态划分,如表8-18所示。

表 8-18　制造费用预算

费用项目	小时费用分配率	生产能力水平下的费用额(元)				
		70%	80%	90%	100%	110%
		7 000	8 000	9 000	10 000	11 000
变动制造费用						
间接材料	0.5	3 500	4 000	4 500	5 000	5 500
间接人工	0.6	4 200	4 800	5 400	6 000	6 600
水费	0.1	700	800	900	1 000	1 100
电费	0.4	2 800	3 200	3 600	4 000	4 400
维修费	0.2	1 400	1 600	1 800	2 000	2 200
其他	0.2	1 400	1 600	1 800	2 000	2 200
小计	2	14 000	16 000	18 000	20 000	22 000
固定制造费用						
维护费		4 000	4 000	4 000	4 000	4 000
折旧费		8 000	8 000	8 000	8 000	8 000
保险费		3 000	3 000	3 000	3 000	3 000
管理费		4 500	4 500	4 500	4 500	4 500
其他		2 500	2 500	2 500	2 500	2 500
小计		22 000	22 000	22 000	22 000	22 000
合计		36 000	38 000	40 000	42 000	44 000

制造费用预算区分为变动制造费用和固定制造费用分别进行。其中:变动费用各项目可根据各种不同的业务量与相应的变动成本率相乘计算求得;固定制造费用在相关范围内保持不变,无需计算。据此可编制该企业制造费用的弹性预算,如表 8-18 所示。

(2)公式法。公式法是指将业务量和预算内容的变动情况,通过某种数学公式来表达,从而在实际业务量出现后,随时可利用该公式计算出相应的预算金额,以便进行比较。公式法的优点就是能适用任何业务量水平下的预算控制。只是这种方式在进行不同业务量预算比较时还需分别计算,所以应用起来不如列表法直观。

设费用预算总额为 y,固定成本为 a,单位变动成本为 b,业务量为 x,则 $y=a+bx$。根据费用总额同业务量之间的函数关系,可以编制不同业务量的费用预算。但对于随业务量成正比例移动的直接材料、直接人工,则不一定需要逐一编制弹性预算,它可以通过标准成本来控制和考核。

任何一项成本都可用公式 $y=a+bx$ 的形式来表示。对于变动成本项目来说,$a=0$,只需列出 b 的值;对于固定成本项目来说,$b=0$,只需列出 a 的值;对于混合成本项目,则需列出 a 和 b 的值。

【例 8-16】根据例 8-15 的资料,用公式法计算制造费用的弹性预算,如表 8-19 所示。

表 8-19 制造费用

业务范围(直接人工小时)	7 000	11 000
费用项目	a	b
间接材料		0.5
间接人工		0.6
电费		0.4
水费		0.1
维护费	4 000	0.2
其他	2 500	0.2
折旧费	8 000	
保险费	3 000	
管理费	4 500	
合计	22 000	2

根据上表资料,利用公式 $y=a+bx$ 就可进行某个业务量的费用预算了。

(3)图解法。图解法就是将预算金额和业务量的关系,用直线或曲线在坐标图上表示出来,以便比较。它能克服前述两种方法的缺点,但精确性却难以保证,而且在关系复杂时图形也会过于繁杂,甚至不易绘制。此方法一般作为前两种方法的补充。

根据前例有关资料,绘制制造费用预算如图 8-4 所示。

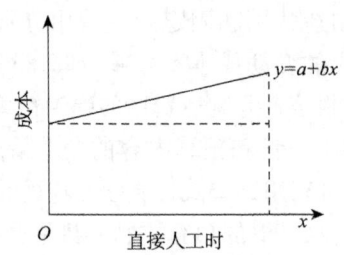

图 8-4 制造费用预算图

(三)弹性利润预算

成本的弹性预算编制出来后,就可以编制利润的弹性预算了。利润的弹性预算反映了企业在预算期内各种业务量水平上应获得的利润指标。

弹性利润预算是以预算期内预计的多种可能实现的销售收入为出发点,扣减相应的成本,分别确定不同销售量所能实现的利润(或亏损)。

1.单一品种的弹性利润预算。单一品种的弹性利润预算是按不同销售量编制的利润预算。销售量的范围和间距可根据弹性成本预算确定。编制的主要内容包括销售量、价格、单位变动成本、边际利润和固定成本。

【例8-17】某厂生产一种产品,有关资料如下:①销售量范围为1 500~2 000件;②销售量的间距为100件;③销售单价为50元;④单位变动成本为30元;⑤固定成本为16 000元。要求:据此编制弹性利润预算。

根据上述资料,编制弹性利润预算,如表8-20所示。

表8-20 弹性利润预算　　　　　　　　　　　　单位:元

销售量(件)	(1)	1 500	1 600	1 700	1 800	1 900	2 000
销售收入	(2)=(1)×50	75 000	80 000	85 000	90 000	95 000	100 000
变动成本	(3)=(1)×30	45 000	48 000	51 000	54 000	57 000	60 000
边际贡献	(4)=(2)-(3)	30 000	32 000	34 000	36 000	38 000	40 000
固定成本	(5)	16 000	16 000	16 000	16 000	16 000	16 000
税前利润	(6)=(4)-(5)	14 000	16 000	18 000	20 000	22 000	24 000

2. 多品种的弹性利润预算。多品种的弹性利润预算就是按照不同的销售额编制的利润预算。因为多品种的弹性利润预算中没有销售量,所以变动成本也不能用单位变动成本,只能用变动成本率。这里变动成本率指加权平均变动成本率。

【例8-18】某厂生产多种产品,有关资料如下:①销售收入的范围为20 000~40 000元;②销售收入的间距为5 000元;③加权平均变动成本率为50%;④固定成本为6 000元。要求:据此编制弹性利润预算。

根据上述资料编制弹性利润预算,如表8-21所示。

表8-21 弹性利润预算　　　　　　　　　　　　单位:元

销售收入(1)	20 000	25 000	30 000	35 000	40 000
变动成本(2)=(1)×50%	10 000	12 500	15 000	17 500	20 000
边际贡献(3)=(1)-(2)	10 000	12 500	15 000	17 500	20 000
固定成本(4)	6 000	6 000	6 000	6 000	6 000
税前利润(5)=(3)-(4)	4 000	6 500	9 000	11 500	14 000

三、零基预算

零基预算就是指"以零为基础编制的计划与预算",它是相对于传统的增量预算或减量预算而言的。

在编制预算时,一般采用的传统方法是:在上期预算执行结果的基础上,结合预算期的情况,做适当的增减调整后确定预算。这种做法虽然比较简便,但原来不合理的费用开支往往继续存在,容易造成预算的不足,或者安于现状,造成预算的浪费。

零基预算不同于传统的预算编制方法。它不在上期有关预算的基础上做某种增减调整,而是从零开始,根据未来一定期间内生产经营的实际需要来确定有关项目的预算。零基预算要求对各个业务项目需要的人力、物力和财力分别进行估算,并说明其效果,在此基础上,按项目的轻重缓急分配预算经费。由于零基预算不受基期既成事实的束缚,即不考虑基期的费用开支水平,因而能使预算符合目前实际,具有先进性,也有利于充分发挥各级管理人员的积极性和创造性,促进基层单位精打细算、合理使用资金,提高资金的使用效率。

不过,由于一切支出均以零为起点进行分析研究,因此,零基预算法下编制预算的工作量较大,其所花的时间和代价远比不太精确的预算过程高,所以有时会显得得不偿失。因此,企业一般每隔几年进行一次零基预算,其他年份略作调整。

运用零基预算法编制预算大体上可包括以下几个步骤:

第一步,企业内部各部门根据本企业预算年度的总目标及本部门的具体指标,认真研究讨论预算期内本部门费用开支的目的性及需要开支的具体数额。

第二步,进行成本—效益分析,对每一个可以增减费用额的项目进行评价,权衡轻重缓急,并按成本效益排出先后顺序,将其分为若干等级。一般以必不可少的业务及其发生的费用为第一层次,优先保证,然后根据成本效益率排列第二、第三层次等。

第三步,按照第二步所定的层次,结合可动用的资金来源分配资金,落实预算。

【例8-19】某公司拟采用零基预算法编制下年度的管理费用预算。管理部门根据下年度的企业经营目标和管理任务,经认真研究讨论,多次协商,提出了预算期内需发生的部分费用项目及其预计的开支水平,分列如下:

广告费	20 000元
职工培训费	16 000元
日常办公费用	4 000元
房屋租金	6 000元
差旅费	3 000元
律师及经济顾问费	6 000元

另外,假设在预算期内可动用的管理费用资金来源只有40 000元。要求:确定该公司下年度的管理费用预算。

提出的费用开支项目中,日常办公费、房屋租金及差旅费属于必不可少的费用开支,称为约束性固定成本,应该全额得到保证。

职工培训费、律师及经济顾问费和广告费属于酌量性固定成本,根据历史资料进行"成本—效益"分析,即将其所费与所得进行比较,做出评价。其结果如下:

广告费——投入成本1元,可获得收益20元。

职工培训费——投入成本1元,可获得收益20元。

律师及经济顾问费——投入成本1元,可获得收益10元。

将上述六个费用项目按照它们的具体性质和轻重缓急分为若干层次,排出如下顺序。

第一层次:房屋租金、日常办公费用与差旅费。这三种费用在预算期内必不可少,必须满足开支需要,故被列为第一层次。

第二层次:广告费、职工培训费都属于可酌量的固定费用。可根据企业实力,酌情增减。又因为它们的成本收益率高于律师及经济顾问费的成本收益率,故被列为第二层次。

第三层次:律师及经济顾问费也是可酌量的固定费用。但因其成本收益率较低,故被列为第三层次。

根据以上所排层次的顺序,结合可动用的资金,落实预算:

房屋租金	6 000 元
日常办公费用	4 000 元
差旅费	3 000 元

共计 13 000 元,必须全额得到保证。

这样,剩余可动用的资金 = 40 000 - 13 000 = 27 000(元),此数应按成本收益率的比例分给广告费、职工培训费和律师及经济顾问费。

广告费可分配的资金 = 27 000 × [20/(20+20+10)] = 10 800(元)

职工培训费可分配的资金 = 27 000 × [20/(20+20+10)] = 10 800(元)

律师及经济顾问费可分配的资金 = 27 000 × [10/(20+20+10)] = 5 400(元)

综合上述结果,采用零基预算法编制的管理费用(部分项目)的预算为:

房屋租金	6 000 元
日常办公费用	4 000 元
差旅费	3 000 元
广告费	10 800 元
职工培训费	10 800 元
律师及经济顾问费	5 400 元

四、滚动预算

一般情况下,预算的编制都是定期进行的,且预算期间与会计年度保持一致。但是因为预算的编制一般在上一会计年度结束之前进行,以下一个会计年度为预算期,所以预算误差相对较大,而且当新的情况出现时难以及时调整,从而使定期编制的预算缺乏一定的指导性、灵活性和连续性。

为了克服定期预算的缺点,可采用滚动预算方法。所谓滚动预算,是指预算的编制不与会计年度挂钩,而是始终保持 12 个月,即每过一个月就在原预算的基础上自动延伸一个月,从而逐期向后滚动,连续不断地以预算形式规划未来经营活动。

滚动预算的优点表现为:

第一,它能保持预算的完整性、连续性,在动态预算中把握企业的未来。

第二,它能使各级管理人员有较长远的打算,经常考虑和规划未来一年之内甚至更长远的生产经营活动,保证企业的经营管理连续且有序地进行。

第三,它方便了外部利益相关者(如银行、税务机关、投资者等)对企业经营状况的一贯了解。

第四,预算经过不断调整与修正,与实际更加相符,可以充分发挥其指导和控制作用。

滚动预算的编制,一般采用长、短安排的方式进行。即在基期编制预算时,先将年度预算按照季度进行分解,并将第一季度按月划分,编制各月预算的明细数。而其他三个季度的预算则可以略粗一些,只列各季度总数。当第一季度即将结束时,再将第二季度的预算按月划分,使之具体化。同时,增补下一年度第一季度的预算。

滚动预算的具体编制程序如图 8-5 所示。

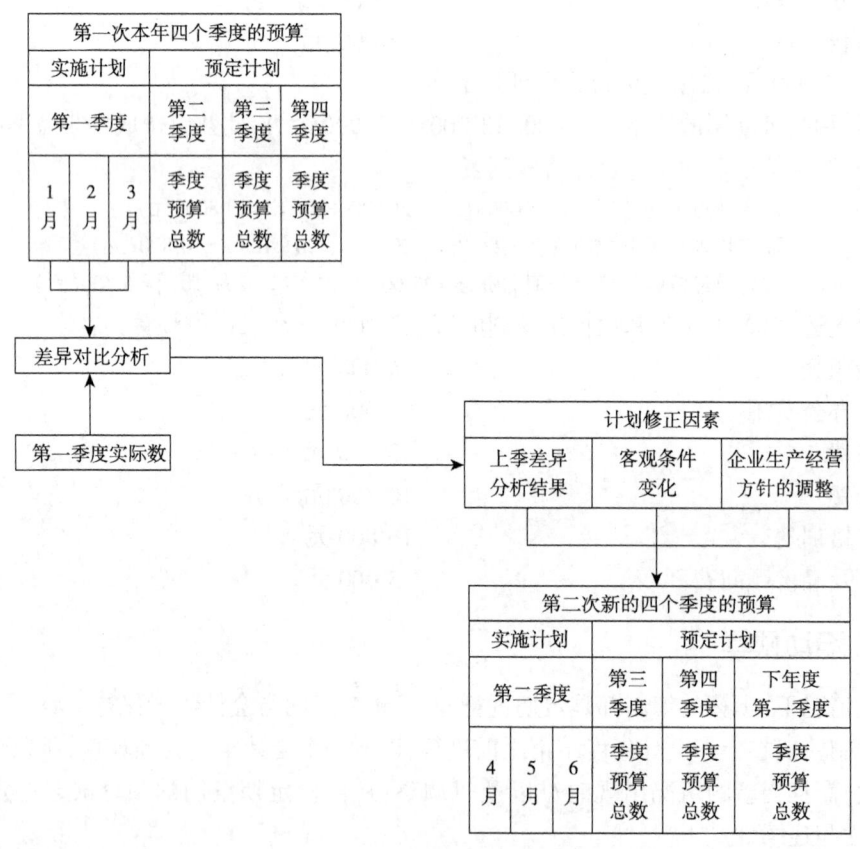

图 8-5　滚动预算具体编制程序

五、概率预算

前述弹性预算虽然考虑了预算期内不同的业务量水平,但各种不同的业务量水平的有关价格、变动成本、固定成本等都是确定的,因此,弹性预算仍然属于确定性预算。事实上,构成预算的各种变量是不确定的,因而需要估计它们在一定范围内的变动及在这个范围内有关数值可能出现的概率,然后根据各种可能性的大小加权平均计算,确定有关变量在预算期内的期望值,从而形成所谓的概率预算。

概率预算必须根据不同的情况来编制。如果销售量的变动与成本的变动并无直接联系,则只需用各自的概率分别计算销售收入、变动成本、固定成本等的期望值,最后就可直接计算利润的期望值。编制了利润概率预算表,就能充分显示不同概率范围内可能出现的最高值和最低值,有利于经营管理人员把注意力集中在最大可能出现的事情上,达到事半功倍的效果。

概率预算编制的具体步骤如下:

第一步,在预测分析的基础上,估计各相关因素的可能值及其出现的概率。

第二步,计算联合概率,即具有递进关系的各相关因素的概率之积。

第三步,根据弹性预算提供的预算指标以及与之相适应的联合概率计算出预算对象的期望值,即预算结果。

【例8-20】某企业通过市场调查分析,确定预算期内生产的甲产品单位售价保持50元不变。预计可能实现的销售量为:3 800件,4 000件,4 200件,这三种预计销售量的概率分别为:0.2,0.6,0.2。其他有关资料如表8-22所示。要求:编制该企业的损益概率预算。

表8-22 损益概率表 单位:元

销售量(件)	变动成本	固定成本	营业损益	联合概率	组合号	损益期望值
(1)	(2)	(3)	(4)	(5)	(6)	(7)=(4)×(5)
3 800 (0.2)	34(0.2)	21 000	39 800	0.2×0.2=0.04	1	1 592
	35.5(0.5)	21 000	34 100	0.2×0.5=0.10	2	3 410
	36(0.3)	21 000	32 200	0.2×0.3=0.06	3	1 932
4 000 (0.6)	34(0.2)	21 600	42 400	0.6×0.2=0.12	4	5 088
	35.5(0.5)	21 600	36 400	0.6×0.5=0.30	5	10 920
	36(0.3)	21 600	34 400	0.6×0.3=0.18	6	6 192
4 200 (0.2)	34(0.2)	22 000	45 200	0.2×0.2=0.04	7	1 808
	35.5(0.5)	22 000	38 900	0.2×0.5=0.10	8	3 890
	36(0.3)	22 000	36 800	0.2×0.3=0.06	9	2 208
损益期望值 $\sum P_i = 1$						37 040

根据上述资料可编制该企业损益概率预算,见表8-22中第(5)、(6)、(7)栏,有关数字的计算方法已在表8-22中说明。

表8-22中的每一种"组合"还可以改制成通用损益表形式,如表8-23所示,以便更直

接地说明问题。

表 8-23　损益概率预算　　　　　　　　　　　　　　　　　　　　单位:元

项目	1	2	3	4	5	6	7	8	9	合计
销售收入	190 000	190 000	190 000	200 000	200 000	200 000	210 000	210 000	210 000	
变动成本	129 200	134 900	136 800	136 000	142 000	144 000	142 800	149 100	151 200	
边际贡献	60 800	55 100	53 200	64 000	58 000	56 000	67 200	60 900	58 800	
固定成本	21 000	21 000	21 000	21 600	21 600	21 600	22 000	22 000	22 000	
营业损益	39 800	34 100	32 200	42 400	36 400	34 400	45 200	38 900	36 800	
联合概率	0.04	0.10	0.06	0.12	0.30	0.18	0.04	0.10	0.06	
损益期望值	1 592	3 410	1 932	5 088	10 920	6 192	1 808	3 890	2 208	37 040

在全部损益表项目的期望值计算的基础上,再根据管理上的需要,编制利润概率预算表,如表 8-24 所示。

表 8-24　利润概率预算表　　　　　　　　　　　　　　　　　　　单位:元

项目	期望值	概率范围 100%	概率范围 90%	概率范围 60%
销售收入	200 000	190 000~210 000	190 000~210 000	200 000~200 000
变动成本	141 400	129 200~151 200	134 900~149 100	136 000~144 000
边际贡献	58 600	53 200~67 200	53 200~67 200	56 000~64 000
固定成本	21 560	21 000~22 000	21 000~22 000	21 600~21 600
税前利润	37 040	32 200~45 200	32 200~45 200	34 400~42 400

表 8-24 中在概率范围为 100%时,各个变量是以组合 1~9 出现过的各数中数值最大与最小的数作为其最大值和最小值的。概率范围为 90%时,意味着由于组合 1 与组合 9 的联合概率分别为 0.04 与 0.06,二者之和为 0.10。因此,如果概率范围只考虑 90%,则可将组合 1 与组合 9 中出现的各数排除在外,只以组合 2~8 出现过的各数中数值最大与最小的数作为其最大值和最小值。同理,如概率范围为 60%,则意味着出现的可能性只有 40%的部分可以略去不计。由于组合 1,2,3,7,8,9 的联合概率之和为 0.4。因此,若概率范围只考虑 60%,则可将组合 4~6 中出现的各数中数值最大与最小的数作为其最大值和最小值。

编制利润概率预算表,就能充分显示在不同的概率范围内可能出现的最大值与最小值,有助于经营管理人员把注意力集中在最有可能出现的事态上,从而可以起到事半功倍的效果。

思考与练习题

1. 某企业生产和销售甲产品,计划期20××年四个季度预计销售量分别为1 400件、1 800件、2 000件和1 500件,甲产品单位售价为100元。假设每季度销售收入中当期能收到的现金为70%,另外30%要到下季度才能收回。上年末应收账款余额为54 000元。

要求:

(1)编制20××年销售预算表和预计现金收入表。

(2)确定20××年年末应收账款余额。

2. 某企业某年4个月的销售预算为:1月10 000件、2月15 000件、3月12 000件,4月11 000件、5月9 000件。每月末产成品存货为第二个月预计销量的20%。1月1日,该企业有2 500件产品,每单位产品需用甲材料4千克,乙材料5千克。每月末该企业应保存下个月材料需要量的一半。假设1月初材料无库存。

要求:编制该年第一季度每月购入各种材料的预算。

3. 某公司制造费用的成本性态如表1所示。

表1 某公司制造费用的成本性态

成本项目	间接人工	间接材料	维修费用	折旧费用	其他费用
固定部分(元)	6 000	1 000	220	100	880
单位变动率(元/小时)	1.0	0.6	0.15		0.05

要求:

(1)若企业正常生产能力为10 000小时,试用列表法编制该企业生产能力在70%~110%范围内的弹性制造费用预算(间隔为10%)。

(2)若企业5月份实际生产能力只达到正常生产能力的80%,实际发生的制造费用为23 000元,则其制造费用的控制业绩为多少?

4. 某公司20××年1月31日的预计资产负债表部分数据如表2所示。

表2 预计资产负债表部分数据   单位:元

项目	金额
现金	80 000
应收账款	160 000
减:坏账准备	800

续表

项目	金额
应收账款净额	159 200
存货	320 000
固定资产	640 000
资产总额	1 199 200

补充资料如下。

(1) 销售额的预算数:2月份240 000元,3月份280 000元。

(2) 预计销售当月收回货款60%,次月收回上月销售货款的39.8%,其余0.2%收不回来。

(3) 毛利为销售额的30%,每月进货为下月计划销售额的70%。

(4) 每月用现金支付的其他费用为40 000元,每月折旧12 000元。

要求:

(1) 计算20××年2月预算的现金期末余额。

(2) 计算20××年2月预计利润总额。

(3) 计算20××年2月28日应收账款的计划净额。

5. 东方公司20××年有关预算资料如下:

(1) 预计该公司1—5月的销售收入分别为600万元、700万元、800万元、900万元和1 000万元。在每月销售中,当月收到现金40%,下月收到现金60%。

(2) 各月材料采购成本按下月销售收入的60%计算,所购材料款于当月支付现金50%,下月支付现金50%。

(3) 预计该企业2—4月制造费用分别为66万元、70万元、78万元,每月生产设备的折旧费为10万元。

(4) 2月份将购置固定资产,需现金200万元。

(5) 预计该企业在现金不足时,向银行借款为10万元的倍数,现金有剩余时归还借款(为10万元的倍数),借款在期初,还款在期末,每月末支付利息,借款利率为12%。

(6) 预计该企业各月现金余额最低为70万元。其他资料如表3所示。

表3 东方公司现金预算编制资料　　　　　　　　单位:万元

项目	2月	3月	4月
(1) 期初现金余额	70		
(2) 经营现金收入			
(3) 材料采购支出			
(4) 直接工资支出	50	55	60
(5) 制造费用支出			

续表

项目	2月	3月	4月
(6)预缴所得税			90
(7)购置固定资产			
资本性现金支出			
现金支出合计			
(8)现金余额			
(9)向银行借款			
(10)归还银行借款			
(11)支付借款利息			
(12)期末现金余额			

要求:完成东方公司2—4月份现金预算的编制工作。

拓展与感悟

全面预算管理理念中所蕴含的人生道理

全面预算管理是一项重要的管理工具和方法,也是单位管理控制系统的重要组成部分。全面预算管理上承单位的战略管理,其目标首先是落实单位战略要求和促进单位战略目标的实现;同时,全面预算管理下启单位的业绩评价与奖惩激励体系,预算完成情况和相关责任的确定是业绩评价与奖惩的重要依据。作为单位管理控制系统的"中坚",全面预算管理综合体现了单位的现代管理理念,这些管理理念对我们的人生也有很多的启示意义。

首要的管理理念是"凡事预则立,不预则废"。通俗的表述是"吃不穷、穿不穷,算计不准一辈子受穷"。这些都强调了目标和计划准备的重要性。没有目标的预算将是松散的、缺乏战略指导和执行动力的预算,而没有目标的人生是杂乱、慌乱的人生,看似忙碌却缺乏内在的驱动和效率,生命的意义也打了折扣。计划则是连接行动与目标之间的桥梁,"任何计划都是尺度、准则、灯塔、路标"。计划的根本目的是保证目标的实现,要规定达到目标的途径和方法,达到"用正确的方式做正确的事"的效果,进而更好地规划和把握未来。同时,良好的计划还可以有效降低目标实现过程中的风险,是我们行动的保护伞,正所谓"未雨绸缪",方能立于不败之地。

其次要强化预算或计划的执行。正所谓"一分计划、九分执行",预算或计划的生命力在于执行和落实,否则就属于"画饼充饥"。我们在现实工作中既要善于制定目标和计划,更重要的是要加强自律,执行好计划。同学们可以观察一下"学霸"们成功的经验,有一条是共同的,那就是他(她)们都是高度自律、严格执行学习计划。当然,计划的执行不是纯机械的,如果计划执行的条件和环境发生了重大的变化,我们就要运用"滚动预算"的原理,来对计划进行滚动调整,但是这种调整不是放松对自己的要求,而是保证自己目标实现的因地、因时制宜的微调。

最后要不断反思和持续改进。全面预算管理是由分年度的管理循环来组成的,每期期末,企业都要进行预算的分析和考核,不断总结经验,改进下一个预算管理循环。我们在工作和学习中,也要贯彻这种理念,正如古人所云的"吾日三省吾身,则知明而行无过矣",要不断对目标的实现和计划的执行过程进行反思,不断进行自省和修正,持续改进,不断让自己在自律自省和追求目标的过程中变得更好。

参考资料:

[1]冯巧根,冯圆.全面预算管理(高等学校经济管理类主干课程教材·会计与财务系列)[M].2版.北京:中国人民大学出版社,2021.

第九章

标准成本系统

导 读

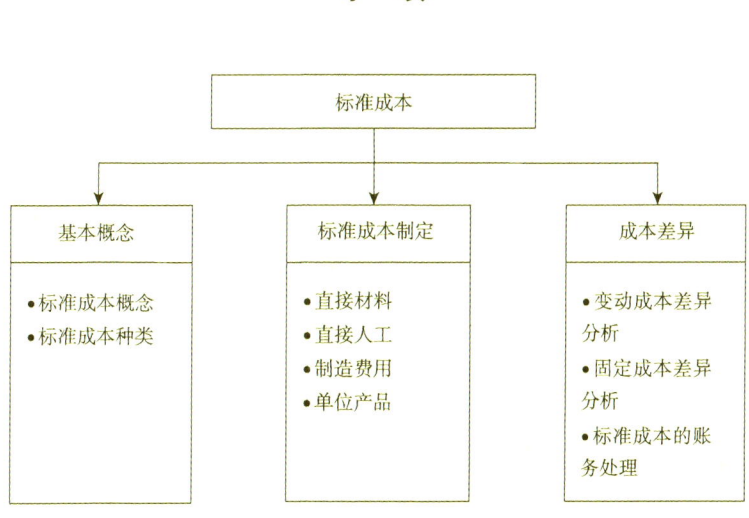

说明：

标准成本系统是指以预先制定的标准成本为基础，将成本的事前计划、日常控制及核算功能有机结合而形成的一种成本控制系统。它是加强成本控制的有力工具。这一章将介绍标准成本的概念、作用、运作程序，标准成本的制定和差异分析，以及标准成本系统的账务处理等有关内容。通过本章的学习，应掌握标准成本的制定、成本差异的分析和成本差异的账务处理等内容。

第一节 标准成本及其分类

一、标准成本

20世纪初,随着经济迅速发展,市场竞争日趋激烈,企业需要加强对产品成本的控制,增强市场竞争力。于是,被动的以事后核算为主的成本会计受到冲击,以泰罗制为基础的标准成本系统应运而生,将成本会计从事后核算向事前控制推进。标准成本系统的特点是通过对时间和动作的研究,制定出在一定条件下既能够实现又最有效率的标准,作为评价和考核的依据,在成本控制方面取得了显著的效果。其后,这种方法被广泛采用,成为管理会计在日常成本管理中应用得较为普遍的一种有效控制手段。

所谓标准成本,是指以在产品设计阶段所选定的最优设计和工艺方案为基础,根据料、工、费的合理耗费,在企业现有的生产工艺和技术水平条件下,进行有效经营应该发生的成本。它为衡量成本水平的高低提供了科学的尺度,并且为考核各部门的工作业绩提供了重要的依据。

标准成本系统区别于实际成本核算方法的最显著的特点是:对产品生产过程中消耗的直接材料、直接人工和制造费用按照标准成本进行核算,将标准成本和成本差异设立专门的账户进行反映。成本差异是一种"信号",它可以使企业管理人员了解实际成本脱离目标的差额,方便以此为线索进行进一步的分析研究,明确差异形成的原因和责任,以便采取相应的措施,使生产经营中的各种不正常的、低效能的因素及时被消除,避免各种不利差异的再次出现,以实现对成本的有效控制。期末企业又可以根据成本差异将标准成本调整为实际成本,以满足实际成本核算的要求。

通过制定标准成本,对产品成本实施控制,其意义表现在事先提出按成本项目反映的标准成本,可以用来规划未来的经济活动,并将此作为进行短期决策和长期决策的依据;进而在日常成本管理工作中,可以利用标准成本调节和控制日常发生的经济业务,针对重大问题进行分析研究,采取有效措施及时加以纠正,以保证预定目标的实现;事后,通过对实际成本脱离标准成本的差异进行分析,可以分清产生差异的经济责任,正确评价有关部门和人员的经济业绩;标准成本系统中将标准成本和成本差异分别核算,使得在产品、产成品和结转已售产品成本都可以直接按标准成本计算,简化了日常的账务处理和成本核算工作。

二、标准成本的种类

(一)理想标准成本和正常标准成本

成本按其制定所根据的生产技术和经营管理水平,分为理想标准成本和正常标准成本。

理想标准成本是指在最优的生产条件下,利用现有的规模和设备能够达到的最低成本。制定理想标准成本的依据是理论上的业绩标准、生产要素的理想价格和可能实现的最高生产经营能力利用水平。这里所说的理论业绩标准是指在生产过程中毫无浪费时的生产要素消耗量,加上最熟练的工人全力以赴工作、不存在废品损失和停工时间等条件下可能实现的最优业绩。这里所说的理想价格,是指原材料、劳动力等生产要素在计划期间最低的价格水平。这里所说的最高生产经营能力利用水平,是指理论上可能达到的设备利用程度,只扣除不可避免的机器修理、改换品种、调整设备等时间。这种理想标准成本的主要用途是提供一个完美无缺的目标,揭示实际成本下降的潜力。因其提出的要求太高,只能作为一种理想状态存在,故不能作为考核的依据。

正常标准成本是根据现有的生产技术水平,在有效经营条件下,根据合理的耗费水平而制定的。它考虑到了在现实经济生活中不可避免的合理损耗、设备故障以及人工的闲置等因素,因而是一种比较切实可行并且经过努力能够达到的标准。它是本着"跳起来方能摘到桃子"的基本原则制定的,即这种标准成本是经过努力可以达到的,既非轻而易举,又不是高不可攀的。因此这种标准成本能够在成本管理工作中发挥应有的积极作用,在实际工作中得到广泛的应用。

正常的标准成本是用科学方法根据客观实验和过去实践,经过充分研究后制定出来的,具有客观性和科学性;它排除了各种偶然性和意外情况,又保留了目前条件下难以避免的损失,代表正常情况下的消耗水平,具有现实性;它是应该发生的成本,可以作为评价业绩的尺度,成为督促职工去努力争取的目标,具有激励性;它可以在工艺技术水平和管理有效性水平变化不大时持续使用,不需要经常修订,具有稳定性。正因为正常标准成本具有上述特点,所以这种方法被广泛运用。

(二)现行标准成本和基本标准成本

标准成本按其适用期不同,可分为现行标准成本和基本标准成本。

现行标准成本指根据其适用期间应该发生的价格、效率和生产经营能力利用程度等预计的标准成本。在这些决定影响标准成本的因素发生变化时,按照各因素变化的情况及时对标准成本加以修订。这种标准成本可以成为评价实际成本的依据,也可以用来对存货和销货成本计价。

基本标准成本是指一经制定,只要生产的基本条件无重大变化,就不予变动的一种标准成本。所谓生产的基本条件的重大变化,是指对产品主要成本有重大影响的变化,如产品的物理结构调整、主要原材料和劳动力价格发生重要变化、生产技术和工艺发生根本变化等。只有这些条件发生变化,基本标准成本才需要修订。由市场供求变化导致的售价变化、生产经营能力利用程度变化,以及由工作方法改变引起的效率变化等,不属于生产的基本条件变化,对此不需要修订基本标准成本。基本标准成本与各期实际成本对比,可反映成本变动的趋势。由于基本标准成本不按各期实际修订,不宜被用来直接评价工作效率和成本控制的有效性。

三、标准成本系统的运作程序

实施标准成本系统一般有以下几个步骤:①制定单位产品标准成本;②根据实际产量和成本标准计算某种产品的标准成本;③汇总计算实际成本;④计算标准成本与实际成本的差异;⑤分析成本差异;⑥提出成本控制报告。以下分别进行阐述。

(一)制定单位产品的标准成本

单位产品标准成本的制定,是标准成本计算和成本控制的基础。单位产品的标准成本通常是按照某产品在生产各阶段耗费的直接材料、直接人工和制造费用等项目制定各成本项目的标准成本,然后将各成本项目的标准成本相加,确定单位产品的标准成本,可用公式表示如下:

$$\text{单位产品标准成本} = \text{直接材料标准成本} + \text{直接人工标准成本} + \text{制造费用标准成本}$$

(二)计算某种产品的标准成本

某种产品的标准成本是指按照该种产品的实际产量和单位产品的标准成本,计算出该种产品的标准成本,其计算过程可用公式表示如下:

$$\text{某种产品的标准成本} = \text{产品的实际产量} \times \text{单位产品标准成本}$$

(三)汇总计算实际成本

汇总计算实际成本,是指按照一般的成本核算程序,归集产品生产和制造过程中实际发生的直接材料、直接人工和制造费用,以此计算出产品实际成本的发生额和单位产品实际成本。

$$\text{某种产品的实际成本} = \text{产品的实际产量} \times \text{单位产品实际成本}$$

(四)计算标准成本与实际成本的差异

成本差异通常是指产品实际成本与产品标准成本之间的差额。可用公式表示如下:

$$\text{某种产品的成本差异} = \text{产品实际成本} - \text{产品标准成本}$$

产品实际成本大于产品标准成本的差额通常被称为不利差异,可反映在成本差异账户的借方,因此亦称借差;产品实际成本小于产品标准成本的差额称为有利差异,通常反映在成本差异账户的贷方,因此亦称贷差。

(五)分析成本差异

分析成本差异是标准成本系统运作程序中最为重要的一个环节,只有通过具体分析成本差异的数额及其产生的原因,才能够实现对成本的有效控制,以便进一步降低成本,提高经济效益。对成本差异进行分析,一般要经过以下三个步骤:

第一步,分析成本差异的类型,并确定其数额。

第二步,追根溯源,分析成本差异产生的具体原因。

第三步,明确有关责任人员的经济责任。

(六)提出成本控制报告

通过上述成本差异的分析,一方面可以找出成本差异产生的原因,另一方面还可以明确有关人员的经济责任。以此为依据,可以向有关方面负责人提出加强成本控制的建议,以便采取有效措施,巩固成绩,克服缺点,或根据变化了的生产条件对原标准加以修订,以便在生产经营活动中对成本的执行情况予以及时反馈和控制,保证预定目标的实现。

标准成本系统的运作程序是一个有机的整体,各程序之间密不可分。它们之间的相互联系如图 9-1 所示。

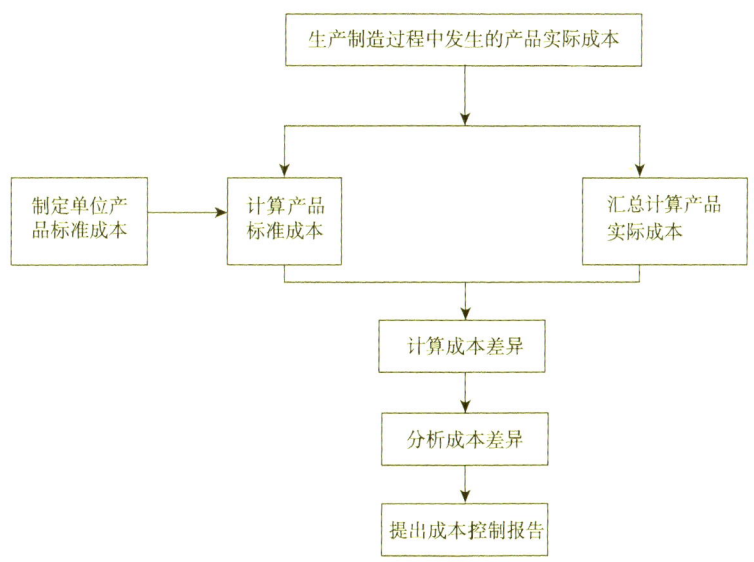

图 9-1 标准成本系统的运作程序

第二节 标准成本的制定

一、标准成本的构成

标准成本的构成项目和产品成本的实际成本项目一样。通常制定标准成本时先确定直接材料和直接人工的标准成本,然后确定制造费用的标准成本,最后确定单位产品的标准成本。在制定时,无论是哪一个成本项目,都需要分别确定其用量标准和价格标准,两者相乘后得出成本标准。在制定过程中,用量标准包括单位产品材料消耗量、单位产品直接人工工时等。用量标准主要由熟悉产品生产工艺的生产技术部门主持制定,吸收执行标准的部门和职工参加。价格标准包括原材料单价、小时工资率、小时制造费用分配率等,由会计部门和其他有关部门共同研究确定。采购部门是材料价格的责任部门,人力资源部门和生产部门对小时工资率负有责任,各生产车间对小时制造费用率承担责任,在制定有关价格标准时要与他们协商。

二、直接材料的标准成本

直接材料的标准成本是由直接材料价格标准和直接材料用量标准决定的。

直接材料的价格标准是指取得某种材料所应支付的单位价格。直接材料的价格标准包括材料的购买价格以及预计的采购费用,如运输费、装卸搬运费等。制定直接材料的价格标准时应按每一种材料分别计算。

直接材料的用量标准即材料的消耗定额,指生产技术部门在一定条件下所确定的生产单位产品所耗用的各种直接材料的数量,它包括形成产品实体的材料,在正常情况下所允许发生的材料损耗以及生产中不可避免的废品所耗费的材料数量。制定直接材料用量标准时也应按各种材料分别计算。

某种产品的直接材料的标准成本是由生产该产品所需的每一种材料的标准数量和该种材料的标准价格的乘积相加求得的,其计算公式如下:

$$某产品直接材料的标准成本 = \sum(直接材料用量标准 \times 直接材料价格标准)$$

【例9-1】某企业生产A产品需要甲材料,A产品直接材料标准成本计算如表9-1所示。

表9-1　A产品直接材料标准成本

项目	甲材料
买价(元/千克)	26.00
采购费用(元/千克)	0.80
材料价格标准(元/千克)	26.80
单位产品材料消耗量(千克)	2.60
单位产品材料正常损耗量(千克)	0.20
材料数量标准(千克)	2.80
A产品直接材料标准成本(元)	75.04

三、直接人工的标准成本

直接人工的标准成本是由直接人工价格标准和直接人工用量标准决定的。

直接人工的价格标准(即工资率标准,或工资单价),是指在计件工资条件下单位产品支付的直接人工工资,在计时工资条件下为每一标准工时应分配的工资,其计算公式如下:

$$直接人工工时工资率标准 = 直接人工工资总额 \div 标准总工时$$

这里的标准总工时是指企业在现有的生产技术和工艺水平条件下,可能实现的最大生产数量,或是实现的最大生产能力,故亦称"产能标准",通常用直接人工工作小时数或机器台时数来表示。

直接人工用量标准即工时用量标准,也称工时消耗定额。它是指在企业现有的生产和技术水平的基础上,考虑到提高劳动生产率的要求,按照产品加工所经过的程序,详细测算所需耗用的工时数。制定工时消耗定额时,还要考虑到必要的间歇和停工时间,以及在正常条件下不可避免的废品所耗用的工时。

制定了用量标准和小时工资率标准后,就可以按照下列公式计算单位产品直接人工的标准成本。

$$单位产品直接人工标准成本 = \sum (小时工资率标准 \times 工时用量标准)$$

【例 9-2】某企业生产 A 产品的直接人工标准成本计算如表 9-2 所示。

表 9-2 A 产品直接人工标准成本

项目	一车间
单位产品标准工时(小时)	7
直接生产工人人数	20
每月标准加工工时(小时/人)	180
每月标准加工总工时(小时)	3 600
每月直接人工工资总额(元)	6 480
单位工时工资率(元/小时)	1.8
单位产品直接人工标准成本(元)	12.6

四、制造费用的标准成本

制造费用的标准成本是由制造费用价格标准和制造费用用量标准两项因素决定的。

制造费用价格标准即费用分配率标准。制造费用分配率的大小一般取决于生产量标准和制造费用预算两个因素:一是生产量标准,即企业现有生产能力能达到的最高产量(通常用直接人工工时数或机器台时数表示);二是制造费用预算,即根据标准生产能力确定的固定性制造费用预算和变动性制造费用预算的数额之和。制造费用分配率计算公式为:

$$固定性制造费用标准分配率 = 固定性制造费用 / 预算产能标准总工时$$
$$变动性制造费用标准分配率 = 变动性制造费用 / 预算产能标准总工时$$

制造费用用量标准即工时用量标准,与上述直接人工用量标准的制定相同。

制造费用标准成本又称制造费用预算,通常根据变动性制造费用和固定性制造费用分别编制。在完全成本法下,固定性制造费用预算可以参照历史资料并根据预算期间生产能力的利用程度加以估算,相应的生产量标准通常应选择预算产量标准工时。在变动成本法下,固定制造费用属于期间成本,因此不存在分配率标准问题。制造费用标准成本由单位产品用量标准与相应的标准分配率的乘积求得,其计算公式为:

固定性制造费用标准成本 = 标准工时 × 固定性制造费用分配率

变动性制造费用标准成本 = 标准工时 × 变动性制造费用分配率

【例9-3】某企业生产一种产品A，假设A产品制造费用包括固定性制造费用和变动性制造费用两部分。20××年2月该企业固定性制造费用预算为4 620元，变动性制造费用弹性预算额为12 600元。根据有关资料，A产品的制造费用标准成本计算如表9-3所示。

表9-3 A产品制造费用标准成本

项目	固定部分	变动部分	合计
制造费用预算(元)	4 620	12 600	17 220
标准总工时(小时)		8 400	
制造费用分配率(元/小时)	0.55	1.5	2.05
单位产品标准工时(小时)		7	
单位产品制造费用标准成本(元)	3.85	10.5	14.35

五、单位产品标准成本的制定

有了上述各项标准成本以后，企业通常要为每一种产品设置一个标准成本计算单，并在该计算单中分别列明各项成本的价格标准和用量标准，通过直接汇总的方法得出单位产品的标准成本，如表9-4所示。

表9-4 A产品标准成本计算单

项目	单价标准(分配率)	用量标准	标准成本
直接材料			
甲材料	26.80元/千克	2.8千克/件	75.04元/件
直接人工	1.80元/小时	7小时/件	12.60元/件
变动性制造费用	1.5元/小时	7小时/件	10.50元/件
固定性制造费用	0.55元/小时	7小时/件	3.85元/件
制造费用小计			14.35元/件
单位产品标准成本			101.99元/件

第三节　成本差异的计算与分析

成本的日常控制指成本形成过程中通过对实际发生的各项成本和费用进行控制和监

督,以保证原定的目标成本得以实现的管理活动。日常经济活动往往由于种种原因,使得实际发生的成本数额与预定的标准成本出现差额,这种差额就叫成本差异。实际成本低于标准成本的节约额称为有利差异,一般用 F 表示;实际成本高于标准成本的超支额称为不利差异,用 U 表示。对于实际成本偏离标准成本的差异数额应进行分析,查找原因,以便及时采取相应的对策,进行必要的矫正,以保证成本目标的实现。

一、直接材料成本差异的计算与分析

直接材料成本是由直接材料价格和直接材料用量两部分构成的,因此,直接材料成本差异的计算包括直接材料价格差异和直接材料用量差异两部分内容。

(一)直接材料价格差异的计算

直接材料价格差异是实际直接材料价格脱离标准价格而形成的差异,其计算公式为:

直接材料价格差异 = (实际用量 × 实际价格) - (实际用量 × 标准价格)
= 实际用量 × (实际价格 - 标准价格)

(二)直接材料用量差异的计算

直接材料用量差异是实际材料用量脱离标准用量而形成的差异,其计算公式为:

直接材料用量差异 = (实际用量 × 标准价格) - (实际产量标准用量 × 标准价格)
= (实际用量 - 实际产量标准用量) × 标准价格

直接材料用量差异和实际成本、标准成本、数量差异、价格差异之间的关系如图 9-2 所示。

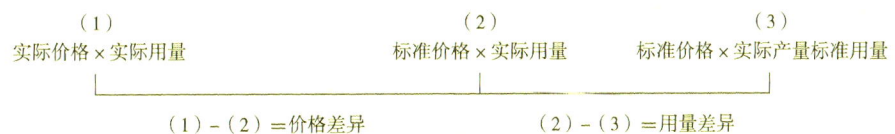

图 9-2 直接材料用量差异和价格差异的关系

【例 9-4】某企业为生产 A 产品需用甲材料。本期购入甲材料 3 500 千克,实际耗用 2 970 千克,其实际产量下标准用量为 3 080 千克,该种材料实际价格为 26.1 元,标准价格为 26.8 元。计算该种材料的成本差异额。

直接材料价格差异 = 2 970 × (26.1 - 26.8) = -2 079(元)
直接材料用量差异 = (2 970 - 3 080) × 26.8 = -2 948(元)
直接材料成本差异合计 = -2 079 - 2 948 = -5 027(元)

(三)直接材料成本差异分析

1. 直接材料价格差异的分析。直接材料价格差异是由进行材料采购时,实际支付的价款与标准支付金额之间的差额形成的。影响材料价格的因素是多方面的,如采购批量、交货方式、运输条件、材料质量和信用条件等。对于形成差异的具体原因需要做出具体分析,材料价格差异的形成通常有以下几种情况:

(1) 由市场供求关系的变化引起材料调拨价格的变动。
(2) 由客户临时订货而增加的紧急采购,致使采购价格和运输费用上升。
(3) 忽略了购货的折扣期而丧失了应有的购货优惠。
(4) 订货数量未达到应有的经济订货量。
(5) 运输安排不合理,中转期延长,增加了运输费用和途中损耗或由铁路运输改为空运,形成不必要的浪费。
(6) 在保证质量的前提下,购入替代材料,降低了采购价格和采购费用。
(7) 市场调查不充分造成舍近求远进行采购,增加了材料运费。

采购部门专门负责对外采购生产需要的材料物资,以保证生产经营活动的正常需要。采购部门一般对材料采购价格和采购费用拥有决定权,因此直接材料价格差异应由采购部门有关人员负责。但在分析材料价格差异时,应充分考虑到造成差异的原因以及这些因素的可控程度。例如,由于生产上的临时需要而进行的紧急订货,或由客观因素造成的运输延误,不得不由铁路运输临时改为空运,因此而增加的采购费用属于不可控因素。在分析直接材料价格差异时,只有查明原因,才能真正分清责任归属,以便有针对性地采取措施加以改进,降低材料成本。

2. 直接材料用量差异的分析。材料用量差异取决于实际用量与实际产量标准用量之间差异的性质和程度。材料用量差异的形成原因也是多方面的,如工人操作技术的熟练程度及工作的责任感、设备的完好程度、产品质量控制制度健全与否、材料质量与规格等都会造成材料用量的差异。其形成原因通常有以下几个方面:

(1) 供货方未能保证材料质量而造成的浪费。
(2) 产品工艺变更,材料用量标准未能及时变更。
(3) 操作工人不重视合理、节约用料而造成损失浪费。
(4) 工人违反操作规程或出现机器故障而形成材料消耗超标。
(5) 仓储部门保管不当,造成材料损坏变质。
(6) 产品设计根据用户要求做出调整,材料用量标准未相应调整。
(7) 更换机器设备使材料用量变更。
(8) 新产品投产,工人操作技术尚不熟练。

直接材料用量差异是在生产过程中产生的,因此一般应由生产部门有关人员负责。但因材料规格不符合要求或材料质量低劣而增加了废品,则应由采购部门负责。另外,如由仓储部门材料保管不当形成的损失则应由仓储部门负责。在分析材料用量差异时,应根据具体差异形成原因分清责任归属。

二、直接人工成本差异的计算与分析

直接人工成本差异是指直接人工实际成本与直接人工标准成本之间的差额。直接人工成本是由直接人工工时用量和工资率所决定的,因此直接人工成本差异包括直接人工工资率差异和工时用量差异两部分。

(一)直接人工工资率差异(价格差异)的计算

直接人工工资率差异也称直接人工价格差异,是由直接人工实际工资率水平与标准工资率不同而形成的差异。其计算公式为:

直接人工工资率差异 =(实际工时×实际工资率)-(实际工时×标准工资率)
= 实际工时×(实际工资率 - 标准工资率)

(二)直接人工工时用量差异(效率差异)的计算

直接人工工时用量差异也称直接人工效率差异,是实际耗用的工时脱离标准工时而形成的差异。其计算公式为:

直接人工效率差异 =(实际工时×标准工资率)-(实际产量标准工时×标准工资率)
=(实际工时 - 实际产量标准工时)×标准工资率

直接人工成本差异中效率差异和工资率差异之间的关系如图9-3所示。

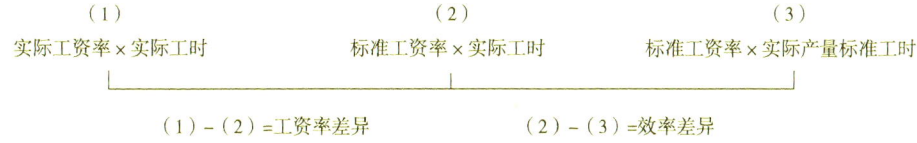

图9-3 效率差异与工资率差异间的关系

【例9-5】某企业生产A产品,实际工时为7 020工时,其实际产量标准工时为7 700工时,实际工资率为每小时2元,标准工资率为每小时1.8元,要求确定直接人工成本差异额。

直接人工工资率差异=(2-1.8)×7 020=1 404(元)
直接人工效率差异=1.8×(7 020-7 700)= -1 224(元)
直接人工成本差异合计=1 404-1 224=180(元)

(三)直接人工成本差异分析

通过计算,确定了直接人工工资率差异和效率差异,对这两种差异产生的原因还需做进一步的分析。

1. 直接人工工资率差异分析。工资率差异产生的原因主要有以下几个方面:
(1)工资制度和工资级别的调整。
(2)工资计算方法的改变,如将计件工资改为计时工资。
(3)由于产品工艺过程和加工方法的改变而调整工种结构。

工资率差异的产生一般应由人力资源部门负责。在实际工作中往往会由于工作安排不当而形成工资率差异,如某岗位只需熟练工就能完成的工作却安排了技术工人,因此增加了成本。在分析差异产生的原因时,应从实际出发,分清责任的主次,除了人力资源部门以外,生产部门及其他部门也应承担一定的责任。

2. 直接人工效率差异分析。直接人工效率差异的方向和大小取决于实际工时与实际产

量标准工时之间差异的性质和程度。直接人工效率差异的主要原因有以下几个方面:
(1)劳动生产率提高或降低。
(2)产品工艺过程和加工方法改变,却未能及时调整工时标准。
(3)生产计划安排不合理,造成窝工。
(4)原材料供应不及时,造成停工待料。
(5)设备发生故障,造成停工停产。
(6)燃料动力供应中断,造成停工。

如果企业出现效率差异方面的责任,一般应由生产部门负责,但如果企业出现原材料供应不及时、燃料动力供应中断等问题则应由采购部门和动力部门等相关的责任部门负责。

三、制造费用成本差异的计算与分析

制造费用成本差异是制造费用实际发生额和实际产量标准制造费用之间的差额,一般按变动性制造费用差异和固定性制造费用差异分别进行计算和分析。

(一)变动性制造费用成本差异的计算

变动性制造费用差异是指实际变动性制造费用和实际产量标准变动性制造费用之间的差额。它是由变动性制造费用耗费差异和变动性制造费用效率差异构成的。

1. 变动性制造费用耗费差异的计算。变动性制造费用耗费差异是指变动性制造费用实际分配率与标准分配率不同而形成的差异。其计算公式为:

变动性制造费用耗费差异 = 实际工时 ×(变动性制造费用实际分配率 − 变动性制造费用标准分配率)

2. 变动性制造费用效率差异的计算。变动性制造费用效率差异是指实际工时脱离标准工时而形成的差异。其计算公式为:

变动性制造费用效率差异 =(实际工时 − 实际产量标准工时)× 变动性制造费用标准分配率

变动性制造费用成本差异 = 变动性制造费用耗费差异 + 变动性制造费用效率差异

变动性制造费用耗费差异和效率差异之间的关系如图9-4所示。

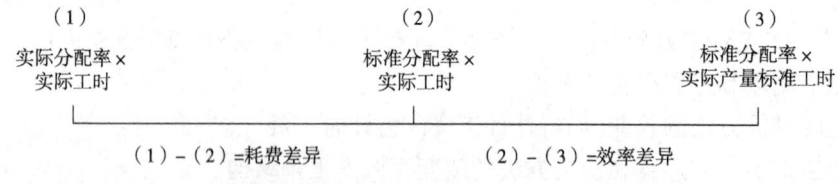

9-4　变动性制造费用耗费差异和效率差异的关系

【例9-6】某企业生产A产品,该产品单位标准机器台时为7小时/件,实际产量1 100件,当期变动制造费用相关信息如表9-5所示。

表 9-5 当期变动制造费用相关信息

	变动性制造费用	每小时标准耗费(元)
标准分配率	间接材料	0.80
	间接人工	0.70
实际完成	实际产量(件)	1 100
	实际台时(小时)	8 800
	间接材料耗费(元)	8 160
	间接人工耗费(元)	6 800

要求:根据以上资料确定变动制造费用差异额。

变动性制造费用耗费差异=(8 160+6 800)-(0.8+0.7)×8 800=1 760(元)

变动性制造费用效率差异=(0.8+0.7)×8 800-(0.8+0.7)×1 100×7=1 650(元)

变动性制造费用差异合计=1 760+1 650=3 410(元)

(二)变动性制造费用成本差异分析

通过以上计算,确定了变动性制造费用成本差异额,对差异产生的具体原因还需要进一步分析。变动性制造费用耗费差异主要是由有关各项费用的实际分配率与标准分配率不一致引起的。实际分配率与标准分配率之间产生差异的原因比较复杂,其主要是由间接材料、间接人工、其他有关间接费用的节约或超支造成的。

变动性制造费用耗费差异形成的原因主要有以下几个方面:①制定预算时考虑不周使预算数额制定不准确;②间接材料价格变化;③间接材料质量不合格导致用量增加;④间接人工工资率调整;⑤间接人工人数调整;⑥其他费用发生变化。

变动性制造费用耗费差异的责任归属应进行具体分析,如预算数额制定不准确、材料采购价格变化、间接人工工资率调整、其他费用控制不严等,应分别由财务部门、采购部门、人事部门、生产部门等业务相关部门承担责任,以明确责任归属。

变动性制造费用效率差异是由实际工时脱离了实际产量标准工时而产生的。制造费用效率差异产生的原因与直接人工效率差异产生的原因相同,不再赘述。

(三)固定性制造费用成本差异的计算

1.双差异计算法。所谓双差异计算法,是指将固定性制造费用差异分为耗费差异和能力差异两种分类计算。耗费差异是指实际固定性制造费用总额与固定性制造费用预算额之间的差异;能力差异是指实际产量的标准工时脱离设计生产能力(产能工时)而产生的差异。其计算公式为:

固定性制造费用耗费差异 = 固定性制造费用实际开支额 - 固定性制造费用预算额
= 固定性制造费用实际分配率 × 实际工时 - 固定性制造费用标准分配率 × 生产能力

固定性制造费用能力差异=固定性制造费用标准分配率×(生产能力-实际产量标准工时)

固定性制造费用成本差异＝固定性制造费用耗费差异＋固定性制造费用能力差异

固定性制造费用耗费差异与能力差异的关系如图9-5所示。

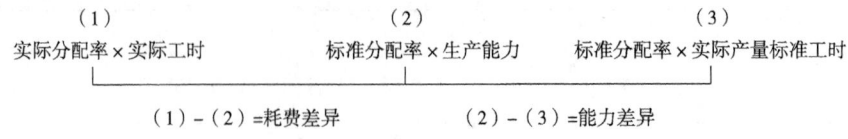

图9-5　固定性制造费用耗费差异与能力差异的关系

2. 三差异计算法。所谓三差异计算法，是指将固定性制造费用的成本差异分为耗费差异、生产能力利用差异和效率差异三部分分类计算。耗费差异是指实际固定性制造费用总额与固定性制造费用预算额之间的差异。同时，将双差异计算中的能力差异进一步划分为生产能力利用差异和效率差异；生产能力利用差异是在标准分配率下，生产能力脱离实际工时而产生的成本差异；效率差异是指在标准分配率下，实际工时脱离实际产量标准工时而产生的成本差异。其计算公式为：

固定性制造费用耗费差异 ＝ 固定性制造费用实际开支额 － 固定性制造费用预算额

固定性制造费用生产能力利用差异 ＝ 固定性制造费用标准分配率 ×（生产能力 － 实际工时）

固定性制造费用效率差异 ＝ 固定性制造费用标准分配率 ×（实际工时 － 实际产量标准工时）

固定性制造费用成本差异 ＝ 固定性制造费用耗费差异 ＋ 固定性制造费用生产能力利用差异 ＋ 固定性制造费用效率差异

固定性制造费用耗费差异、生产能力利用差异和效率差异的关系如图9-6所示。

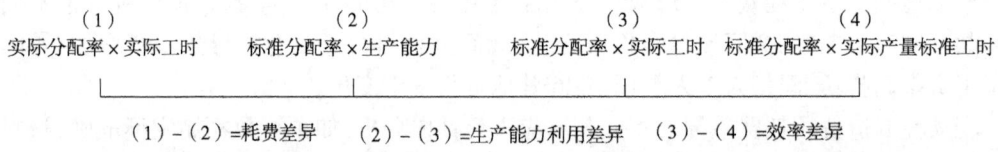

图9-6　固定性制造费用耗费差异、生产能力利用差异和效率差异的关系

【例9-7】某企业生产A产品，该产品单位标准机器台时为7小时/件，实际产量1 100件，固定性制造费用标准分配率为0.55元/小时。当期固定性制造费用预算额与实际执行结果如表9-6所示。

表9-6　当期固定制造费用预算额与实际执行结果

预算额	生产能力（小时）	8 400
	管理人员工资（元）	3 000
	固定资产折旧（元）	1 000
	其他费用（元）	620
	合计（元）	4 620

续表

实际数	实际台时(小时)	8 800
	管理人员工资(元)	3 600
	固定资产折旧(元)	1 100
	其他费用(元)	836

要求：根据以上资料分别用双差异计算法和三差异计算法确定固定制造费用差异额。

先采用双差异计算法计算如下：

固定性制造费用耗费差异 = (3 600+1 100+836) - 0.55×8 400 = 916（元）

固定性制造费用能量差异 = 0.55×(8 400-1 100×7) = 385（元）

固定性制造费用差异合计 = 916+385 = 1 301（元）

再用三差异计算法确定差异额计算如下：

固定性制造费用耗费差异 = (3 600+1 100+836) - 0.55×8 400 = 916（元）

固定性制造费用生产能力利用差异 = 0.55×8 400 - 0.55×8 800 = -220（元）

固定性制造费用效率差异 = 0.55×8 800 - 0.55×1 100×7 = 605（元）

固定性制造费用差异合计 = 916 - 220 + 605 = 1 301（元）

(四)固定性制造费用成本差异分析

在确定了各项固定性制造费用的成本差异以后，对固定性制造费用成本差异产生的原因应根据具体情况进行分析。

造成固定性制造费用耗费差异的主要原因有以下几个：①管理人员工资变动；②固定资产折旧方法改变；③修理费开支数额变化；④租赁费、保险费等项费用调整；⑤水电费价格调整；⑥其他有关费用开支数额发生变化。

耗费差异责任应由有关的责任部门承担。例如，固定资产折旧费的变化应由财务部门负责；修理费开支变化应由设备维修部门负责；其他有关费用可根据实际情况确定责任归属。有些费用，如水电费调价等不可控因素，则不应由某个部门来承担责任。

形成能力差异的原因主要有以下几个方面：①原设计生产能力过高，生产不饱满；②因市场需求不足或产品定价策略问题而影响订货量，造成生产能力不能充分利用；③原材料供应不及时，导致停工待料；④机械设备发生故障，增加了修理时间；⑤能源短缺，被迫停产；⑥操作工人技术水平有限，未能充分发挥设备能力。

能力差异是由现有生产能力不能充分利用而造成的差异，难以简单地确定责任的归属。为分清各部门应负的责任，应根据实际情况加以分析，分别由经理层、计划部门、生产部门、采购部门、销售部门等承担相应的责任。

第四节 成本差异的账务处理

一、标准成本系统的账户设置

在标准成本系统中,为了能够提供标准成本、成本差异和实际成本的资料,需要将实际发生的成本分为标准成本和成本差异两部分,分别进行归集。期末对各项成本差异进行调整,以反映当期发生的实际成本。根据标准成本系统的核算需要,应设置两大类账户:一类是反映各项标准成本的账户,另一类是反映各项成本差异的账户。

(一)反映各项标准成本的账户

在标准成本系统中反映各项标准成本的账户包括"原材料""生产成本""库存商品"等。这些账户按照标准成本来进行核算,即这类账户应记录按实际数量计算的标准成本数额,这类账户的余额一般在借方,它反映这些项目的标准成本数额。

(二)反映各项成本差异的账户

成本差异账户的设置可根据具体情况,按大类设置或按每一种成本差异设置。按大类可分别设置以下账户:"直接材料成本差异""直接人工成本差异""变动性制造费用成本差异""固定性制造费用成本差异"。

按每一种成本差异设置账户包括:"直接材料价格差异""直接材料用量差异""直接人工工资率差异""直接人工效率差异""变动性制造费用耗费差异""变动性制造费用效率差异""固定性制造费用耗费差异""固定性制造费用生产能力利用差异""固定性制造费用效率差异"等。

当实际成本超过标准成本时,其差异额反映在有关成本差异账户的借方,这种差异被称为不利差异或超支额;反之,实际成本低于标准成本的差异被称为有利差异或节约额,所形成的差异反映在有关成本差异账户的贷方(如图9-7所示)。

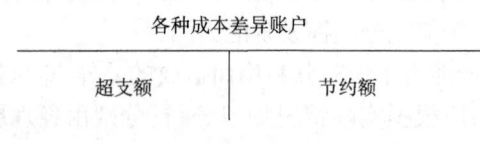

图9-7 成本差异账户的格式

二、标准成本系统的账务处理程序

在标准成本系统中,账务处理程序可以分为以下三个步骤。

(一)登记有关标准成本账户

在标准成本系统中,日常发生的各项成本均应按标准成本和成本差异分别记录。对标准成本各有关账户,如"原材料""生产成本""库存商品"等账户中登记按实际数量计算的标准成本。

(二)登记各项成本差异账户

在标准成本系统中,对于实际成本脱离标准成本而形成的各项成本差异,应根据不同类别分别登记"直接材料价格差异""直接材料用量差异""直接人工工资率差异""直接人工效率差异""变动性制造费用耗费差异""变动性制造费用效率差异""固定性制造费用耗费差异""固定性制造费用能力差异"(或"固定性制造费用生产能力利用差异""固定性制造费用效率差异")等等有关成本差异账户。为了便于对各有关责任部门进行考核,还可以按部门分别设置明细分类账,分别记录各有关部门的各项成本差异数额。

(三)对各项成本差异进行处理

在标准成本系统中,对各项成本差异的处理可以采取以下三种方法进行。

1. 一次直接转入销售成本。如按适当的间隔期对标准成本进行调整,使其合理地近似于实际成本,则成本差异不计入产品成本,在月末结账时,一次全部转入销售成本。具体做法是在会计期末将所有的各项成本差异转入"本年利润"账户,或者先将其转入"主营业务成本"账户,然后再将产品销售成本总额(标准成本加减各项成本差异)转入"本年利润"账户。

2. 如果成本差异较小,则既不调整也不转账。当成本差异较小时,即使不调整差异也不会对当期销售成本和利润产生很大影响,各期的成本差异总额有不利差异和有利差异,基本可以抵消,在这种情况下,可以简化核算,在期末不必再对有关成本差异进行会计处理。

3. 按一定标准将成本差异在产品销售成本和存货(库存商品、在产品)中进行分配。这种方法的具体做法是:在会计期末将所有各项成本差异按照以实际数量计算出来的标准成本为比例,将各项成本差异分配给产品销售成本和存货。

以上三种处理方法各有所长,当成本差异额很小,从总的趋势来看,有利差异和不利差异基本上可以抵消时,可以采用第二种最简单可行的方法;如果成本差异数额较大,为了真实地反映当期损益,则将采用第三种方法;在一般情况下,第一种处理方法应用较广,这种方法可以使当期损益与成本控制状况挂钩,通过本期销售成本直接反映出本期成本控制业绩,且结转方法较为简单,因此,第一种处理方法被运用标准成本系统的企业广泛采用。下面将以第一种方法为例,介绍标准成本系统的账务处理程序。

标准成本系统的账务处理流程如图 9-8 所示。

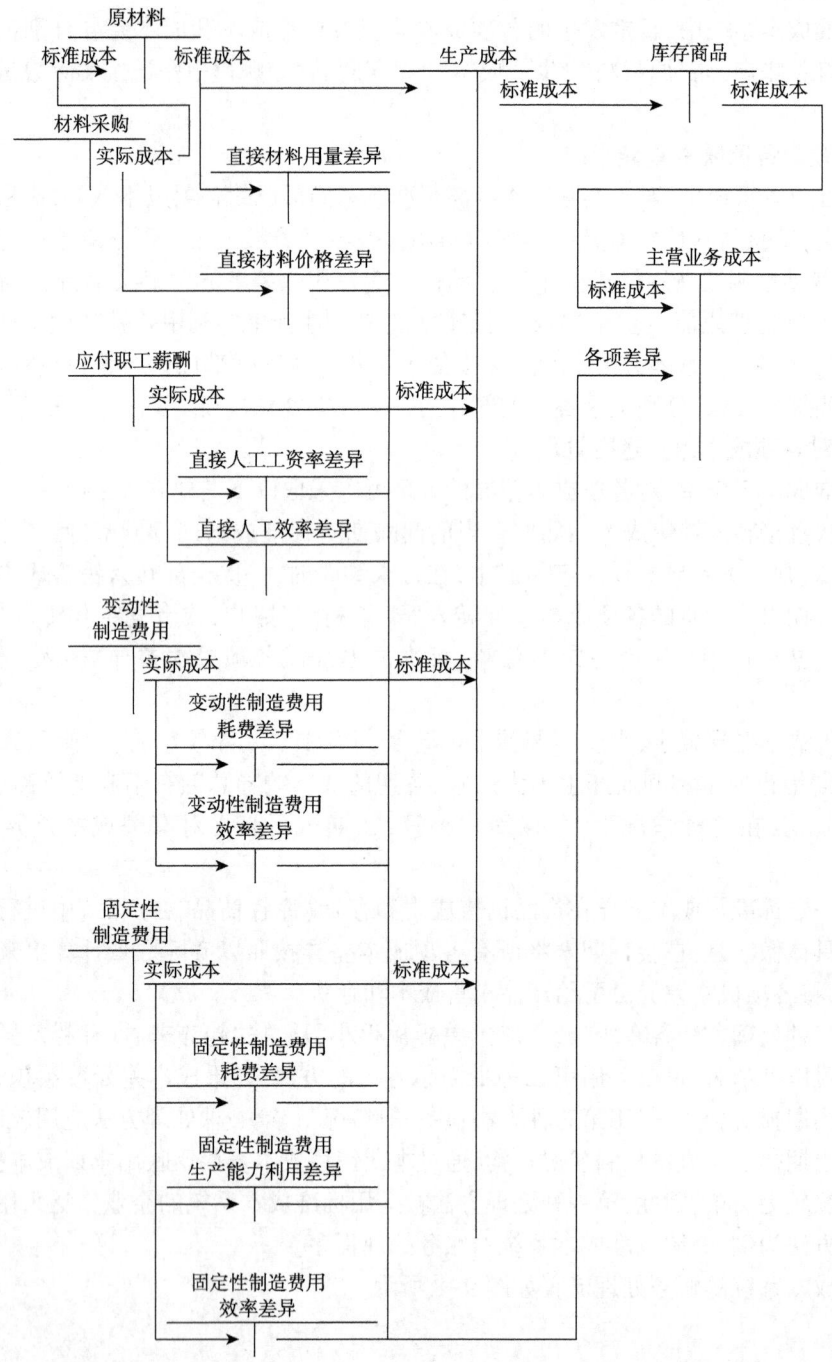

图 9-8 标准成本系统账务处理流程

三、标准成本系统账务处理的实例

下面将通过具体实例进一步说明标准成本系统账务处理的程序。

(一) 有关的数据资料

1. 单位产品标准成本,同表 9-4。
2. 例 9-4、例 9-5、例 9-6、例 9-7 相关资料。

(二) 本月实际发生的各项经济业务

1. 购入甲材料 3 500 千克,实际采购价格 26.10 元,货款未付。

直接材料实际采购成本:26.1×3 500＝91 350(元)。

借:材料采购　　　　　　　　　　　　　　　　　　　　91 350
　　贷:应付账款　　　　　　　　　　　　　　　　　　　　91 350

2. 本期生产 A 产品 1 100 个,实际领用并消耗甲材料 2 970 千克。

直接材料标准成本:1 100×2.8×26.8 ＝82 544 (元)。

直接材料价格差异:2 970×(26.1−26.8)＝ −2 079(元)。

直接材料用量差异:(2 970−3 080)×26.8 ＝−2 948(元)。

借:原材料　　　　　　　　　　　　　　　　　　　　　79 596
　　贷:直接材料价格差异　　　　　　　　　　　　　　　　2 079
　　　　材料采购　　　　　　　　　　　　　　　　　　　77 517

借:生产成本——A 产品　　　　　　　　　　　　　　　82 544
　　贷:直接材料用量差异　　　　　　　　　　　　　　　　2 948
　　　　原材料　　　　　　　　　　　　　　　　　　　　79 596

3. 本月生产 A 产品实际耗用人工小时为 7 020 工时,其实际产量标准工时为 7 700,实际工资率为每小时 2 元,标准工资率为每小时 1.8 元。请计算生产成本与应付职工薪酬数额,并编制会计分录。

　　　　　直接人工标准成本 ＝ 7 700 ×1.8 ＝ 13 860(元)
　　　　　直接人工实际成本 ＝ 7 020 × 2 ＝ 14 040(元)
　　　　　直接人工工资率差异 ＝ (2 −1.8) × 7 020 ＝ 1 404(元)
　　　　　直接人工效率差异 ＝ 1.8 × (7 020 − 7 700) ＝ − 1 224(元)

借:生产成本——A 产品　　　　　　　　　　　　　　　13 860
　　直接人工工资率差异　　　　　　　　　　　　　　　　1 404
　　贷:直接人工效率差异　　　　　　　　　　　　　　　　1 224
　　　　应付职工薪酬　　　　　　　　　　　　　　　　　14 040

4. 本月实际发生制造费用 20 496 元,其中:变动性制造费用 14 960 元,固定性制造费用 5 536 元,以银行存款支付。

借:变动性制造费用　　　　　　　　　　　　　　　　　14 960

　　　　固定性制造费用　　　　　　　　　　　　　　　　　　　　　5 536
　　贷:银行存款　　　　　　　　　　　　　　　　　　　　　　　　20 496
5. 将上述变动性制造费用计入产品成本。
　　　　变动性制造费用标准成本=7 700×1.5=11 550(元)
　　　　变动性制造费用实际成本=8 160+6 800=14 960(元)
　　　　变动性制造费用耗费差异=(8 160+6 800)-(0.8+0.7)×8 800=1 760（元）
　　　　变动性制造费用效率差异=1.5×8 800-1.5×1 100×7=1 650（元）

借:生产成本——A产品　　　　　　　　　　　　　　　　　　　11 550
　　变动性制造费用耗费差异　　　　　　　　　　　　　　　　　1 760
　　变动性制造费用效率差异　　　　　　　　　　　　　　　　　1 650
　　贷:变动性制造费用　　　　　　　　　　　　　　　　　　　14 960
6. 将上述固定性制造费用计入有关账户。
　　　　固定性制造费用实际发生额=5 536元
　　　　固定性制造费用按实际产量分配额=0.55×1 100×7=4 235(元)
　　　　固定性制造费用耗费差异=(3 600+1 100+836)-0.55×8 400=916（元）
　　　　固定性制造费用生产能力利用差异=0.55×8 400-0.55×8 800=-220（元）
　　　　固定性制造费用效率差异=0.55×8 800-0.55×1 100×7=605(元)

借:生产成本——A产品　　　　　　　　　　　　　　　　　　　4 235
　　固定性制造费用效率差异　　　　　　　　　　　　　　　　　605
　　固定性制造费用耗费差异　　　　　　　　　　　　　　　　　916
　　贷:固定性制造费用生产能力利用差异　　　　　　　　　　　　220
　　　　固定性制造费用　　　　　　　　　　　　　　　　　　　5 536
7. 产成品完工入库。
借:库存商品——A产品　　　　　　　　　　　　　　　　　　　112 189
　　贷:生产成本——A产品　　　　　　　　　　　　　　　　　112 189
8. 本月销售A产品1 000件,每件售价130元,不考虑增值税,货款尚未收到。
借:应收账款　　　　　　　　　　　　　　　　　　　　　　　　130 000
　　贷:主营业务收入　　　　　　　　　　　　　　　　　　　　130 000
9. 结转已销售产品标准成本。
借:主营业务成本　　　　　　　　　　　　　　　　　　　　　　101 990
　　贷:库存商品——A产品　　　　　　　　　　　　　　　　　101 990
10. 成本差异的期末结转处理。假设该企业采用第一种方法,将产品成本差异一次直接转入销售成本(主营业务成本)。

借:主营业务成本　　　　　　　　　　　　　　　　　　　　　　136
　　贷:直接材料价格差异　　　　　　　　　　　　　　　　　　2 079

直接材料用量差异	2 948
直接人工效率差异	1 224
直接人工工资率差异	1 404
变动性制造费用效率差异	1 650
变动性制造费用耗费差异	1 760
固定性制造费用耗费差异	916
固定性制造费用生产能力利用差异	220
固定性制造费用效率差异	605

思考与练习题

1. 某企业甲产品的实际产量为1 000件,实际耗用材料4 000千克,该材料的实际单价为每千克100元,每件产品耗用该材料的标准成本为每件250元,材料消耗定额每件5千克。

要求:
(1)计算该材料的标准价格。
(2)计算该材料的成本差异。

2. 某企业采用标准成本法计算产品成本。企业计划生产A产品5 000件,实际生产4 800件,实际消耗材料10 000千克,实际成本12 000元,A产品的标准成本为2元,其中数量标准为2千克、价格标准为1元。

要求:
(1)计算材料成本的总差异。
(2)计算材料价格差异。
(3)计算材料消耗数量差异。

3. 某企业生产甲产品的标准人工成本如下:

单位产品耗用的直接人工	4小时
每一直接人工工资率	2元
标准工资成本	8元

本年实际生产甲产品20 000件,实际消耗工时40 000小时,实际支付工资200 000元。

要求:
(1)计算工资成本总差异。
(2)计算工资率差异。

(3)计算人工效率差异。

4. 某企业本月份实际消耗 5 000 工时,产量 8 000 件,变动性制造费用实际数 5 000 元,固定性制造费用实际数 1 000 元。本月计划产量 10 000 件,每件标准工时 1.5 工时,变动性制造费用预算总额 4 500 元,固定性制造费用预算总额 1 500 元。

要求:

(1)计算变动性制造费用总差异。
(2)计算变动性制造费用耗费差异。
(3)计算变动性制造费用效率差异。
(4)计算固定性制造费用总差异。
(5)计算固定性制造费用耗费差异。
(6)计算固定性制造费用生产能力利用差异。
(7)计算固定性制造费用效率差异。

5. 某企业本年度生产乙产品的制造费用实际发生额为 21 000 元,预算费用为 20 000 元,正常生产能力为 10 000 小时,单位产品的实际工时为 8 小时,标准工时为 7 小时。实际产量为 1 500 件。

要求:

(1)计算固定性制造费用耗费差异。
(2)计算固定性制造费用效率差异。
(3)计算生产能力利用差异。

6. 某产品的计划产量 400 件,标准成本如下:

直接材料(80 千克×1)	80 元
直接人工(10 小时×2)	20 元
变动性制造费用(10 小时×3)	30 元
固定性制造费用(4 000 元)	10 元
单位成本	140 元

实际产量 480 件,实际成本如下:

直接材料(17 280×1.2)	20 736 元
直接人工(2 160×2.5)	5 400 元
变动性制造费用(2 160×2.8)	6 048 元
固定性制造费用	3 600 元
总成本	35 784 元

要求:

(1)计算材料成本总差异以及消耗数量差异、价格差异。
(2)计算工资成本总差异以及人工效率差异、工资率差异。
(3)计算变动性制造费用总差异以及效率差异、耗用差异。

(4)计算固定性制造费用总差异以及效率差异、耗费差异、生产能力利用差异。

7. 某企业按变动成本法计算产品成本,某产品的标准成本资料如下:

直接材料	150 元
直接人工	100 元
变动性制造费用	80 元
合计	330 元

本年度该企业实际生产量为 1 000 件,有关差异资料如下:

直接材料消耗量差异	2 000 元(有利差异)
直接材料价格差异	800 元(不利差异)
直接人工效率差异	1 100 元(有利差异)
直接人工工资率差异	600 元(不利差异)
变动性制造费用耗用差异	880 元(不利差异)
变动性制造费用效率差异	550 元(有利差异)

要求:计算该产品的实际成本。

拓展与感悟

让世界爱上中国造

从一个年产值不到 2 000 万元的小厂到多元化、国际化的工业集团,二十多年间,格力电器完成了一个国际化家电企业的成长蜕变。从"格力电器,创造良机""好空调,格力造""格力,掌握核心科技""格力让天空更蓝 大地更绿"到"让世界爱上中国造",品牌理念不断迭代。格力电器在国内外建有 15 个空调生产基地,覆盖从上游生产到下游回收全产业链,实现了绿色、循环、可持续发展。2020 年格力家用空调全球市场占有率达 20.1%,已连续 16 年保持全球第一。

格力电器成功运用标准成本法等管理会计工具,以行业领先的成本控制能力,获得了较高的毛利率。格力电器建立产品标准成本管控平台服务于设计成本管理,将产品成本按物料模块、功能模块、系统类型、能效档次等进行多维度的归类,对每类成本制定标准值,新产品成本需与标准值进行对比,参照已有最优方案进行调整。格力电器坚持自主研发、创新驱动,始终保持忧患意识和进取精神,认识到只有真正掌握核心科技,才能真正掌握企业的命运,才能实现企业的自主发展。提出研发经费"按需投入、不设上限",发明专利授权量连续五年进入全国前十。

格力电器坚持自主生产、质量为先,恪守诚信经营,以标准领先带动质量领先。在产品开发和质量控制各环节中,以国家标准、国际标准为门槛,以满足消费者需求为最高标准,实现产品高标准、高品质、高品位。在制造成本管理中采用标准成本法,有利于加强成本管控和决策控制,同时有利于开展绩效考核。采用标准成本法计算各部门标准成本,分析标准成本和实际成本之间的差异原因,合理评价各部门的成本管控工作。2018年荣获第三届"中国质量奖"。2019年,格力电器参与起草的《质量管理:基于顾客需求引领的创新循环指南》获批成为国家标准。

格力电器坚持以习近平新时代中国特色社会主义思想为指引,不忘初心、牢记使命,坚守实体经济,坚持走自力更生、自主创新发展道路,加快实现管理信息化、生产自动化、产品智能化,创造更多的领先技术,不断满足全球消费者对美好生活的向往。

参考资料:

[1]格力电器官网。

[2]盛继明等.工业和信息通信业管理会计案例集(2018)[M].北京:电子工业出版社,2018:261-263.

第十章

责任会计

导 读

```
                        ┌──────────┐
                        │ 责任会计 │
                        └────┬─────┘
    ┌──────────┬─────────────┼─────────────┬──────────────┐
┌───┴────┐ ┌───┴────┐  ┌────┴────┐  ┌─────┴─────┐  ┌─────┴──────┐
│责任会计│ │责任中心及│ │ 内部转移│ │ EVA与高管 │ │平衡计分卡与│
│ 概述   │ │考核指标  │ │  定价   │ │ 业绩评价  │ │企业业绩评价│
└───┬────┘ └───┬────┘  └────┬────┘  └─────┬─────┘  └─────┬──────┘
```

- 分权管理
- 责任会计内容
- 责任会计特点
- 责任会计原则

- 成本中心
- 利润中心
- 投资中心

- 作用
- 定价原则
- 类型与确定方法

- 起源与发展
- 计算与应用
- 优点与局限

- 起源与发展
- 内涵及变化
- 优点与局限

说明：

责任会计作为管理会计的子系统之一，其制度的建立为企业内部实施有效控制提供了组织保障。作为企业内部会计管理系统，责任会计主要包括划分责任中心、确定责任指标、实施绩效考核等基本内容。作为内部控制制度，责任会计将有关财会数据指标同责任部门或责任人相结合，进而实现权、责、利的合理配置。从价值创造的过程来看，构建业绩评价体系是落实责任会计制度的关键，而评价一个组织、管理者或员工的经营业绩不能仅依赖财务指标,影响财务绩效的过程指标同样重要,因此,本章引入了包含财务与非财务指标的平衡计分卡与战略地图,并实现业绩评价与企业战略管理的有机结合。此外,业绩评价应当着眼于企业的长远发展,并全面考虑股权资本的机会成本,而经济增加值(EVA)正好能兼顾这两个目标,本章将对 EVA 业绩考核的基本思想与实务应用进行简要介绍。

第一节 责任会计概述

一、责任会计与分权管理

自 20 世纪初至今,全球范围内发生了五次大规模的企业并购浪潮,从而涌现出一大批集团公司与跨国公司。与此同时,科学技术的不断进步也正在改变企业的经营环境、商业模式与管理方式。首先,电子计算机的发明和应用改变了企业的经营环境,信息传递和交换的速度加快,从而使企业内部的生产效率提高,与外部组织的交易成本下降,这为企业扩大业务范围、增加管理幅度与管理层级提供了条件。其次,互联网技术的普及和移动互联网的发展正在改变企业的商业模式,传统制造业企业的管理重心不只是生产,研发、营销、人力资源管理等显得尤为重要。

组织结构的变化与高新技术的使用在提高企业经营效率的同时,也使企业的经营管理日趋复杂。在此情境下,传统的集权式管理模式因决策过于集中、响应速度慢、管理效率低,已经无法满足瞬息万变的市场竞争环境,因而逐渐被分权管理模式所取代。

(一)分权管理的基本特征

分权管理的基本特征是:将决策权在不同层次和不同地区的管理人员之间进行适当划分(例如,在董事会与总经理,总经理与部门经理或地区经理之间进行划分等),并通过适当的授权,使不同层次的管理人员或经理都能对日常的经营活动及时地做出有效的决策,以迅速适应市场变化的需求。

(二)分权管理的优点

分权管理的优点主要有:①通过决策权的划分,使最高层管理人员能将其有限的时间和精力集中做企业最重要的战略决策,以保证企业始终有一个明确的、正确的发展目标;②同时,使各层次、各地区的管理人员都能在授权范围内,根据不断变化的市场环境迅速做出应变决策,从而避免了因层层汇报延误决策时间而可能造成的损失。通过决策授权,能有效地调动各级管理人员的积极性和创造力,从而群策群力,使全体管理人员既能为提高企业经济效益做出贡献,又能体现其自身价值。由于分权管理在当今的国际经济环境中具有明显的优越性,因而正为各国大中型企业所采用,并正成为企业管理中的一种国际发展趋势。

(三) 分权管理的主要表现形式

分权管理的主要表现形式是部门化,即在企业中建立一种具有半自主权的组织结构,通过企业管理中心向下或向外的层层授权,使每一部门都拥有一定的权力、职责和积极性。

分权管理思想和部门化企业组织结构的发展,使企业日常的经营决策权不断地向下属部门或各地区经营管理机构下放,从而使决策达到最大程度的有效性;但与此同时,企业经营管理的责任也随着经营决策权的下放而层层落实到各级管理部门,使各级管理部门在充分享有经营决策权的同时,也对其经营管理的有效性承担经济责任。这种承担与其经营决策权相适应的经济责任的部门,称为责任中心。所以,责任中心是为履行某种责任而设立的特定部门,它的基本特征是责、权、利相结合。为了有效地控制各责任中心的职责履行情况,并合理地确定与其职责履行相关的经济利益,就需要建立一套行之有效的、能及时、正确地反映、评价、考核各责任中心实际经营业绩的会计制度。这种会计制度就是我们所说的"责任会计制度"。

二、责任会计的内容

责任会计是在企业实行分权管理的体制下,以企业内部责任单位(或人)为主体,以提高企业经济效益、保证企业计划顺利落实为目的,以各责任单位(或人)的经济责任为对象,利用价值形式并采用专门的会计方法对各责任单位的行为及结果进行核算、考核与评价的一种会计。责任会计的主要内容包括以下四个方面。

(一) 划分责任中心,确定责任范围

企业实行分权管理,需要在内部划分出若干责任中心,即责任单位或责任实体。责任中心由专人负责、承担责任并同时拥有相应的权利,它的划分取决于企业的组织管理体制。企业的组织管理体制则取决于企业的外部环境、企业的规模、企业的生产经营特点和企业的发展战略。实行责任会计,重要的不在于企业内部有哪些责任中心和如何划分这些责任中心,而在于如何确定责任中心的责任范围,以及使用哪些价值指标将其责任给予量化反映。

(二) 编制责任预算,制定考核标准

责任预算是利用货币形式对责任中心的生产经营活动做出的计划安排。责任预算的编制是以企业的财务预算为基础进行的。如果将企业视作一个大的责任中心,则财务预算便是其责任预算。财务预算要从企业全局出发来编制,立足于实现企业的整体经济效益。所以,企业内部责任中心的责任预算必须保证企业的财务预算顺利实现。编制责任预算可以明确责任中心在预算期内的具体奋斗目标,发挥目标的激励作用。为了落实责任预算,促使责任预算的顺利实施并保证企业财务预算的顺利完成,必须对责任预算的承担者进行考核。考核的标准要事先确定,使责任承担者知道企业是如何根据考核标准来评价自己的业绩的,知道自己的工作以及努力程度将会带来什么样的报酬,并以此来规范自己的行为,激励责任承担者为实现自身的利益和企业的目标而努力。

(三)建立核算系统,编制责任报告

责任中心的业绩考评是责任会计的核心。为了反映责任中心的业绩——具体表现为对责任预算和考核指标的完成情况,必须建立相应的核算系统,对反映责任中心业绩的会计信息进行归集、加工和整理,最后以责任报告的形式提交企业主管。

(四)根据业绩计酬,实施行为控制

行为科学理论认为,当行为主体的某种行为带来了有利于行为主体的结果时,行为主体就产生了加强该种行为的趋向;反之,当行为主体带来了不利于行为主体的结果时,行为主体则会产生减弱甚至消除该种行为的趋势。如果某种行为既得不到有利结果,又得不到有利报酬,则该行为就会产生两种发展趋势:要么更加强化,以期引起注意,得到报酬;要么逐渐减弱,乃至消除。因此,根据责任承担者的业绩计酬,实际上是为了对责任承担者的行为实施控制,从而保证企业整体利益的实现。

三、责任会计的特点

(一)以分权管理为前提,使会计系统与企业组织结构相协调

责任会计与分权管理是互为前提的,没有责任会计,分权管理就失去了基础,或者说就不是现实意义上的分权管理。这是因为,有了分权管理,就要下放管理权限,并加强对责任中心的考核与控制。一方面,下放管理权限,是将企业高层管理者的责、权逐级下放给所属各有关层次的管理人员,以加强对企业内部各部门和生产经营各环节的有效控制,发挥各级管理人员的积极性和创造性,增强企业的活力,提高企业的应变能力和发展能力;另一方面,基层管理人员及其责任中心的管理权限扩大,又会带来局部利益侵损整体利益的可能。所以,企业高层管理者必须加强对基层管理人员及其责任中心的考核与控制。为了公平合理,便于计量,并且反映各方利益与企业整体利益的关系,必须借助于价值指标来考核责任中心的业绩和控制责任单位的行为。显然,传统的财务会计不能担当此任。而与企业组织结构相协调的会计系统,非责任会计莫属。

(二)以责任中心为主体,以经济责任为对象

如果将企业作为一个大的责任中心,那么现行的企业会计对于企业主管部门来说,便是责任会计。因为会计主体是企业,会计对象是企业所负责的资金及其运动,而责任会计通常是对责任中心而言的,所以责任会计的主体便是企业下属的责任中心,责任会计的对象便是由责任中心负责并且可控的资金及其运动。

(三)利用会计信息反映经济责任

责任会计的本质特征是用会计信息(价值指标)来反映责任中心的经济责任。现代企业为了保证经营目标的顺利实现,通常是通过建立经济责任制的形式来分解未来一定期间的生产经营目标和工作任务,并将其落实到各责任中心。责任会计能够将责任中心所承担的具体生产经营目标和工作任务用价值指标反映出来(即所谓量化经济责任),并且能及时反映经济责任的完成情况,从而有利于考核与评价。因此,实行责任会计是贯彻落实经济责任

制的必然要求。

(四)以建立激励机制为直接目的

虽然责任会计的最终目的同财务会计一样,是为了提高企业的经济效益,但是责任会计的直接目的却是建立激励机制。在生产力诸要素中,人是决定性的要素,企业之间的竞争最终是人的竞争,企业的活力也主要来自企业职工的积极性。如何调动职工的积极性,这是有责任心的企业领导每时每刻都在关注的问题。实践证明,落实经济责任制,使职工的经济利益与经济责任挂钩。有功者奖,有过者罚,赏罚分明,多劳多得,这是现阶段行之有效的激励机制。无疑,责任会计正是这种激励机制形成的必要条件。

四、责任会计的原则

责任会计是用于企业内部管理的会计,因而企业可以根据各自不同的特点来确定责任会计的具体形式。但是,无论建立或实施何种特定形式的责任会计,都应当考虑和遵循下述原则。

(一)责任主体原则

责任会计的核算应以企业内部的责任单位为对象,责任会计有关资料的搜集、记录、整理、计算对比和分析等项工作,都必须按责任单位进行。

(二)可控原则

对各责任中心所赋予的责任,应以其能够控制为前提。各责任中心只对其能够控制的因素的指标负责。在考核时,应尽可能排除责任中心不能控制的因素。

(三)总体优化原则

企业责任单位内部权责范围的确定、责任预算的编制以及责任单位业绩的考评,都应始终与企业的整体目标保持一致,避免因片面追求局部利益而影响整体利益,确保企业内部各责任单位协调一致地为实现企业的总体目标而努力工作。

(四)激励原则

责任会计的目的之一在于激励管理人员提高效率和效益,更好地完成企业的总体目标。因此,责任目标和责任预算的确定应是合理的、切实可行的;经过努力完成目标后所得到的奖励和报酬与所付出的劳动相比是值得的。这样,就可以不断地激励各责任中心为实现预算目标而努力工作。

(五)信息畅通原则

为了保证各责任中心对其经营业绩的有效控制,必须及时、准确、可靠地反映生产经营过程中的各种信息。这种反馈,主要有两个方向:一是向各责任中心反馈,使其能够及时了解预算的执行情况,不断调整偏离目标或预算的差异,以实现规定的目标;二是向其上级责任中心反馈,以便上级责任中心能及时了解所辖责任范围内的情况。

第二节　责任中心及其考核指标

责任中心是指企业内部由专人承担责任和行使权利,发生投资、成本或形成利润的单位。划分责任中心并不依据成本、利润或投资发生数额的多少,而是根据成本、利润或投资发生与否以及是否能够分清责任。凡是能够分清责任、辨明成绩的单位,大至分公司、地区、工厂,小至车间、班组,都可以定为责任中心。责任中心应该具有以下特征:

第一,拥有与企业总体管理相协调、与其管理职能相适应的经营决策权,使其能在最恰当的时刻对企业遇到的问题做出最恰当的决策。

第二,承担与其经营权相适应的经济责任。

第三,建立与责任相配套的利益机制,以使管理人员的个人权益与其管理业绩相联系,从而调动全体管理人员和职工的工作热情和责任心。

第四,各责任中心的局部利益必须与企业整体利益相一致,不能为了各责任中心的局部利益而影响企业的整体利益。

根据企业内部责任单位的权限范围及业务活动的特点不同,责任中心一般分为成本中心、利润中心、投资中心三大类。

一、成本中心

(一)成本中心的定义及属性

成本中心是对成本或费用负责的责任中心,即只考核所发生的成本和费用,而不形成或不考核收入的责任单位。这类责任中心大多是指只负责产品生产的生产部门、劳务提供部门,以及给予一定费用指标的企业管理科室。

从绩效考核角度看,成本中心是决策权限最小、应用范围最广的一种责任中心形式。在企业内部,上至工厂,下至车间、工段、班组,甚至个人都可划分为成本中心。可以说,只要有费用支出的地方,就可以建立成本中心。由于不同成本中心的规模不一、业务性质各异,各成本中心的控制、考核的内容也不尽相同。

(二)成本中心的表现形式

成本中心可分为标准成本中心和费用中心两种类型。

1.标准成本中心,又称技术性成本中心。所谓标准成本中心,通常是指成本发生的数额,即通过技术分析可以相对可靠地估算出来的成本,如产品成本中的直接材料、直接人工、间接制造费用等。其特点是投入量(耗费)与产出量有密切关系。技术性成本可通过标准成本或弹性预算予以控制。或者说,标准成本中心是对那些实际产出量的标准成本负责的成本中心。

2. 费用中心,又称酌量性成本中心。酌量性成本通常是由部门经理决定其数额的成本项目,主要包括各种管理费用和某些间接成本项目,如研究开发费、广告宣传费、职工培训费等。其特点是投入量与产出量没有直接关系。酌量性成本的控制应放在弹性预算编制时对其预算的审批上。或者说,费用中心是以控制经营管理费用为主的责任中心。

(三)成本中心的特点

1. 成本中心只衡量成本费用,不衡量收益。一般而言,成本中心没有经营权和销售权,其工作成果不会形成可以用货币计量的收入。例如,一个生产车间,由于其所生产的产品仅为企业生产过程的一个组成部分,不能单独出售,因而不可能计算货币收入;有的成本中心可能有少量的收入,但不是主要的考核内容,因而没有必要计算货币收入。由于这些原因,企业中大多数单个生产部门和大多数职能部门仅仅是成本(费用)中心,它们仅提供成本(费用)信息,而不提供收入信息。总之,只以货币形式衡量投入,而不以货币形式衡量产出是成本中心的基本特点。

2. 成本中心的责任成本必须是可控成本。可控成本是相对于不可控成本而言的。凡是责任中心能够控制的各种耗费,皆称为可控成本;反之,责任中心不能控制的耗费,则称为不可控成本。具体而言,可控成本应具备如下几条基本特征:

(1)各种费用的发生,责任中心事先是知道的;
(2)各种费用的发生是能确切计量的;
(3)各种费用发生的多少,责任中心是能予以控制的。

凡不符合以上条件的,即为不可控成本。属于某成本中心的各项可控成本之和,构成该成本中心的责任成本。

一项费用能否划分为可控成本,不是由该费用本身决定的,而是与成本中心挂钩的。对一个部门来说是可控成本,但对另一个部门而言可能就是不可控成本。例如,原材料价格对于供应部门来说是可控的,但对生产部门来说则是不可控的。因此,可控与不可控是针对责任中心而言的。

3. 成本中心控制和考核的内容是责任成本。责任中心当期发生的各项可控成本之和就是它的责任成本。对成本中心的工作业绩进行控制和考核,主要是通过将责任中心实际发生的责任成本与其责任成本预算进行比较而实现的。

责任成本与产品成本是既有区别又有联系的两个概念。产品成本是以产品为对象归集产品的生产耗费,归集的原则是谁受益、谁承担。责任成本是以责任中心为对象归集的生产或经营管理的耗费。归集的原则是谁负责、谁承担。责任成本与产品成本虽有区别,但两者在性质上是相同的,都同为企业生产经营过程中的资金耗费。

(四)成本中心的考核指标

成本中心的职能比较单一,因此成本中心的考核也比较简单,往往集中于目标成本完成情况的考核,其考核指标包括目标成本节约额和目标成本节约率。其计算公式如下:

$$目标成本节约额 = 目标(或预算)成本 - 实际成本$$

$$\text{目标成本节约率} = \text{目标成本节约额} \div \text{目标(或预算)成本} \times 100\%$$

显然,成本节约额与成本节约率的计算公式不同,前者只有在假定目标成本大于实际成本时才成立。对成本中心进行考核时,需要注意的是,如果预算产量与实际产量不一致时,应按弹性预算的方法首先调整预算指标,然后再计算上述指标。

二、利润中心

(一)利润中心的含义和分类

利润中心是指不仅能对费用成本负责,还能对收入和利润负责的责任中心,即利润中心的活动不仅会影响成本的高低、费用的大小,还会影响收入的多少和利润的大小。利润中心适用于能够取得收入来源的责任单位。

按照收入来源的性质不同,利润中心可以分成自然利润中心和人为利润中心两种。自然利润中心可以对外开展销售业务,从企业外部取得销售收入,其实际上是一个独立核算的法人企业。人为利润中心则只是在企业内部各责任中心之间开展"销售"业务,从其他责任中心那里取得"销售收入",只能在企业内部市场上进行模拟经营。如果成本中心的产品或零部件采用内部转移价格"出售"给其他责任中心,则成本中心就可以变成人为利润中心。随着改革的不断深入,国内许多大企业纷纷采用建立人为利润中心的办法,将内部相对独立的基层单位模拟为"经营实体",引入市场竞争机制,以此调动基层单位节约使用资源、扩大销售收入、提高经济效益的积极性。

还有一种混合型的利润中心,就是那些既能从企业外部取得销售收入,又能从企业内部取得"销售"收入的责任中心。

(二)利润中心的类型

利润中心分为自然利润中心与人为利润中心两种。

1. 自然利润中心是指可以直接对外销售产品并取得收入的利润中心。这种利润中心本身直接面向市场,具有产品销售权、价格制定权、材料采购权和生产决策权。它虽然是企业内部的一个部门,但其功能同独立企业相近。最典型的形式就是公司内的事业部,每个事业部均有销售、生产、采购的机能,有很大的独立性,能独立地控制成本、取得收入。

2. 人为利润中心是指对内流转产品,视同产品销售而取得"内部销售收入"的利润中心。这种利润中心一般不直接对外销售产品,只对本企业内部各责任中心提供产品(含劳务)。成立人为利润中心应具备两个条件:一是可以向其他责任中心提供产品(含劳务);二是能合理确定产品的内部转移价格,以实现公平交易、等价交换。人为利润中心一般也应具备独立的经营权,即能自主决定本利润中心的产品品种(含劳务)、产品质量、作业方法、人员调配、资金使用等。实际上工业企业的大多数成本中心都可以转成人为利润中心,条件是它们提供的产品或配件能制定合适的内部转移价格。

(三)利润中心的考核指标

利润中心的考核指标为利润,即将通过一定期间实际实现的利润同责任预算所确定的利润进行对比,评价其责任中心的业绩。为了考核利润中心负责人的经营业绩,要针对经理人员的可控成本费用进行评价和考核,为此,应将各利润中心的固定成本进一步区分为可控成本和不可控成本。这主要考虑有些成本费用可以划归、分摊到有关利润中心,却不能为利润中心负责人所控制,如广告费、保险费等。在考核利润中心负责人业绩时,应将其不可控的固定成本从中剔除。而对利润中心的业绩进行评价和考核,则要求利润中心补偿共同性固定成本后为企业利润总额做出贡献。

【例 10-1】某企业的某个人为利润中心,有关数据如下:

利润中心销售收入	800 000 元
利润中心销售产品变动成本和变动销售费用	550 000 元
利润中心负责人可控固定成本	50 000 元
利润中心负责人不可控而应由该中心负担的固定成本	70 000 元

则该利润中心考核指标的计算如下:

$$利润中心边际贡献总额 = 800\,000 - 550\,000 = 250\,000(元)$$

$$利润中心负责人可控利润总额 = 250\,000 - 50\,000 = 200\,000(元)$$

$$利润中心可控利润总额 = 200\,000 - 70\,000 = 130\,000(元)$$

三、投资中心

(一)投资中心的含义

投资中心是对投资负责的责任中心,投资中心既要对成本和利润负责,又要对投资效果负责。由于投资的目的是获得利润,因而投资中心同时也是利润中心。它与利润中心的区别主要在于:利润中心没有投资决策权,它是在企业确定投资方向后进行的具体的经营;而投资中心则拥有投资决策权,即能够相对独立地运用其所掌握的资金,有权购置和处理固定资产,扩大或缩小生产能力。

投资中心在责任中心中处于最高层次,它具有最大的决策权,也承担最大的责任。投资中心是分权管理模式的最突出表现,在当今世界各国,大型集团公司下面的子公司和分公司往往都是投资中心。在组织形式上,成本中心基本上不是独立的法人,利润中心可以是独立的法人,也可以不是独立的法人,而投资中心一般都是独立的法人。

(二)投资中心的考核指标

投资中心的绩效考核指标主要包括投资报酬率和剩余收益。

1. 投资报酬率(returns of investment,ROI),又称投资回报率、投资利润率,是指投资中心在一定时期内所获会计利润与投资额之比。其计算公式为:

$$投资报酬率 = \frac{利润}{投资额} \times 100\%$$

$$= 投资周转率 \times 销售成本率 \times 成本费用利润率$$

$$= \frac{销售收入}{投资额} \times \frac{成本费用}{销售收入} \times \frac{利润}{成本费用}$$

在上述公式中,利润的含义因考核视角和投资中心的资本结构而异。若投资额全部为自有资本,此处的利润是指税后净利润;若投资额的一部分来自举债,站在全体出资人的角度看,此处的利润应该包含利息支出,可以定义为息税前利润(EBIT)或者税后净经营利润。

投资报酬率作为投资中心的业绩评价指标,因计算简单,使用方便,目前已被许多公司及投资者所采用。该指标的优点主要包括:①通过指标分解,可以同时反映投资中心的综合盈利能力与单项财务能力。②作为相对数指标,它可以使不同规模的投资中心具有横向可比性。③直接揭示投入产出效率,可以作为投资机会选择的依据,有利于集团公司调整资本流量和存量,优化资源配置。投资报酬率的缺点主要包括:①该指标通常用于年度经营业绩评价,容易诱发管理者的短视行为。为了提高指标值,投资中心可能会选择回收期短、见效快的项目,而忽视对企业长期发展有利的投资,如研发投入。这种重视短期回报、强调局部利益的做法不利于"企业价值最大化"目标的实现。②会计利润的计算没有考虑股权资本的机会成本,不能真正代表投资中心负责人的勤勉程度和管理水平,有时甚至会诱使管理者为达到考核目标而人为操控利润。为了克服以上缺点,我们可以采用剩余收益作为投资中心的绩效考核指标。

2. 剩余收益(residual income, RI),也称超额利润(super profit)、超额收益(excess income)或超额盈余(excess income)。尽管剩余收益在不同文献中叫法不一,但基本含义一致,即总会计利润扣除投入资本所要求的必要报酬后的部分,剩余收益的计算公式如下:

$$剩余收益 = 会计利润 - 投资额 \times 投入资本必要报酬率$$

需要特别指出的是,剩余收益指标既可用于投资中心的业绩评价,也可用于管理者的绩效考核。站在股东角度看,公式右边的会计利润是指税后净利润,投资额为股东权益(加权平均值),投入资本必要报酬率为股权资本成本。站在投资中心或整个企业角度看,公式右边的会计利润为息税前利润,投资额为投入总资本,包括股东权益与全部有息负债,必要报酬率为加权平均资本成本(WACC)。由于考虑了资本的机会成本,剩余收益指标已经突破传统的基于会计利润的业绩评价思维,本质上属于经济利润。

在具体应用过程中,若备选项目的预期投资报酬率高于必要报酬率,即剩余收益大于零,则该投资项目可行;反之,若预期投资报酬率低于必要报酬率,表明投资项目不符合风险—收益匹配原则,应放弃该投资项目。剩余收益越大,表明投入资本的盈利空间越大,管理者为出资人创造的财富越多,企业的经营业绩越好。

作为业绩评价指标,剩余收益在一定程度上能弥补投资报酬率指标的缺陷。一方面,剩余收益为绝对值指标,其考核的出发点与企业价值最大化目标相符,能克服管理者为了追求短期高回报而造成的投资不足问题,从而使各投资中心的经营目标与企业总体目标相一致。另一方面,计算剩余收益时考虑了投入资本的机会成本,将那些回报率低的项目排除在外,一定程度上能避免管理者盲目投资,并使其为改善业绩评价结果而努力经营。此外,剩余收益指标在应用上具有较大的灵活性,针对不同风险的投资项目可以设定不同的必要报酬率(风险调整资本成本)。具体而言,同一家公司内不同投资中心的资本成本可能不同,同一个投资中心内不同项目所适用的资本成本也不尽相同,风险等级不同的资产所要求的必要报酬率将存在差异,例如银行存款的必要报酬率应低于高价值长期专用固定资产。因此,管理者根据剩余收益指标进行决策时,可以视具体情形设定不同的必要报酬率。

【例10-2】某公司下设投资中心 A 和投资中心 B,该公司加权平均最低投资利润率为10%,现两中心追加投资。有关资料如表10-1所示。

表10-1 投资中心指标计算表　　　　　　　　　单位:万元

项目		投资额	利润	投资利润率(%)	剩余收益
追加投资前	A	20	1	5	1−20×10%=−1
	B	30	4.5	15	4.5−30×10%=1.5
		50	5.5	11	5.5−50×10%=0.5
投资中心 A 追加投资10万元	A	30	1.8	6	1.8−30×10%=−1.2
	B	30	4.5	15	4.5−30×10%=1.5
		60	6.3	10.5	6.3−60×10%=0.3
投资中心 B 追加投资20万元	A	20	1	5	1−20×10%=−1
	B	50	7.4	14.8	7.4−50×10%=2.4
		70	8.4	12	8.4−70×10%=1.4

根据表10-1中资料评价 A、B 两个投资中心的经营业绩可知,如以投资利润率作为考核指标,追加投资后 A 的利润率由5%提高到了6%,B 的利润率由15%下降到了14.8%,则向 A 投资比向 B 投资好;但以剩余收益作为考核指标,A 的剩余收益由原来的−1万元变成了−1.2万元,B 的剩余收益由原来的1.5万元增加到了2.4万元,应当向 B 投资。如果对整个公司进行评价,就会发现 A 追加投资时全公司总体投资利润率由11%下降到10.5%,剩余收益由0.5万元下降到0.3万元;B 追加投资时全公司总体投资利润率由11%上升到12%,剩余收益由0.5万元上升到1.4万元。可见,以剩余收益作为评价指标能使各投资中心的获利目标与公司总的获利目标保持一致。

尽管剩余收益指标在业绩评价上优于投资报酬率,但其计算是建立在会计利润基础之上的,因而不可避免会受到以下限制:一方面,会计利润的计算与企业所沿用的会计政策直接相关,而出于自利的管理者有动机和能力去选择会计政策,人为操控会计利润,扭曲业绩评价结果;另一方面,尽管采用剩余收益指标能减轻非效率投资问题,但仍然不能克服非经常性损益对评价结果的影响,也不能真正抑制管理层的短视行为。因此,本章第四节将对业绩评价方法做进一步延伸,引入新的业绩评价指标——经济增加值(EVA),以使经济利润指

标能更有效地服务于企业管理实践。

第三节 内部转移定价

对责任中心进行分类和分层可以界定责任考核对象,为企业落实经济责任制提供组织保障。在大型企业和集团公司中,子公司、分公司或事业部通常都属于投资中心,它们不仅能独立对外销售商品和提供劳务,还可能相互为对方提供产品或劳务,构成供应链的上下游关系;与此同时,隶属同一集团公司的各责任中心又面临相同主体的考核,从而使不同责任中心之间形成竞争关系。为了分清不同责任中心的责任,并确保考核过程公正,考核结果可靠,进而奖优罚劣,合理配置企业资源,首先要求我们对内部往来业务进行合理定价。

一、内部转移定价的作用

内部转移定价是指企业内部转移价格的制定和应用方法。具体说来,制定内部转移价格的作用主要表现为以下四个方面。

(一)有助于经济责任的合理落实

内部转移定价利用其调节手段,通过内部交易的形式在各责任中心间调节彼此的收入和负担,使得各责任中心的经济责任合理,从而使这些经济责任易于落实。

(二)为责任中心的激励提供一个公正且易于使用的基础

要使物质利益能起到鼓励先进和鞭策后进的作用,促进企业经济效益的提高,就必须联系履行责任来计算利益。责任明确合理,计算利益才能公平有效。内部转移定价有助于提供反映责任中心综合成果的内部利润额,也便于具体利益的计算和分配。

(三)使企业资源得到最佳配置

制定内部转移定价,再结合最优化生产计划,可使企业资源得到最佳利用,使企业整体取得最好的经济效益。

(四)为制定和调整新产品价格提供资料

内部转移定价还为制定新产品价格和今后调整产成品的外部销售价格等工作提供了必要的资料。

二、定价原则

(一)等劳等价

责任会计主要是以价值指标来反映和评价责任单位工作业绩的。价值指标的计算必须以数量和价格为基础,它是数量指标和价格标准的乘积。数量和价格具有不同的特性。数量的确定是通过直接计量和记录来完成的,要保证反映责任中心业绩的数量指标真实可靠,就要完善计量检测和统计工作。价格的确定则不那么简单。价格更多地反映了人们之间的劳动交换关系,需要在对劳动计量的基础上确定。在商品经济条件下,商品交换根据等价原则进行。因为商品所含价值量的大小由生产商品所需的社会必要劳动量确定,所以等价交换的实质就是等劳交换。劳动量可用时间来衡量,不同性质的劳动对时间单位的比例不同,即复杂劳动要按简单劳动的倍数来计算,高质量劳动要按低质量劳动的倍数来计算。商品价格根据这样的要求来确定,才能如实地反映价值,才能为人们所公认,才能做到公平合理。相比之下,社会商品价值在确定时,影响价格的因素较多,劳动量与价格之间的关系不易准确定量,价格制定的难度较大;而企业内部"商品"价值的实现很直接,影响价格的因素较少,劳动量与价格之间的关系容易确定,价格制定的难度较小。因此,企业可以自觉遵从价值规律的要求,根据劳动量来制定价格,做到内部"等价交换""按劳分配"。

(二) 整体效益最大化

整体效益最大化原则既是责任会计的一般原则,也是制定企业内部价格的具体原则。各责任中心实行单独核算以后,不可避免地都追求本中心的最大经济利益,因而总会要求把内部转移价格定得对自己有利,但是,某个局部单位的最大利益并不一定就带来整个企业的最大利益,甚至有时还会妨碍整体最大利益的实现。因此,制定企业内部价格时要从企业全局出发,使之有助于实现企业的最大利益。常常可以看到,企业内部各责任中心乃至责任者的繁忙程度、辛苦程度、责任大小等并不均衡。有的单位任务繁重,人手紧张,责任很大;有的单位任务较轻,人员富余,工作轻闲。为了保证责、权、利相称,合理配置内部资源,就应该把企业内部转移价格作为一种联系利益和明确责任的手段,围绕提高企业整体经济效益的目标,相对提高企业重要部门的内部转移价格,引导劳动力和劳动量的合理流动和分布。这样做有可能损害个别责任中心的既得利益,但只要实现了整体最大利益,就可以利用一定的手段和方式来给予应有的补偿。

(三) 重要性原则

企业制定内部转移价格的具体对象往往成千上万,对每一个具体对象的价格都要细致、全面地考虑和严格确定,在当前是很难做到的,这就需要根据具体对象的重要程度来定价。对于那些品种比重虽小,但价高量大,耗用较多的具体对象,应考虑细致、全面,从严定价;对于其他品种比重虽大,但却价低量小,不常耗用的具体对象,可以从简定价,不必烦琐计算。

(四) 稳定性与实用性相结合的原则

制定企业内部转移价格,有利于划清不同责任中心之间的经济责任,简化成本核算工作。即便是根据产品对象来划分生产组织,也不可能完全割断责任中心之间的生产联系,何况供、产、销三个环节往往还分属于不同的责任中心。因此,如果不对原材料、零配件、半成品、劳务和产成品制定统一的内部转移价格并保持相对稳定,各责任中心的成本和效益就会相互影响。例如,生产责任中心节约材料、减少物耗的功绩,会被供应责任中心不断上升的采购成本所淹没或干扰,后续责任中心很难确定成本上升或下降是谁的责任,同时也不能及时计算当期成本。制定企业内部转移价格,应该将影响不同责任中心成本升降的不可控的价格因素加以剔除;同时,各责任中心的成本核算工作无需相互等待,各自根据预先制定的价格和实际耗用的各种实物量或工作量,便可及时算出当期成本。正因为如此,内部转移价格一经制定,就要保持相对稳定,在考核期内不做调整。内部转移价格,尤其是成本中心和人为利润中心之间的内部转移价格,是一种计划价格,如果调整频繁,将会失去其原有的功效,等于变相地按实际价格进行核算,责任中心之间的责任将很难分清。但是,如果长期不调整,又将会给企业带来两个方面的不利影响:一方面,价格脱离价值,不能做到"等价交换""按劳分配"和有效调节内部资源配置;另一方面,形成较大的价格差异,会影响成本信息的准确程度。所以,必须定期对企业内部转移价格进行调整。调整工作应该在期末进行,以便在新一轮考核期(责任会计期)开始时实行。

三、内部转移价格的类型

内部转移价格,是指企业内部分公司、分厂、车间、分部等责任中心之间相互提供产品(或劳务)、资金等内部交易时所采用的计价标准。内部转移价格的表现形式主要包括以下几种。

(一)市场价格

以市场价格作为内部转移价格的责任中心,应该是独立经营核算的利润中心。因为它们有权决定生产的数量、出售或购买的对象及价格。在西方国家,通常认为市场价格是制定内部转移价格的最好依据。因为市场价格最能体现责任中心的基本要求,即在企业内部引进市场机制,形成一种竞争态势,使其中的每个利润中心实质上都成为独立的机构,各自经营、相互竞争,最终通过利润指标来考核和评价其工作成果。

以市场价格作为内部转移价格时,应注意以下两个问题:

第一,当中间产品有外部市场,可向外部单位销售或从外部单位购买时,以市场价格作为内部转移价格并不等于直接将市场价格用作结算,而应在此基础上对外部价格做一些必要的调整。外部销售价格一般包括销售费、广告费以及运输费等,这些费用在产品内部转移时,一般可避免发生。若企业各责任中心不是独立核算的分厂,而是车间或部门时,产品的内部转移还不必支付销售税金,而这些税金一般也是外部销售价格的组成部分。若直接用外部销售价格作为内部转移价格,这两方面的好处都将为制造方所得,而使用者却一无所获。为使利益分配更加公平,这些可避免的费用应从市场价格中扣除。即市场价格减去对外的销售费、广告费等费用后的余额,才是目前尚未销售的中间产品价格。以市场价格为基础的内部转移价格通常会低于市场价格,两者之间的差额反映了与外部销售有关的销售费、广告费等。因此,如果不考虑其他更复杂的因素,应当从企业的整体利益出发,鼓励中间产品的内部转移,即购买部门应当选择从内部取得产品,而不是从外部购买。

第二,以市场价格为依据制定内部转移价格时,通常假设:①中间产品有完全竞争的市场;②中间产品提供部门(即"卖"方)无闲置生产能力。以正常的市场价格作为内部转移价格有一个显著的优点:即"购入"的责任中心可以同外界购入相比较,如果内部转移价格高于现行的市价,则可舍内而求外,不必为此支付更多的代价。"出售"的责任中心也是如此,应使它不能从内部单位转移比向外界出售得到更多的收入。这是正常评价各个利润(投资)中心的经营成果并更多地发挥其生产经营主动性的一个重要条件。

(二)以市场价格为基础的协商价格

直接以市场价格作为内部转移价格,实行起来也可能会碰到一些实际困难。例如,市场价格往往变动较大;产品(半成品)提供给内部单位,手续简便,比对外销售可节约较多的销售费。如果直接按现成的市场价格计价,这方面的节约将全部表现为产品(半成品)供应单位的工作成果,产品(半成品)接受单位得不到任何好处。为解决这类矛盾,有关单位也可以以正常的市场价格为基础,定期进行协商,确定一个双方都可以接受的价格。此价格称为经过协商的市场价格,可作为内部计价、结算的依据。

成功的协商价格依赖于下列条件:

首先,要有一个特定形式的外部市场,两个部门的经理可以自由地选择接受或是拒绝某一价格。如果根本没有可能从外部取得(或销售)中间产品,就会使一方或双方处于垄断状态,这样的谈判结果不是协商价格而是垄断价格。在垄断的情况下,最终价格的确定受谈判人员的实力和技巧的影响。

其次,谈判者之间共同分享所有的信息资源。这个条件能使协商价格接近一方的机会成本。如果双方都接近机会成本,则更为理想。

再次,最高管理阶层的必要干预。虽然应尽可能让谈判双方自己来解决大多数问题,以发挥分散经营的优点,但是,对于双方的谈判可能导致企业非最优决策时,最高管理阶层要进行干预,对于双方不能自行解决的争论有必要进行调节。当然,这种干预必须是有限的、得体的,不能使整个谈判变成由上级领导裁决一切问题。

协商价格往往浪费时间和精力,可能会导致部门之间的矛盾。部门获利能力的大小与谈判人员的谈判技巧有很大关系是这种转移价格的缺陷。尽管有上述不足之处,协商转移价格仍被广泛采用。它的好处是有一定的弹性,可以照顾双方利益并得到双方认可。少量的外购或外卖是有益的,它可以保证得到合理的外部价格信息,为协商双方提供一个可供参考的基准。

(三)双重内部转移价格

所谓双重内部转移价格,是指对产品(半成品)的供需双方分别采用不同的转移价格。例如,对产品(半成品)的"出售"部门,可按协商的市场价格计价;而对"购买"部门,则按"出售"部门的单位变动成本计价。其差额由会计部门进行调整。这样区别对待,有利于产品(半成品)接受部门正确地进行经营决策,避免因内部定价高于外部市场价格,接受部门从外部进货而不从内部"购买"的现象出现,使企业内部的产品(半成品)供应部门的生产能力得到充分利用;同时,也有利于供应单位在生产经营过程中充分发挥主动性和积极性。这种方法通常在中间产品有外界市场、生产(供应)部门生产能力不受限制,并且变动成本低于市场价格的情况下才会有效,才能提高企业的整体效益。

(四)以产品成本作为内部转移价格

以产品成本作为内部转移价格是制定转移价格的最简单的方法。在成本管理中经常使用不同的成本概念,如实际成本、标准成本、变动成本等,它们对转移价格的制定、业绩的评价将产生不同的影响。

1. 实际成本法。以中间产品生产时发生的生产成本作为其内部转移价格,即为实际成本法。这种方法尽管很简便,但严格来说只是一个实际成本的计算转让过程,还不能作为一种内部价格发挥其在各部门之间划清经济责任和调节企业内部利润的作用。在这种方法下,提供产品或劳务的部门将其工作的成绩与缺陷全都转给了使用部门,而使用部门本不应对这些成绩和缺陷承担责任。也就是说,接受产品或劳务的部门要承担不受它控制而由其他部门造成的工作效率上的责任。因此,这种方法对于产品或劳务的提供部门降低成本缺乏激励作用。

2. 实际成本加成法。实际成本法主要用于各成本中心相互转移产品(半成品)或劳务时进行价格的确定。如果产品(半成品)或劳务的转移涉及利润中心或投资中心,为了让提供部门取得一定的利润,也可以在实际成本基础上加上一定的利润作为内部转移价格,即实际成本加成法。由于这种价格包含了实际成本,成绩和缺陷的转嫁现象不能消除,无助于调动提供部门降低成本和增加利润的积极性。此外,所加的利润带有一定的主观随意性,而利润的偏低或偏高又会影响双方经营业绩的正确评价。

3. 标准成本法。以各中间产品的标准成本作为其内部转移价格,即为标准成本法。这种方法适用于成本中心产品(半成品)的转移。标准成本法的最大优点是将管理和核算工作结合起来,可以避免功过转嫁之患,收到责任分明之效果,能调动双方降低成本的积极性。

4. 标准成本加成法。如果产品(半成品)的转移涉及利润中心或投资中心时,可将标准成本加利润作为转移价格,以分清双方责任。但是,确定利润的高低,仍需管理当局慎重斟酌。

5. 变动成本法。它是指以变动成本作为内部转移价格的方法。该法适用于采用变动成本法计算产品成本的成本中心之间的往来结算。这种方法的优点是符合成本性态,能够明确揭示成本与产量的关系,便于考核各责任中心的工作业绩,有利于企业和各责任中心进行生产经营决策。但是,这种方法也存在一定的不足,例如,由于产品成本中不包含固定成本,不能反映劳动生产率的变化对单位固定成本的影响,从而割裂了固定成本与产量之间的关系,也不利于调动各责任中心增加产量的积极性。

6. 服务成本的分配。服务成本,又称共同成本。它是由服务部门(如动力部门、维修部门等)为生产部门提供服务所发生的成本。由于这些服务使各生产部门共同受益,其服务成本需要各受益部门共同负担,故称之为共同成本。服务成本的分配,可以看作是内部转移价格的一种转换形式,是一种"广义的转移价格"。

服务成本分配的方法主要包括以下几种:

(1)按固定比例分配全部服务成本;

(2)按受益部门实用劳务量和实际单位成本分配全部实际服务成本;
(3)按受益部门实用劳务量和预算单位成本分配服务成本。

第四节 经济增加值与高管业绩评价

本章第二节对投资中心业绩评价的两个指标做了简要介绍,如前所述,基于会计利润的投资报酬率或剩余收益指标在业绩评价上都存在明显不足,而经济增加值(economic value added,简称 EVA)在一定程度上能弥补这些缺陷。为此,本节将对经济增加值的起源与发展、计算方法与应用原理、在业绩评价上的优缺点进行简要介绍。

一、经济增加值的起源与发展现状

在有关业绩评价的学术研究与实务发展进程中,剩余收益指标无疑发挥了承前启后的关键性作用。从业绩评价动机和指标设计的理念来看,剩余收益指标的提出使传统的业绩评价从会计利润转向经济利润,增强了管理层的资本成本意识,使其注重价值创造,从而服务于股东财富最大化和企业价值最大化的理财目标。从 20 世纪 80 年代末开始,以欧森(Ohlson)、费尔森(Feltham)为代表的学者们对剩余收益与股票价值的关系展开了大量研究,并提出经典的剩余收益估值模型(residual income valuation model,RIVM)。自此,有关剩余收益估值模型的实证研究大量涌现。然而,实务界的反响却并不太乐观,除了部分证券公司和管理咨询公司将剩余收益用于股票估值外,一般企业并未使用该指标进行业绩评价。

尽管剩余收益指标没有广泛应用于责任中心的业绩评价,但该指标蕴含的管理理念却对经济增加值产生了直接影响。1991 年,美国学者斯图尔特(Stewart)在其《探寻价值》(The Quest for Value)一书中首次系统地阐述了经济增加值分析框架,并与终身搭档斯特恩(Stern)合伙创办了一家管理咨询公司——斯腾斯特公司(Stern Stewart & Co.),正式注册"经济增加值"商标,开始向实务界极力推广经济增加值管理理念。基于可口可乐公司和瓦雷蒂公司(农机制造商)的成功经验,斯特恩、斯图尔特等人在 1 995 年发表的论文中指出,经济增加值不只是一个业绩评价指标,更是企业内部集成的财务管理系统,该文深入地介绍了经济增加值管理体系的思想,并对经济增加值奖金池的设计与应用做了详细描述。与以往业绩评价理念不同的是,经济增加值业绩评价并不关注本期经济增加值绝对量,而是强调经济增加值增量。例如,企业内某个责任中心去年的经济增加值为负数,今年的经济增加值仍然为负数,但只要今年的绝对值小于去年,就表明该责任中心的损失在减小,这和一个正的经济增加值变得更大的效果是一样的。因此,该责任中心的管理者和员工非但没有因为经济增加值为负数而受到惩罚,反而应该得到奖励,此举大大鼓舞了员工士气,激发他们为

改善经营业绩而不懈努力。

斯腾斯特公司所倡导的经济增加值业绩评价理念在欧美实务界引起了极大反响,一大批世界知名企业在2000年以前纷纷实施了经济增加值管理系统,如可口可乐、通用汽车、IBM、宝洁、联邦快递、桂格麦片(Quaker Oats)等。

相比之下,受经济发展水平及监管政策等因素的影响,经济增加值在国内企业实施的时间较晚。2001年,斯腾斯特公司正式登陆中国市场,并与远卓管理顾问公司合作,成立思腾思特远卓管理顾问公司(Stern Stewart Bexcel),该公司同年与《财经》杂志合作,推出了2000—2002年《中国上市公司财富创造和毁灭排行榜》,经济增加值自此正式进入公众视野。在此后的几年里,尽管学术界对经济增加值体系、经济增加值的价值相关性、实施经济增加值的经济后果等话题进行了广泛讨论,但自愿尝试经济增加值管理体系的企业却并不多。直到2009年年底,国务院国有资产监督管理委员会(以下简称"国资委")重新修订《中央企业负责人经营业绩考核暂行办法》,明确规定将经济增加值纳入年度经营业绩考核体系,取代净资产收益率(ROE)指标,并对所有被考核企业统一赋权40分。2012年12月31日,国资委再次修订《中央企业负责人经营业绩考核暂行办法》(下文简称"办法"),对经济增加值计算过程中涉及的会计项目做了部分调整,针对不同行业的企业分别赋权30分、40分、50分,具体规定参见"办法"。近年来,除了中央企业及其控股公司,部分非国有企业也开始尝试使用经济增加值进行业绩评价与薪酬激励。

二、经济增加值的计算方法与应用原理

(一)经济增加值的定义与计算公式

经济增加值(EVA)也称经济附加值,等于税后净营业利润与资本成本之差。在对概念一致认同的基础上,西方学者结合本国会计准则对经济增加值的计算原理分别给出了说明,所涉论著主要包括:斯图尔特1991年出版的专著《探寻价值》(The Quest for Value)及1994年发表的论文;扬和奥伯恩2001年合著《经济增加值和基于价值的管理:实施指南》(EVA and Value-Based Management: A Practical Guide to Implementation)、格兰特2003年出版的专著《经济增加值基础》(Foundations of Economics Value Added);斯腾斯特管理咨询公司在《财经》杂志发表的《中国上市公司价值创造和毁灭排行榜》给出的计算说明;国资委2012年发布的《中央企业负责人经营业绩考核暂行办法》。据此,经济增加值的一般计算公式如下:

$$经济增加值 = 税后净营业利润 - 资本成本$$
$$= 税后净营业利润 - 投入资本 \times 加权平均资本成本率$$

在上述公式中,决定经济增加值的三个变量的含义并非一成不变。其中,税后净营业利润与投入资本(即"调整后资本")的计算涉及大量的会计调整,而调整范围并没有统一的标准,主要取决于企业的绩效考核动机、被考核对象所适用的会计准则、监管制度等因素。加权平均资本成本率即股权资本与债务资本的平均成本,尽管各国对股权资本成本和债务资本成本的定义一致,但变量的取值却因各地的货币政策、股票市场环境等因素而异。

限于篇幅要求与教材的实用性原则,本节所介绍的方法与国资委2012年发布的"办法"保持一致;同时,为满足不同读者对教材的知识性要求,我们也将尽量还原西方原著的思想与一般性原理。

(二)经济增加值计算中的变量定义与会计调整说明

按照国资委2012年发布的"办法",经济增加值计算公式中的变量定义如下:

税后净营业利润 = 净利润 + (利息支出 + 研究开发费用调整项 - 非经常性收益调整项) × (1 - 25%)

投入资本 = 平均所有者权益 + 平均负债合计 - 平均无息流动负债 - 平均在建工程

从以上公式可以看出,税后净营业利润可通过会计利润调整得出,而投入资本包括股权资本与债务资本,等于总资产扣除部分资产与负债的结果。会计调整原理及变量定义如下:

1. 利息支出。按照经济增加值的计算原理,税后净营业利润是指经调整的息前税后营业利润,计算过程中不应当扣除利息费用,故以净利润为计算起点时,应加回利息支出的税后净额。根据国资委2012年发布的"办法",利息支出是指利润表中"财务费用"项下的"利息费用"。

2. 研究开发费用调整项。如前所述,采用会计利润和投资报酬率进行业绩考核将会诱发管理者的短视行为,而企业(股权)价值取决于未来可持续的盈利能力,研发投入无疑是提高企业的市场竞争力和未来盈利水平的保障。因此,计算税后净营业利润时应加回费用化的研发支出,以鼓励管理者进行技术创新。

国资委2012年发布的"办法"不仅要求全额加回费用化的研发支出,还要求加回当期确认为无形资产的研发支出。对于勘探投入费用较大的企业,经国资委认定后,可将其成本费用情况表中的"勘探费用"视同研究开发费用调整项,并按照一定比例(原则上不超过50%)予以加回。

具体而言,计算研究开发费用调整项所需数据取自财务报表及报表附注,包括利润表中"研发费用"的本年发生额与"开发支出"项目本年减少额中确认为无形资产的部分。

3. 非经常性收益调整项。在经济增加值计算过程中,对非经常性收益的调整可以说是国内外学界与实务界的共识,因为非经常性收益来自非日常经营活动,具有临时性、偶发性特点,多数情况下与管理者的勤勉程度及管理水平无关,故在计算税后净营业利润时应将其剔除。

国资委2012年发布的"办法"要求中央企业将通过变卖主业优质资产等取得的非经常性收益全额扣除,这是为了鼓励中央企业进一步做强做优主业,提高主业的盈利能力。同时,"办法"不对非经常性损益调整项的范围做出具体规定,这将使中央企业的经济增加值业绩考核变得较为灵活。需要指出的是,国资委定义的非经常性收益是指已经实现了的损益,而证监会定义的上市公司"非经常性损益"既包括已经实现了的损益,也包括尚未实现的损益,比如公允价值变动收益。

对于公开披露年报的公司而言,计算非经常性损益调整项所需数据可参考年报中的"非经常性损益项目和金额",主要包括非流动资产处置损益、计入当期损益的政府补助(与公司正常经营业务密切相关、按照国家标准定额或定量持续享受的政府补助除外)等。

4. 无息流动负债。一般来说,大多数长期负债都属于有息负债,而无息流动负债通常源于商业信用,属于企业无偿占用资金,因而在计算资本成本时应将其扣除。

国资委2012年发布的"办法"认定的无息流动负债是指资产负债表中的"应付票据""应付账款""预收款项""应交税费""应付利息""应付职工薪酬""应付股利""其他应付款""其他流动负债(不含其他带息流动负债)";对于"专项应付款""特种储备基金",可视同无息流动负债予以扣除。

具体而言,"平均无息流动负债"等于上述报表项目的期初余额与期末余额的平均数。

5. 在建工程。在建工程是企业对内投资形成的长期资产,在未达到预定可使用状态之前不能为企业创造价值,因而在计算投入资本时应将其扣除。

国资委2012年发布的"办法"规定,在建工程是指企业资产负债表中符合主业规定的"在建工程"。具体而言,计算"平均在建工程"可从报表附注中有关"在建工程"的明细资料中取数,其等于相关项目的期初余额与期末余额的平均数。

6. 其他重大调整事项。对国有企业而言,发生下列情形之一,对经济增加值业绩考核产生重大影响的,国资委应酌情予以调整:

(1)重大政策变化。

(2)严重自然灾害等不可抗力因素。

(3)企业重组、上市及会计准则调整等不可比因素。

(4)国资委认可的企业结构调整等其他事项。

以上四种情形主要涉及对损益的调整,对于外部的报表使用者而言,若企业没有公开披露相关细节,在计算经济增加值时可忽略不计。对于适用追溯调整法的会计政策变更或者前期差错更正所涉及的调整事项,在计算经济增加值时应当采用调整后的报表数据。

需要特别强调的是,以上调整项目及调整方法只是国资委2012年发布的"办法"的规定。然而,斯腾斯特公司认为要想得到准确的经济增加值,需要在会计报表基础上进行160多项调整。除"办法"规定的调整项目外,经济增加值的创立者及倡导者们普遍认同的会计调整项目还应包括商誉、可以转回的资产减值准备、折旧方法的差异(直线法和偿债基金法)、经营租赁隐含的利息费用、重组费用的处理等。当然,调整范围的确定还需遵循成本效益原则,对于那些不重要的项目可以不做调整。

7. 加权平均资本成本率的确定。按照国资委2012年发布的"办法",加权平均资本成本率的确定程序如下:

(1)中央企业资本成本率原则上定为5.5%。

(2)对军工等资产通用性较差的企业,资本成本率定为4.1%。

(3)资产负债率在75%以上的工业企业和80%以上的非工业企业,资本成本率上浮0.5个百分点。

需要指出的是,国资委2012年发布的"办法"对加权平均资本成本率的确定做出了明确规定,简单易用,但并未给出变量取值的依据。相反,斯腾斯特公司及国外其他学者主张采用财务管理教材中通用的加权平均资本成本(WACC)计算原理,感兴趣的读者可以查阅《财经》杂志2002年8月和2003年11月刊发的《谁创造财富谁毁灭财富——中国上市公司价值创造和毁灭排行榜》,或者参考财政部颁布的《管理会计应用指引第602号——经济增加值》第十八条的有关说明。

(三)经济增加值应用说明

在掌握经济增加值计算方法之后,我们可以利用财务报表及报表附注中的数字计算某个企业或部门的经济增加值,在此基础上对其负责人进行业绩考核。针对不同类型、不同层次的考核对象,我们可以使用不同形式的经济增加值进行考核。

1.经济增加值总量。经济增加值总量即绝对量,它反映管理者在考核期内是否为股东创造财富以及创造财富的多寡。简而言之,若经济增加值>0,表明管理者及其下属在考核期内为股东创造了价值;若经济增加值<0,表明管理者正在毁灭股东财富;若经济增加值=0,表明管理者仅能赚取股权资本所要求的最低风险报酬。从以上分析不难看出,对于股东而言,经济增加值越大越好。

2.经济增加值增量。经济增加值的创立者斯特恩与斯图尔特认为,经济增加值的绝对量并不是那么重要,而本年经济增加值超过上年经济增加值的差值,即经济增加值增量才真正代表价值增加。例如,某企业去年的经济增加值为-1 000万元,今年的经济增加值为-100万元,尽管股东财富仍在减少,但损失明显下降了,体现了管理者扭亏的能力和勤勉程度,应该受到奖励。因此,我们可以通过构造本期经济增加值与其基准值或目标值的差额来评价企业业绩。2012年新修订的"办法"也主张采用经济增加值增量进行评价。

3.每股经济增加值与经济增加值率。经济增加值绝对量和经济增加值增量仅适用于对同一家公司进行纵向比较,或者对资本规模相当的不同企业进行横向比较。为了克服可比性问题,我们可以将经济增加值除以总股本,得到每股经济增加值;或者将经济增加值除以投入资本,得到经济增加值率,据此揭示管理者对资本的使用效率。

值得注意的是,尽管每股经济增加值考虑了企业规模问题,但并不能完全消除规模效应。例如,甲公司和乙公司的投入资本相同,但甲公司发行在外的总股份数少于乙公司,如果两家公司的经济增加值相等,显然甲公司的每股经济增加值更大。如果简单地对每股经济增加值进行比较,很可能得出错误的结论,而采用经济增加值率则能避免类似错误。

三、经济增加值业绩考核的优点与缺陷

基于前面对经济增加值相关内容的介绍及分析,我们可以对经济增加值业绩考核的优点、缺陷与实际应用中需要注意的地方做简要归纳。

(一)经济增加值业绩考核的优点

1.考虑了股权资本成本,强调经济利润对价值创造的贡献。在当前各国会计准则和财

务报告准则下,企业进行利润核算时仅确认债务资本成本。对于股权资本成本,财务会计仅考虑了股权资本的取得成本,即股票的发行费用,而股权资本的使用成本却始终没有纳入利润核算的范畴。特别地,对于那些上市以后从不分红派息的公司而言,股权资本的使用成本为零,因而根本就没有考虑过股权资本成本问题。

事实上,从投资者(股东)的角度来看,股权资本是有机会成本的;特别地,对于那些面临多种投资机会的投资者而言,其机会成本可能非常高。由于传统的会计核算体系不确认股权资本的机会成本,因而会计利润通常会远远高于经济利润,根据会计利润评估的经营业绩并不代表管理层为股东创造了财富;相反,对于那些投资报酬率低于股权资本成本的企业而言,即使会计利润大于零,管理层仍然是在毁灭股东财富。可见,相较传统的以会计利润为核心的业绩评价系统,经济增加值业绩评价更加科学、合理,计量结果能直接反映管理层是否为股东创造财富及创造财富的多寡,据此考核管理者的受托责任。

2. 剔除非经常性收益和权责发生制造成的干扰,能衡量管理者的真实业绩。传统的以会计利润为中心的业绩评价体系既没有考虑股权资本成本,也容易出现管理者为了粉饰业绩而操纵利润的现象。一方面,对净利润的计算没有剔除营业外收入和营业外支出,而大多数非经常性收益都包含在这两个项目中。众所周知,非经常性收益来自企业的非日常经营活动,其大小与管理者的勤勉程度及管理水平不直接相关,因而不能反映管理者真实的经营业绩。另一方面,会计利润并不等于现金流量,前者采用权责发生制进行核算,在某些情况下,管理层可以通过会计政策选择来调节利润。例如,将固定资产的折旧方法从直线法变更为加速折旧法,可以降低当期利润,反之则能提高当期利润;在预期未来经济不景气时提前计提存货跌价准备,以便降低相关年份业绩大幅下滑的压力,从而改变业绩评价结果。

相应地,经济增加值业绩考核不仅排除了非经常性收益的干扰,而且还主张对权责发生制与收付实现制的差异进行调整,在计算税后经营性利润和投入资本时加回(或者扣除)各类准备金,以避免管理者利用会计政策进行利润操控,从而使考核结果更加客观、真实。

3. 注重公司的可持续发展,克服管理层的短视行为。在传统的会计核算体系下,研发支出被要求全部列为费用,直接计入当期损益,减少当期利润。2007年实施新《企业会计准则》后,企业内部研发活动被区分为研究阶段和开发阶段,对于研究阶段的支出,应当于发生时计入当期损益;对于开发阶段的支出,满足一定条件的可以资本化,当开发产品达到预定可使用状态时,再将资本化的支出转入无形资产。

尽管实施新会计准则在一定程度上能缓解管理者因为研发支出带来的业绩压力,但仍然不能从根本上解决管理层的短视行为。为了达到年度经营业绩考核目标,管理者可能会缩减研发支出,转而对回收期短、当前盈利性强的项目追加投资,从而使企业错过技术转型的机会,未来的盈利能力和市场竞争力因此受损。相反,在经济增加值业绩考核体系下,计算税后净营业利润时加回了全部的研发支出,鼓励管理者进行科技创新,注重公司的可持续发展,为打造企业的核心竞争力提供制度保障。

4.考核视角独特,有助于建立有效的激励机制与薪酬制度。在传统的以会计利润为中心的业绩考核体系下,企业通常仅考虑利润总额与投资报酬率,如净资产收益率(ROE)、总资产报酬率(ROA)。由于计算会计利润时没有考虑股权资本成本,即使本年会计利润超过上年,也不一定代表管理者为股东创造了财富。与之相对的是,在经济增加值业绩考核体系下,如果本年经济增加值高于上年经济增加值,不论本年经济增加值为正数还是负数,都能代表管理者的经营业绩得到改善,为股东创造的财富增加,或者使股东的投资损失减少。

因此,采用经济增加值业绩考核更能激发管理者和员工的潜能,通过将管理者的薪酬与经济增加值指标挂钩,可以正确引导管理者和员工努力的方向,促使管理者充分关注企业的资本增值和长期经济效益。

(二)经济增加值业绩评价的缺陷

1.会计调整范围难以统一、考核结果不可比。正如经济增加值的创立者——斯特恩与斯图尔特所言,要想得到准确的经济增加值计算结果,首先需要对财务报表项目(营业利润、负债和股东权益)做160多项会计调整。如果逐一调整,必将耗费大量的人力、物力和财力,很可能得不偿失;反之,如果只是部分调整,那么到底应该调整哪些项目?尽管经济增加值的倡导者们给出了一些建议,但在具体应用中还需根据评价对象所属会计制度、监管法规及企业的业务结构而定,因此不同制度环境下的评价结果不可比。

在国资委2012年发布的"办法"中,尽管计算经济增加值涉及的会计调整并不多,但仍然需要我们进行主观判断。例如,对非经常性收益调整项的范围没有做出明确规定,这就为中央企业负责人与国资委进行协商留下了空间,而对于企业外部的利益关系人而言,我们只能根据预设原则确定会计调整内容,由此得出的考核结果很可能与国资委的考核结果不可比。

2.加权平均资本成本率的度量方法不统一、缺乏科学依据。从财务管理教材给出的加权平均资本成本(WACC)的计算公式来看,股权资本成本率与债务资本成本率应分别确定。其中,债务资本成本率通常以中长期债券的年收益率为准,而股权资本成本率主要根据资本资产定价模型来确定。尽管这些方法都具有一定的理论基础,但在现实世界中未必适用。以资本资产定价模型为例,在中国这样一个弱式有效市场中,大盘指数常年巨幅波动,有些年份暴涨,而有些年份则可能暴跌,不同年份上的市场收益率相去甚远,导致CAPM模型无法直接套用。

对此,国资委2012年发布的"办法"不再区分股权资本成本和债务资本成本,而是直接给出加权平均资本成本率的参考值及其调整原则。虽然该方法简单易用,但是过于主观随意,这种"一刀切"的做法没有很好地区分不同企业的功能定位及风险差异。对此,国务院国资委2016年制定的《中央企业负责人经济增加值考核实施方案》更新了平均资本成本率的确定方法,增强了业绩考核的科学性和针对性。

3.经济增加值业绩评价体系不具有普适性。尽管经济增加值业绩考核的目标明确、方法科学,但并不一定适用于所有类型的企业和个人。首先,银行、保险、券商等金融企业的业务性质及资本结构与一般企业相差较大,若金融企业采取多元化经营策略,那么金融业务与非金融业务的成本不能混为一谈,我们也无法用统一的参数去计算该公司的经济增加值。其次,对于经营周期较长的企业(比如造船厂),受生产批次的影响,有可能出现营业收入、会计利润在不同年份上相差较大的情况,直接根据经济增加值得出的评价结论可能并不客观。此外,经济增加值主要适用于各责任中心负责人,而对于一般员工而言,经济增加值业绩考核很难落实。

第五节　平衡计分卡与企业业绩评价

在业绩评价指标体系中,不论是会计利润还是经济利润指标,就其构成而言,都属于财务指标,主要反映责任中心及其负责人的经营效率。然而,根据纯财务指标进行业绩评价存在明显的缺陷:一方面,经营结果的纵向或横向比较仅能看出不同责任中心之间以及同一责任中心在不同期间的业绩差异,却无法探明不同主体之间的行为差异;另一方面,财务绩效是由一系列经济资源和理财行为综合作用的结果,因而经营过程与经营成果之间存在因果关系,通过分解财务指标来分析业绩变化动因只是看到了问题的表面,很难深入理解业绩变化动因。为此,本节将引入新的业绩评价工具——平衡计分卡(balanced score card,简称BSC),同时采用财务与非财务指标,综合考察经营管理过程与经营成果,从战略高度进行企业业绩评价,通过层层递进式的因果分析,探明业绩变化的深层次原因,为改善未来企业经营业绩指明方向。

一、平衡计分卡的起源与发展现状

在20世纪90年代以前,国外实务界一直盛行基于财务指标的业绩评价体系。例如,20世纪20年代由杜邦公司提出并率先使用的杜邦财务分析以净资产收益率(ROE)为中心,将投资报酬率分解为反映资产管理能力、业务盈利能力和资本结构的多项指标的乘积,试图从会计项目层面进行业绩归因。1928年,美国学者亚历山大·沃尔(Alexander Wole)提出了信用能力指数的概念,选取7项偿债能力和营运能力指标,通过设置指标权重与指标打分规则,根据加权总评分评价企业信用能力。以上业绩评价体系自提出以来风靡全球,至今仍然被大多数教材奉为经典。在国有经济占主导地位的中国市场,沃尔评分法自2000年前后进入中国后即被本土化,并长期为国资委用于考核中央企业负责人的经营业绩,直到2009年国资委要求采用经济增加值进行年度经营业绩考核,投资报酬率指标逐渐被淡化。

从企业业绩评价指标体系来看,不论是单指标分解还是多指标合成,早期的业绩评价都侧重于财务指标,甚至采用纯财务指标评价责任中心及其负责人的经营业绩。然而,以反映财务能力的比率指标进行业绩评价存在明显的缺陷。事实上,对财务指标的纵向或横向比较仅能看出不同责任中心之间及同一责任中心在不同时期的业绩差异,却无法探明被考核对象在行为模式及经营环境上的变化,而财务绩效可视为各类经济资源、管理层的理财行为及企业内外部经营环境的函数,因而经营过程与财务绩效之间存在因果关系。可见,通过对财务指标进行分解来分析业绩变化动因仅仅是看到了问题的表面,难以找到问题的根源。

正因如此,实务界迫切需要新的业绩评价方法来取代纯财务评价方法,这也加速了包含非财务指标的业绩评价体系的出现。例如,国资委在引入沃尔评分法时做了两项拓展:一是将代表管理绩效的非财务指标纳入考核体系;二是财务绩效指标不仅包括企业偿债能力和营运能力,还涵盖盈利能力和成长能力。国资委 2009 年首次引入经济增加值进行年度经营业绩考核,经济增加值的计算过程涉及对研发费用的调整,这就意味着对经理人的业绩考核不只是看经营结果,还重视经营过程。以上业绩评价体系是对纯财务评价体系的超越,但是从指标构成来看,注重经营结果的财务指标仍然占主导地位,这也促使业绩评价体系继续向前发展,而平衡计分卡作为新的业绩评价体系应运而生。

1990 年,美国诺顿研究所主持题为"未来组织绩效衡量方法"的研究计划,该计划旨在创立能超越传统的以财务会计指标为主的绩效考核模式,以使组织的战略能转化为行动。作为该计划的带头人,美国著名管理会计学家、哈佛大学教授罗伯特·卡普兰(Robert S. Kaplan)和诺顿研究所总裁戴维·诺顿(David P. Norton)对该项目的研究成果进行提炼,由此创立平衡计分卡模型,并于 1992 年发表论文《平衡计分卡——业绩衡量与驱动的新方法》。1993 年,两位大师又发表题为《平衡计分卡的实际应用》的论文,指出平衡计分卡是与企业愿景和战略相关联的管理体系,从而使平衡计分卡上升到组织战略层面。经过两年多的实践,他们于 1996 年发表题为《把平衡计分卡作为战略管理体系的基石》的论文,指出平衡计分卡的四个维度之间存在因果关系,且在企业内可按目标进行传递。在此基础上,卡普兰和诺顿出版了平衡计分卡"三部曲",进一步提高业绩评价在组织中的地位,使平衡计分卡成为组织战略的实施工具,详见表 10-2。

表 10-2 平衡计分卡"三部曲"

出版年份	著作名称	主要目标
2004 年	《战略地图——化无形资产为有形成果》	描述战略
1996 年	《平衡计分卡——化战略为行动》	衡量战略
2001 年	《战略中心型组织》	管理战略

对于平衡计分卡"三部曲"之间的逻辑关系,卡普兰和诺顿认为,"如果你不能描述,那么你就不能衡量;如果你不能衡量,那么你就不能管理",从而使描述战略、衡量战略与管理战略连成一体。在"三部曲"的基础上,卡普兰和诺顿结合后续实务经验,在 2006 年和 2008

年相继出版《战略协同——运用平衡记分卡创造企业合力》和《平衡计分卡战略实践》,为全球范围内正在或即将采用平衡计分卡业绩评价体系的企业提供了实践思路。

除著书立说外,卡普兰和诺顿也一直极力向实务界推广平衡计分卡。在美国,西尔斯公司、美孚石油公司和信诺保险公司就是平衡计分卡的受益者,该评价体系帮助它们成功实现战略转型和公司改革。平衡计分卡在美国盛行的同时,国内学者和研究机构通过翻译卡普兰和诺顿的原著,将平衡计分卡引入中国市场。在过去的十年里,国内一大批企业与非营利性组织也纷纷采用平衡计分卡进行业绩评价,以使战略贯穿于实际行动中,例如,青岛啤酒、中国移动、中国电信、联想集团、招商银行、紫竹药业、忠良书院已成功实施平衡计分卡。

二、平衡计分卡的内涵及变化动态

从1990年到2004年,平衡计分卡在表现形式、管理理念等方面经历了两次变化,大致分为三个阶段:关键绩效指标计分卡(KPI score card)、因果关系式计分卡(cause-effect score card)、战略地图(strategy maps)。其中,第一阶段介绍平衡计分卡四个维度的含义,实现从以财务指标为主转变为财务指标与非财务指标的平衡;第二阶段厘清平衡计分卡四个维度之间的因果关系,实现财务绩效向非财务维度归因;第三阶段是对平衡计分卡四个维度的细化,将提出战略主张、确定战略目标、构建考核指标和预设目标值融为一体,与描述战略—衡量战略—战略管理相呼应。

(一)平衡计分卡的四个维度

1. 财务维度。在平衡计分卡中,企业价值最大化被置于最终目标的位置,而财务维度则是企业价值增减变化的直接表征,可直接用于评价公司战略的实施效果。因此,衡量公司战略实施情况的财务指标及其目标值的设定通常都与活动能力有关,如资本增值、营业利润、投资回报等。财务维度的衡量指标大体分为五个方面:①盈利能力,典型的指标有销售利润率、投资收益率(或经济增加值)、经营活动净现金流量等;②收入的增长,典型的指标有销售收入增长率和市场份额等;③降低成本和提高生产率,典型的指标有单位产品(服务)成本、费用功效等;④资产运营效率,典型的指标主要有总资产周转率、存货周转率、生产能力利用率等;⑤经营风险与财务风险,典型的指标有经营杠杆系数、流动比率、资产负债率和利息保障倍数等。

2. 客户维度。客户维度的战略主题即采用差异化的价值主张,在为客户创造价值的同时,实现企业收入增长和利润增加,该维度揭示了价值实现的途径。具体而言,落实客户维度的战略要求有一个具体的价值主张——如何针对目标客户群创造出差异化的、可持续的价值。从业务操作层面看,管理者需要明确自己与竞争对手都在关注的目标客户群,以及针对目标客户的经营业绩的衡量方法和标准。客户维度的考核目标与衡量指标可归类如下:①顾客满意度与忠诚度,衡量指标有老客户销售占比、老客户流失/保留数量、老客户的销售增长率;②发展新客户的能力,衡量指标有新增客户数量、新客户销售占比等;③市场份额,如目标细分市场销售收入占比;④质量,衡量指标有废品率、退货率;⑤交付及时性,衡量指标有准时交货率、生产周期等。

3. 内部流程维度。内部流程是指用于规范员工行为和处理企业内外部关系的准则,该维度主要阐述价值创造的过程与手段,它要求完成两个重要的战略主题:一是将客户的价值主张付诸行动,二是不断改进内部流程,提高生产力并降低成本。

具体来说,内部流程管理分为四个模块:①运营管理流程,这是企业的基础流程,包括生产现有的产品,设计服务,并将他们提供给客户。例如,企业购买原材料并制成产成品。运营管理流程的评价指标主要有单位产出成本、订单处理时间、产能利用率、设备可靠性等。②客户管理流程,主要是拓展和加深与目标客户的关系,具体可分为四步,即选择目标客户、争取目标客户、保留客户和增加对客户的业务。客户管理流程的评价指标主要有发展新顾客的成本、处理投诉的效率、售后服务收入占比等。③创新流程,是指开发新产品、新的业务流程和服务,以使企业进入新市场,接近新的目标客户群,具体流程包括寻找并确认新产品和服务的机遇、研发管理、设计开发新产品和服务、将新产品和服务投入市场等,创新流程的衡量指标包括研发费用占销售额比重、进入开发阶段的新创意数量、申请专利项数、新产品开发周期等。④法规与社会流程,该流程旨在使企业能够保有在具体社会领域中生产和销售的权利,所涉范围主要包括环境、健康与安全、人力资源、公众利益。在法规和社会方面拥有良好的声誉可以为企业带来额外的利益,例如,吸收并保留优秀的人才以改进工作效率与效果;减少因环境引发的事故不仅能保证员工的健康和安全,还能提高生产力,降低营运成本,提升企业在客户和投资者心目中的形象。法规与社会流程的评价指标有安全生产事故数量、员工多样化程度、来自欠发达社区的员工数量等。

在现实世界中,维系企业正常运转的流程纷繁复杂,而我们只需关注那些对于实现客户价值主张最重要的少数关键流程,因为这些关键流程能保持公司战略的差异化。在战略地图中,关键流程被集合到上述四个模块中,体现了长期与短期、内部与外部的平衡。

4. 学习与成长维度。学习与成长描述了企业无形资产及其在战略中的地位,该维度阐述价值创造的源泉。概而言之,企业的无形资产可归为三类:①人力资本,包括支持战略的技术、才能和其他所需的知识储备,人力资源方面的衡量指标包括具有专业技能的员工占比、员工满意度、核心人员的流失率等。②信息资本,即支持战略所需的信息系统、网络和其他基础设施,信息技术方面的衡量指标包括软硬件系统的投入成本、系统更新周期、顾客信息的可获得性等。③组织资本,是指在执行战略时企业组织支持流程变化的能力,组织资本相关评价指标包括员工文化调查、个人目标与组织目标相关性、工作经验分享程度等。

作为平衡计分卡的基本层面,学习与成长对实现企业价值最大化目标至关重要,而要想充分发挥该层面的作用,势必处理好以下问题:①强调员工的素质、技能、技术以及推动前三个维度目标实现的组织协同方面。②将管理者的注意力引向提高员工技能、信息技术和系统以及组织协同方面,从而提高企业投资效率。③公司经理们充分、有效地调动其无形资产,通过改进内部业务流程与外部沟通流程,促进公司战略的实现。④在具体操作层面上,管理者与员工的行为都应遵循流程规范,并适时提出流程改进建议。

(二)平衡计分卡各维度间的因果关系

最初的平衡计分卡仅仅强调非财务维度对于公司战略的重要性,并将非财务指标纳入业绩评价体系,该阶段的平衡计分卡也因此被称为关键绩效指标计分卡(KPI score card)。然而,平衡计分卡作为管理工具的优势并不在此,要使组织战略在企业目标实现过程中发挥作用,我们先要弄清楚企业目标与平衡计分卡以及平衡计分卡四个维度之间的逻辑关系。按照卡普兰和诺顿的思想观点,解释内在逻辑的平衡计分卡如图10-1所示。

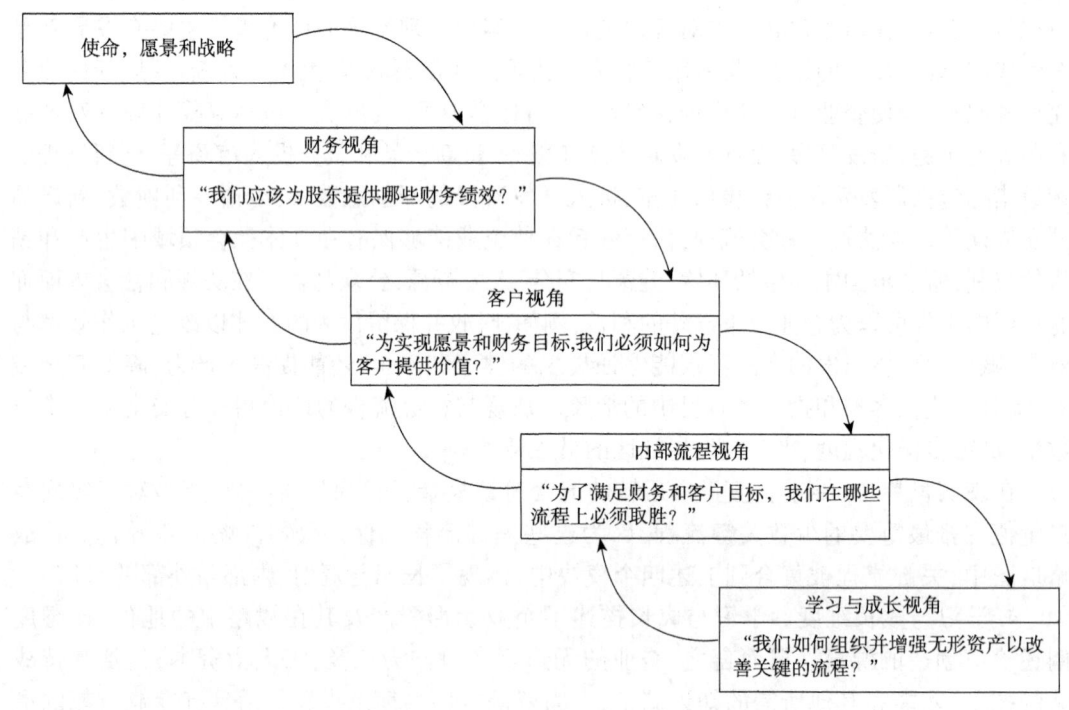

图10-1 包含因果关系的平衡计分卡①

在图10-1中,平衡计分卡的每一个维度都包含一个价值主题,自上往下可以追溯价值创造的根源,自下往上则清晰地揭示了员工与组织行为的动机。整体来看,平衡计分卡的四个维度之间呈层层递进的因果关系:以员工的持续学习和成长促内部流程优化,以内部管理卓越提高顾客满意度与忠诚度,以优化内部流程和满足顾客诉求来改善财务绩效,最终实现

---

① 资料来源:罗伯特·卡普兰,戴维·诺顿.平衡计分卡:化战略为行动[M].刘俊勇,孙薇,译.广州:广东经济出版社,1998.

企业价值最大化的目标。

在实际应用中,不同企业适用不同战略,其平衡计分卡各维度的价值主张也不尽相同。以京东商城为例,"准时供货以改善客户的购物体验"是其基本的价值主张,相应的平衡计分卡可简要设计如图 10-2 所示。

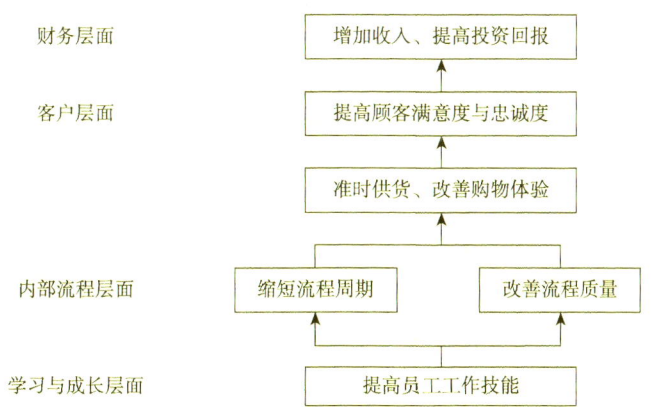

图 10-2 "准时供货"主题平衡计分卡

(三)战略地图

从平衡计分卡的演进历程来看,战略地图是平衡计分卡的高级形式,它既保留了四个维度的基本内容,又包含了战略管理过程,是对平衡计分卡的丰富与拓展,其发展动态可简述如下。起初,只有经典平衡计分卡四个维度之间的关系能反映战略地图的含义,而平衡计分卡内部的具体关系仅揭示了两个维度:内部流程维度中的工作流程,寻找市场、设计产品、制造产品、提交产品、提供服务,所包括的模块有创新流程、营运流程和服务流程;客户维度可用价值等式加以描述:价值=产品/服务+形象+关系;而对于其他维度只是一些零散的评价方式。后来,卡普兰在《战略中心型组织:如何利用平衡计分卡使企业在新的商业环境中保持繁荣》一书中提出了接近目前所看到的战略地图的模板。具体而言,客户维度的价值等式发生了变化,具体为质量、价格、时间、功能服务、关系、品牌,它们的基础是客户关系的三个战略主题:营运卓越战略、产品领先战略和密切客户关系战略;内部流程维度在服务流程后增加了管理与环境流程;学习与成长维度被分解为不具有内在关系的三个板块:能力、技术、文化;最后,财务维度拟订了高生产力和收益增长两个战略主题。2004 年,在《战略地图——化无形资产为有形成果》一书中,卡普兰再次对战略地图进行全面细化,增加了一个细节层,用以说明战略的时间动态性;同时还增加了颗粒层,用以改善清晰性和突出重点,此时的战略地图呈现了一个较全面的景观。

就四个维度的内容及其内在关系而言,完整的战略地图(见图 10-3)从财务目标、目标市场以及在市场中的价值主张开始描述企业的战略过程,再将这个过程转化为分析具体的内部流程、学习与成长两个层面的要求,以此达成客户和财务两个层面的主要目标。整体看来,战略地图的四个层面以及其内部的战略主题、具体目标、衡量指标各因素之间也都是存在因果关系的。具体来说,只有当无形资产发挥作用,企业的内部流程才能动起来;只有当内部流程的结果为企业创造价值,才能向客户提供高质量的服务;只有当客户满意了,企业才能实现财务目标;而当最终目标完成时,企业则达到了新的高度,这时又将面临很多未知的情况,需要学习新的知识,对企业的环境流程要有更深的理解和创新,可见财务维度又间接推动了学习与成长维度,形成了一个循环的绩效体系。

概而言之,战略地图揭示了平衡计分卡的精髓:"把为实现最终目标的行为过程,分为同时进行的若干角度模块,模块间可以依次推动发展,共同构成体系性上升的循环。"

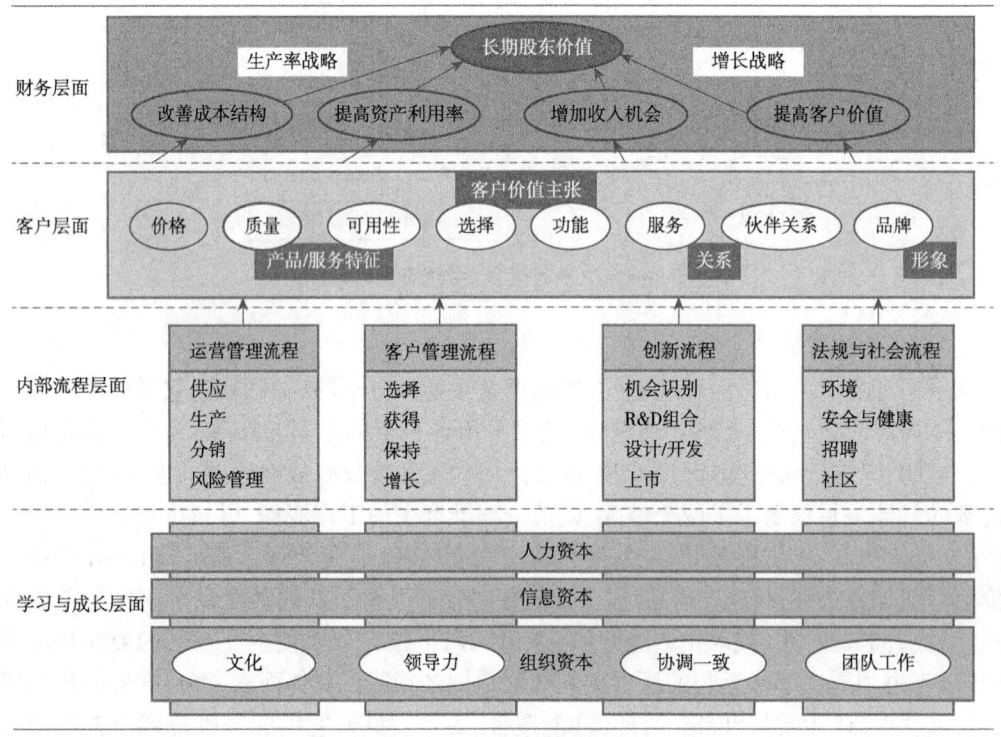

图 10-3　战略地图模板[①]

三、平衡计分卡的优点与缺陷

基于国内外现有学术研究及应用实践,作为业绩评价体系与战略管理工具,平衡计分卡具有其特有的优越性,但在使用过程中也存在一定局限。

与以往基于会计利润或经济利润的业绩评价工具相比,平衡计分卡具有以下优点:①同

---

① 资料来源:罗伯特·卡普兰,大卫·诺顿. 战略地图:化无形资产为有形成果[M]. 刘俊勇,孙薇,译. 广州:广东经济出版社,2005.

时采用财务指标与非财务指标评价企业业绩,既注重最终的财务绩效,也兼顾价值创造的过程、手段与根源。②业绩评价指标不是随意挑选,而是隶属不同的考核层面,而平衡计分卡四个层面之间具有层层递进的因果关系,通过清晰地表述每一个层面的价值主张,可使员工明确工作努力的方向,从而实现业绩评价与价值创造有机结合。③应用范围较广,由于不同性质的组织(如企业、事业单位、政府部门)具有不同的使命和愿景,其价值最大化的表现形式也不尽相同,因而不能仅凭一个或多个财务指标对其进行业绩评价,而平衡计分卡可以针对不同性质的组织采用不同的指标体系进行评价。

从以往的实践情况来看,采用平衡计分卡实施业绩评价对于推动组织变革、执行公司战略、实施薪酬激励等都具有极其重要的作用。但在使用过程中可能会遇到以下问题:①不论何种类型的组织,改变业绩评价方法都意味着利益分配格局发生变化,这将会对部分人员产生压力,从而有可能导致改革受阻甚至半途而废。因此,从原有业绩评价体系转变为平衡计分卡通常要求公司最高领导(一把手)认同该方法并亲自参与其中。②由于平衡计分卡业绩评价体系包含大量的非财务指标,有些甚至还是主观评价指标,要想使业绩评价能达到激励效果,首先需要与员工进行充分沟通,获得他们的理解和支持,而这将产生较高的交易成本。③业绩评价涉及四个层面,且每个层面又包含多个方面,如何选择评价指标并合理赋权,以确保评价结论客观、公正,这在实际操作上比较困难。

思考与练习题

1. 某企业的 A 部门为利润中心,有关数据如下:利润中心销售收入为 90 万元,销售产品变动成本和变动销售费用 50 万元,利润中心负责人可控固定成本 15 万元,不可控而应由该中心负担的固定成本 20 万元。

要求:

(1)计算该利润中心的边际贡献总额。

(2)计算该利润中心负责人可控利润总额。

(3)计算该利润中心可控利润总额。

2. 已知有两家互不相关的公司 A 和 B,其有关资料如表 1 所示。

表1 A,B 公司资料　　　　　　　　　单位:元

投资中心	公司 A	公司 B
息税前利润	250 000	8 000
总资产平均占用额	1 500 000	35 000
规定的最低息税前资产利润率	14%	16%

要求：

(1) 分别计算各公司的息税前资产利润率和剩余收益。

(2) 假定现有一项可带来15%息税前资产利润率的投资机会，若接受，这两家公司的息税前资产利润率和剩余收益会增加还是会减少？

(3) 若按息税前资产利润率指标进行考核，上述两家公司是否应该进行投资？

(4) 若按剩余收益指标进行考核，上述两家公司是否应该进行投资？

3. 某公司设有甲、乙、丙、丁四个部门，按照完全成本模式编制的损益表如表2所示。

表2　部门损益表　　　　　　　　　　　　　　　　　单位：元

部门	甲	乙	丙	丁	全公司
收入	150 000	200 000	380 000	505 000	1 235 000
成本费用	150 000	210 000	420 000	420 000	1 200 000
损益	0	(10 000)	(40 000)	85 000	35 000

鉴于乙、丙两部门已出现亏损，公司董事会正考虑将其关闭，经分析获悉以下情况：

(1) 各部门变动成本及费用占该部门收入的百分比如表3所示。

表3　各部门变动成本及费用占收入百分比

甲	乙	丙	丁
45%	60%	60%	40%

(2) 各部门共同的固定成本及费用合计137 500元，按各部门员工人数分摊的结果如表4所示。

表4　共同成本分摊表　　　　　　　　　　　　　　　单位：元

甲	乙	丙	丁
12 500	30 000	30 000	65 000

其他固定成本及费用都属于各部门的直接成本。

要求：

(1) 按变动成本模式编制各部门及全公司的边际贡献式损益表。

(2) 针对乙、丙两部门是否应关闭问题，请提供建议并说明理由。

4. 大地公司为汽车零配件生产企业，其产品加工需经过三个步骤，分别在车间A，车间B，车间C完成。大地公司本年度计划产量为10 000件，可用于生产车间内部分配的利润额预计为 152 000 元。其中:完成计划产量所需材料费用标准成本为 60 000 元,直接人工标准成本为 72 000 元,制造费用标准成本为 20 000 元。

要求:试根据表 5 所列单位产品的成本资料,采用成本加成法制定 A,B,C 三个车间的产品内部转移价格。

表 5　单位产品成本资料　　　　　　　　　　　　　　　　　单位:元

车间	直接材料标准成本	直接人工标准成本	制造费用标准成本	合计
A	10	12	5	27
B	30	8	15	53
C	40	4	20	64

5. 阳光公司专门从事医疗设备的生产与销售,该行业竞争非常激烈,20×4 年以前,公司总部根据各分公司的营业利润给管理者发放奖金。自 20×4 年起,公司总裁张三决定修订奖金计划,以刺激管理者更加关注顾客重视的领域,以及不增加成本却能增加经济增加值的领域。此外,新的奖金计划还希望能激励管理者降低返工成本,减少退货并实现准时送货。奖金每年支付一次,奖金基数为当年营业利润的 2%,并根据以下条件进行调整:

(1) 若返工成本高于营业利润的 2%,高出部分从奖金中扣除;若返工成本低于或等于营业利润的 2%,奖金不做调整。

(2) 若 98% 以上的产品实现准时送货,奖金增加 2.5 万元;若 96%~98% 的产品准时送货,奖金增加 1 万元;若准时送货的产品比例低于 96%,奖金不做调整。

(3) 若退货低于或等于销售额的 1.5%,奖金增加 1.5 万元;若退货高于销售额的 1.5%,高出部分的 50% 从奖金中扣除。

注意:如果根据上述方法计算得出的某特定年份的奖金为负数,当年不支付奖金,也不递延至下一期间。

自 20×6 年 1 月 1 日起,阳光公司实施新奖金计划,该公司的两个分公司蓝天公司和大地公司的经营成果如表 6 所示。已知 20×5 年(适用旧的奖金计划)这两个分公司经理的年度奖金分别为 13.53 万元和 11.22 万元。

表 6　分公司经营指标

年度	蓝天分公司		大地分公司	
	20×6 年	20×7 年	20×6 年	20×7 年
销售额(万元)	2 100	2 200	1 425	1 450
营业利润(万元)	231	220	171	203
准时送货率(%)	95.40	97.30	98.20	94.60

续表

年度	蓝天分公司		大地分公司	
	20×6 年	20×7 年	20×6 年	20×7 年
返工成本(万元)	5.75	5.5	3	4
销售退回(万元)	42	35	22.375	21.25

要求：
(1)说明阳光公司为什么要引入新的业绩评价计划。
(2)请计算20×6年和20×7年两个分公司经理各自的年度奖金。
(3)新奖金计划对分公司经理的行为有何影响？它能实现阳光公司的目标吗？如果有可能的话，你希望对新的奖金计划做出哪些调整？

拓展与感悟

经济增加值考核中的"富强之道"

随着市场经济观念的深入和我国经济体制改革的不断推进，国有企业的管理重心已从传统的"管资产"转变成"管资本"，国企经营目标则从做大做强转变成"做强做优做大"；相应地，企业责任会计也从责任核算转向了绩效管理。在此背景下，经济增加值(EVA)指标由西方传入我国，且较早成为中央企业经营者的业绩评价指标。此后，财政部颁布的系列《管理会计应用指引》将 EVA 纳入"多维度盈利能力分析模型"，并专门对其 EVA 的含义、计算方法和应用原理做出扼要说明。

与传统的会计利润及投资报酬率指标不同的是，利用经济增加值进行业绩考核时需要进行一系列会计调整，主要包括考虑股权资本成本、计算税后净营业利润时加回研发支出和剔除非经常性收益、将加权平均资本成本率与企业资产负债率挂钩等，这些调整事项不仅影响企业的价值创造，而且事关国民经济发展质量。

具体而言，首先，在会计利润基础上减去股权资本成本能强化企业高管作为受托人的经济责任，缓解企业的过度投资问题，避免企业陷入"大而不强"的发展误区。通过增强企业的价值创造能力，进而提高全社会资本的配置效率。其次，在计算税后净营业利润时加回研发支出，使得企业高管不用担心因为研发投资而拖累绩效考核结果，通过顶层设计来破除制约创新的思想障碍与制度藩篱，一定程度上可以克服企业管理层的短视行为，使其专注于企业创新，在贯彻"创新驱动发展"战略的同时，打造企业的核心竞争力，实现可持续发展与长期股权价值增加。再次，在计算税后净营业利润时扣除非经常性收益，有助于企业重视实业和聚焦主业,避免企业高管在投资决策中盲目追求热点。通过做强做优做大主业,确保经济发展"脱虚向实"。最后,根据企业的资产负债率调整加权平均资本成本率,将高管业绩考核结果与企业的杠杆水平挂钩,从而增强企业管理层的风险意识,推动高杠杆公司及时去杠杆,将负债水平控制在安全范围之内,据此既能降低企业的财务风险,也有助于防范化解区域性风险和系统性风险,从而实现经济的平稳健康发展。

微观企业是宏观经济的重要组成部分,企业的价值创造能力直接决定宏观经济的增长速度和发展质量。因此,合理使用经济增加值进行业绩考核将有助于企业价值创造和经济高质量发展,最终实现"富强"目标。

参考资料:

[1]国务院国有资产监督管理委员会. 中央企业负责人经营业绩考核办法[EB/OL]. [2022-12-20]. http://www.gov.cn/flfg/2013-02/01/content_2324949.htm.